CAHIERS

▶ Hors-série 2019

PHILOSOPHIQUES

CAHIERS PHILOSOPHIQUES
est une publication de la Librairie Philosophique J. Vrin
6, place de la Sorbonne
75005 Paris
www.vrin.fr
contact@vrin.fr

Directeur de la publication
DENIS ARNAUD

Rédactrice en chef
NATHALIE CHOUCHAN

Comité scientifique
BARBARA CASSIN
ANNE FAGOT-LARGEAULT
FRANCINE MARKOVITS
PIERRE-FRANÇOIS MOREAU
JEAN-LOUIS POIRIER

Comité de rédaction
ALIÈNOR BERTRAND
LAURE BORDONABA
MICHEL BOURDEAU
JEAN-MARIE CHEVALIER
MICHÈLE COHEN-HALIMI
BARBARA DE NEGRONI
STÉPHANE MARCHAND

Sites internet
www.vrin.fr/cahiersphilosophiques.htm
http://cahiersphilosophiques.hypotheses.org
www.cairn.info/revue-cahiers-philosophiques.htm

Suivi éditorial
MARGOT HOLVOET

Abonnements
FRÉDÉRIC MENDES
Tél. : 01 43 54 03 47 – Fax : 01 43 54 48 18
fmendes@vrin.fr

Vente aux libraires
Tél. : 01 43 54 03 10
comptoir@vrin.fr

La revue reçoit et examine tous les articles, y compris ceux qui sont sans lien avec les thèmes retenus pour les dossiers. Ils peuvent être adressés à : cahiersphilosophiques@vrin.fr. Le calibrage d'un article est de 45 000 caractères, précédé d'un résumé de 700 caractères, espaces comprises.

ISSN 0241-2799
ISSN numérique : 2264-2641
ISBN 978-2-7116-6008-7
Dépôt légal : juin 2019
© Librairie Philosophique J. Vrin, 2019

SOMMAIRE

ÉDITORIAL

Ce numéro hors-série des *Cahiers Philosophiques* rassemble une sélection d'articles publiés antérieurement dans la revue autour du thème du désir, de ses manifestations diverses, de ses représentations plurielles et de sa conceptualisation orientée par des interrogations morales, sociales, politiques aussi bien qu'esthétiques.

Si le désir est bien lié à la subjectivité, il révèle surtout l'existence d'une conflictualité psychique et la dynamique d'un processus de subjectivation. Ainsi Sénèque, à travers l'importance donnée à la notion de *uoluntas*, se démarque-t-il de ses prédécesseurs stoïciens pour penser l'émergence d'un *sujet* du vouloir[1]. La fin qui doit être visée par tout homme lorsqu'il cherche à atteindre à la fois la vertu et le bonheur n'est pas un simple accord intransitif de la raison avec elle-même mais un « accordement du vouloir et de son objet ». Dans la lettre 116 à Lucilius, Sénèque oppose la volonté au désir : « je te défendrai de désirer, je te permettrai de vouloir ; ainsi, tu feras ces mêmes choses, mais sans peur et avec une ferme intention ; et ainsi ces mêmes plaisirs tu les goûteras mieux ». Nous sommes malheureux lorsque, tel l'insensé, nous sommes entraînés par nos désirs. Le désir doit autant que possible devenir volontaire et par là, acquérir la constance, seule voie d'accès à la tranquillité de l'âme.

Cette problématisation morale qui fait exister un écart entre deux formes du désir trouve des échos dans la réflexion d'Augustin sur l'usage du monde. Tout genre de vie peut rapprocher ou éloigner de Dieu car la différence essentielle se situe entre la *concupiscence* qui porte à jouir des choses temporelles pour elles-mêmes et la *charité* qui permet d'en user en vue des choses éternelles[2]. Jouir d'une chose comme d'un bien en soi relève du péché : le savoir, objet de la *libido sciendi*, le pouvoir, objet de la *libido dominandi* sont aussi condamnables que le désir de la chair, *libido sentiendi*. User du monde, au lieu d'en jouir, ne consiste pas à entretenir avec lui un rapport instrumental. Le plaisir produit par l'atteinte de nos fins particulières ne doit nous induire en erreur, il est à considérer « comme une halte ou une chambre d'une nuit pour un voyageur » dont le voyage a une autre finalité.

Avec la troisième maxime de la morale par provision[3] qui enjoint de « tâcher toujours plutôt à [se] vaincre que la fortune et à changer ses désirs plutôt que l'ordre du monde », Descartes semble emprunter une voie proche de celle des Stoïciens en cherchant à régler ses désirs sur la connaissance vraie du monde. Mais la nécessité de cette morale par provision découle quant à elle d'un désir très puissant auquel Descartes donne droit, dont il fait même son guide dans l'aventure métaphysique, un « extrême désir d'apprendre à discerner le vrai d'avec le faux »[4]. Est-ce là s'abandonner à la

---

■ 1. M. Bourbon, « De l'objet du *telos* au sujet de la *uoluntas* : le destin stoïcien du vouloir », *infra*, p. 9-22.
■ 2. I. Koch, « Augustin et l'usage du monde », *infra*, p. 23-44.
■ 3. Descartes, *Discours de la méthode*, IIIe partie.
■ 4. G. Boss, « Méthode et morale chez Descartes », *infra*, p. 45-61.

libido sciendi ? Cette recherche métaphysique de la certitude et de la vérité rationnelle contrevient-elle aux exigences de la foi chrétienne ? Pascal, parmi beaucoup d'autres, n'hésitera pas à critiquer la vanité de ce désir de savoir et l'orgueil de la raison qui y est nécessairement associé.

Que dire alors du désir de richesse, immédiatement tourné vers une réalité triviale qui ne devrait avoir qu'un statut de moyens et non de fin en soi ? Il importe justement pour Adam Smith, auteur de *La Richesse des nations*, de distinguer, d'opposer même, le désir de richesse à la cupidité et à l'avidité et ce pour des raisons morales aussi bien qu'économiques[5]. Ce désir qui dérive simplement de l'amour de soi peut et doit être modéré car la prudence est une vertu nécessaire aux échanges économiques. Le désir de richesse est légitime pour autant qu'il évite l'écueil de la jouissance présente qui fait prévaloir l'agrément sur l'utilité et celui de l'excès qui découle d'une ambition démesurée. Loin d'être un désir de domination illimité, le désir de richesse favorise au contraire le « doux commerce » et contribue ainsi au maintien de la paix au sein de la société civile.

Pourtant, cette confiance dans l'harmonisation nécessaire des intérêts économiques est sujette à interrogation. Peut-on vraiment se fier à la croyance en une modération spontanée des désirs dans le cadre d'une économie capitaliste ? Michael Walzer oppose à l'idée d'une rationalité économique fondée sur l'intérêt, l'existence de passions proprement politiques[6] qui produisent sur la société des effets antagonistes. À l'envie, puissante passion génératrice d'une fragilisation du lien social, il est nécessaire d'opposer une autre passion, le « désir d'égalité » dont l'expression est politique, y compris lorsqu'il revêt les formes diverses de la colère sociale. Ce désir, qui n'est pas une volonté d'égalisation radicale des conditions, est une aspiration à une société juste et une condition primordiale de l'avènement d'une justice sociale.

Mais une réflexion sur le désir implique de faire une place aux représentations qui toujours l'accompagnent, aux fantasmes qui le nourrissent. Les figures du Prince de Hombourg et de Michael Kohlhaas, personnages tragiques de Kleist, incarnent une forme de désir sans compromis, une certaine quête de l'inconditionné qui renvoie plus au monde des songes qu'au monde réel auquel le « désir pur » des héros se heurte de plein fouet[7].

Dans sa conférence intitulée « Qu'est-ce qu'un acte de création ? », Deleuze écrit – à propos du cinéma de V. Minelli – que le rêve est une « terrible volonté de puissance » et que chacun de nous est plus ou moins victime du rêve de l'autre, comme « pris » dans celui-ci. Désirer pour soi, désirer l'autre et à la place de l'autre, désirer sous le regard de l'autre : comment se nouent ces différentes modalités du désir ?

Deleuze et Foucault discutent, en suivant des orientations différentes, la conception du désir déployée par la psychanalyse, en particulier par Freud et Lacan. Mais aucune de ces critiques d'un désir inconscient n'est monolithique ou figée. Si la critique de la psychanalyse et du désir conçu comme manque

■ 5. M. Biziou, « Le désir de richesse selon Adam Smith », *infra*, p. 83-103.
■ 6. F. Guénard, « L'égalité ou l'envie. Les passions dans la politique selon Walzer », *infra*, p. 105-118.
■ 7. N.S. Madrid, « Kant avec Kleist. Les figures du désir pur », *infra*, p. 119-136.

– telle qu'elle est exposée par Deleuze et Guattari dans l'*Anti-Œdipe* – est virulente, l'apparition ultérieure des concepts d'« Instinct de mort » et de « Corps sans organe » – notamment dans *Mille plateaux* – témoigne de la difficulté à soutenir une conception purement affirmative du désir. Un dialogue reprend alors avec la théorie psychanalytique des pulsions autour de l'idée que « la pulsion ne fonctionne que détraquée »[8].

L'invocation du corps chez Foucault, condition de toute pensée du désir, conduit aussi à une discussion avec la psychanalyse mais également à une relecture de Foucault, *à partir de* la psychanalyse. Se référer au corps, pour Foucault, c'est nécessairement se référer *aux* corps dans leur multiplicité irréductible. Il ne s'agit nullement de constituer une nouvelle métaphysique qui conférerait presque « par nature » au corps, à la corporéité, une puissance de métamorphose indestructible. Bien plutôt de prendre en compte « l'écart entre les formes de mise en ordre sociale et discursive du corps et le désordre qui leur résiste »[9].

Chez Foucault, « le corps lui-même se trouve redéfini…Il arrive que le pouvoir se saisisse du corps, mais ce corps est aussi l'occasion pour que quelque chose d'imprévisible […] advienne au pouvoir et à travers lui »[10].

Dans *La vie psychique du pouvoir,* Judith Butler explique qu'elle s'oriente en partie vers une critique psychanalytique de Foucault afin de penser ensemble « théorie du pouvoir et théorie de la psyché »[11]. On ne peut pas rendre compte du fait de devenir principe de son propre assujettissement sans recourir à la théorie psychanalytique qui conçoit la puissance génératrice de la limitation ou de l'interdit et les effets qui en découlent. Nous nous attachons ainsi à nous-même au travers de normes disponibles et la conformité à la norme produit des gratifications narcissiques. Il est alors possible de faire l'hypothèse[12] que « le moment de la résistance » émerge lorsque nous nous découvrons « attachés à notre contrainte » et ainsi « contraints dans notre attachement même ». Mettre en question la promesse des gratifications narcissiques liées aux normes qui nous offrent pourtant la possibilité d'être reconnu sous telle ou telle identité déterminée, constitue un déplacement de l'attachement qui peut être vécu sous une forme moins contraignante. Un travail de déplacement des identités et des genres est possible, ce qui n'implique pas que l'on accède de manière transparente à un désir dénué de toute ambivalence. La liberté est « embourbée, compromise, confuse, mais riche de capacités nouvelles »[13].

Nathalie Chouchan

■ 8. F. Rambeau, « Deleuze et l'inconscient impersonnel », *infra*, p. 161-178.
■ 9. M. Potte-Bonneville, « Les corps de Michel Foucault », *infra*, p. 137-159.
■ 10. « Foucault dans la psychanalyse Questions à Judith Butler », *infra*, p. 179-195.
■ 11. *Ibid., infra,* p. 182.
■ 12. *Ibid., infra,* p. 189.
■ 13. *Ibid., infra,* p. 195.

Le désir

DE L'OBJET DU *TELOS* AU SUJET DE LA *UOLUNTAS*. LE DESTIN STOÏCIEN DU VOULOIR[1]

Marion Bourbon

Dans cet article, nous cherchons à montrer que l'introduction par Sénèque de la notion de *uoluntas* n'est pas sans effet sur la représentation stoïcienne du *telos*, contre un certain nombre d'interprétations qui dénient à cette innovation lexicale la moindre originalité par rapport à la psychologie stoïcienne hellénistique. Le *telos* est réinscrit dans la perspective de la traversée de la conflictualité psychique dont le vouloir (*uelle*), dans sa constance, constitue la résolution. C'est dire combien la subjectivation engage le destin du désir, celui d'un conflit porté par la *uoluntas*, envisagée donc dans toute son historicité, et à ce titre devenue principe d'identité personnelle. Le *telos* fait apparaître plus explicitement qu'avant un *sujet* du vouloir, tout à la fois comme principe et comme effet du processus de subjectivation.

En un peu plus de cinq siècles, le stoïcisme a proposé au moins deux formulations du *telos*, cette fin que chaque homme doit viser lorsqu'il cherche à atteindre tout à la fois le bonheur et la vertu. La première, attribuée à Zénon, est celle du « vivre en accord (*homologoumenôs*) »[2], que cet accord soit décliné comme accord « selon une raison une et consonante (*kath'ena logon kai sumphônon zên* »[3]) ou bien avec Chrysippe comme relatif « à l'expérience de ce qui se produit par nature (*empeiria*) »[4]. On trouve la seconde chez Sénèque, dans une langue promise à un bel avenir philosophique, celle du vouloir : « toujours vouloir la même chose et ne pas vouloir la même chose

---

■ 1. Cet article a été publié initialement dans le n° 151 (4ᵉ trimestre 2017) des *Cahiers Philosophiques*.
■ 2. DL, VII 87 = *SVF*, I 179 = LS 63C.
■ 3. Stobée, *Eclogae*, II, 75, 11 = *SVF*, I 179.
■ 4. DL, VII 87 = *SVF*, III, 4 = LS 63C.

(*semper idem uelle atque idem nolle*) »[5]. Entre ces deux définitions du *telos*, plusieurs siècles se sont écoulés et le stoïcisme s'est trouvé plongé dans un nouveau monde dont il parle désormais la langue : Rome.

Chez Sénèque, l'accord (*homologia*) n'est plus explicite simplement comme un accord intransitif de la raison avec elle-même mais comme un accordement du vouloir (*uelle*) et de son objet[6]. Nous nous proposons dès lors d'interroger le statut de cette variation : constitue-t-elle un simple transfert de la formule de Zénon dans un autre temps, dans un autre espace, dans une autre langue ? En d'autres termes, la formule sénéquienne dit-elle *sur le fond* autre chose que celle de Zénon ? Dans quelle mesure l'irruption de la langue du vouloir affecte-t-elle la représentation du *telos* et celle du sujet qui le vise ? L'enjeu n'est pas des moindres puisqu'il s'agit de savoir si l'introduction du *uelle* et de la *uoluntas* dans la psychologie sénéquienne constitue ou non une innovation[7] et si l'on assiste ici à la « naissance » du concept de volonté.

Si rien dans les textes de Sénèque n'atteste d'une rupture avec la psychologie moniste stoïcienne[8], affirmer que la *uoluntas* est parfaitement réductible au monisme stoïcien comme l'ont fait un certain nombre de commentateurs – et en particulier J.-M. Rist[9], B. Inwood[10] et I. Hadot[11] – revient pourtant à laisser de côté au moins deux questions essentielles : pourquoi Sénèque ne tient-il pas l'identification entre *boulêsis* – la forme raisonnable de l'impulsion (*hormê*) rationnelle qui est l'apanage du sage – et *uoluntas*[12] ? Et pourquoi cette conformité aux analyses du Portique prend-elle chez Sénèque la forme d'une différence sinon d'une antinomie ?

Pour résoudre cette difficulté, nous proposons d'introduire une troisième voie, celle qui consiste à maintenir l'originalité de cette variation tout en soulignant la continuité profonde de Sénèque avec le Portique. Pour Sénèque,

---

■ 5. Sénèque, *Lettre à Lucilius*, désormais *Ep.*, 20, 5.
■ 6. Sur ce point, voir A.-J. Voelke, *L'idée de volonté dans le stoïcisme*, Paris, P.U.F., 1973.
■ 7. La controverse oppose ceux qui voient dans la *uoluntas* une invention spécifiquement sénéquienne à ceux qui refusent à la notion sénéquienne (et d'ailleurs plus largement à la langue latine) une quelconque originalité par rapport au modèle psychologique du Portique. Pour la première voie interprétative, voir M. Pohlenz, *Die Stoa, Geschichte einer geistigen Bewegung*, 3rd edn. 2 vols., Göttingen, Vandenhoek and Ruprecht, 1964, I ; P. L. Donini, *Le scuole, l'anima, l'impero : la filosofia antica de Antioco a Plotino*, Turin, Rosenberg et Sellier, 1982 ; R. Zöller, *Die Vorstellung vom Willen in der Morallehre Senecas*, Münich-Leipzig, K. G. Saur, 2003. Pour la seconde, voir en particulier J. M. Rist, *Stoic Philosophy*, Cambridge, Cambridge University Press, 1969 ; A. Dihle, *The Theory of the Will in Classical Antiquity*, Berkeley-Los Angeles-Londres, University of California Press, 1982 ; I. Hadot, *Seneca und die griechisch-römische Tradition der Seelenleitung*, Berlin, W. de Gruyter, 1969. B. Inwood propose quant à lui une voie intermédiaire. Voir « The Will in Seneca » in *Reading Seneca. Stoic Philosophy at Rome*, Oxford, Clarendon Press, 2005, p. 132-156. Pour une lecture plus attentive au facteur de la langue, voir L. Monteils-Lang, *Agir sans vouloir. Le problème de l'intellectualisme moral dans la philosophie ancienne*, Paris, Classique Garnier, 2014, p. 394-410. C'est d'elle dont nous sommes ici le plus proche.
■ 8. On trouvera une démonstration chez B. Inwood qui recense et déconstruit tous les passages en apparence problématiques, car « volontaristes » dans *Reading Seneca. Stoic Philosophy at Rome, op. cit.*, p. 137-142.
■ 9. J. M. Rist, *Stoic Philosophy, op. cit.*, p. 230.
■ 10. B. Inwood, « The Will in Seneca the Younger », *Classical Philology* 95, 2000, p. 44-60, repris sous le titre « The Will in Seneca » in *Reading Seneca. Stoic Philosophy at Rome, op. cit.*, p. 132-156.
■ 11. I. Hadot, *Seneca und die römischen Tradition der Seelenleitung, op. cit.* et *Sénèque, Direction spirituelle et pratique de la philosophie*, Paris, Vrin, 2014, p. 302 *sq.*
■ 12. Cicéron déjà ne tenait pas cette identification de la *uoluntas* à la *boulêsis* des Stoïciens (voir notamment *Tusc.*, IV, 12, 12), après l'avoir pourtant explicitement posée. Chez lui, la notion de *uoluntas* dispose en fait d'une extension plus large qui l'apparente à la *hormê*, et qui fait qu'il existe des formes non raisonnables du volontaire : il y a une *uoluntas* de l'insensé. *Tusc.* IV, 31 ; voir aussi, *ibid.*, III, 33 et 66. Sur ce point, voir C. Lévy, « De la critique de la sympathie à la volonté. Cicéron, *Fat.* 9-11 », *Lexis*, 25, 2007, p. 17-32.

il ne s'agit pas de se conformer à un modèle préétabli, mais de repenser à nouveaux frais le problème, sans ignorer que la manière dont il a été formulé par les premiers stoïciens détermine au moins en partie la nature de la réponse. Le système stoïcien a trouvé dans la métaphore de l'interprétation – celle du jeu de l'acteur – de quoi dire la manière irréductiblement personnelle de réaliser son destin : c'est dire combien l'interprétation constitue toujours une variation. C'est cette variation sénéquienne sur le vouloir que nous nous proposons ici de reconstruire.

Cet *entre-deux* suppose d'admettre que la langue façonne nos représentations, qu'elle ne peut pas ne pas avoir d'effets sur la pensée, de sorte qu'on ne peut neutraliser ce facteur lorsqu'on cherche en particulier à reconstruire l'histoire des problématisations du subjectif. C'est dire que parce qu'une langue porte toujours avec elle un imaginaire, quelque chose de la langue de Sénèque est ici déterminant dans la conception même de cette modalité tout à fait spécifique du désir qu'est le vouloir (*uelle*).

Nous ne prétendons évidemment pas que la langue grecque ne savait pas ou ne pouvait pas exprimer la notion de volonté mais que la langue du *uelle* et de la *uoluntas* fait quelque chose à la représentation de l'unité de l'âme, et notamment parce qu'elle privilégie une dynamique de la pensée, plutôt que son analyse et la mise en évidence de ses différentes stases : il s'agit de « jouer la fluidité contre la dissection », pour reprendre une formule de T. Bénatouïl [13]. La *uoluntas* permet en effet d'unifier sous une même notion ce que le grec exprime avec plusieurs : elle unifie et le dynamisme pulsionnel individualisé au fondement de la vie qu'est la *hormê* (ce avec quoi fait *tout* vivant) et le caractère insubstituable de cet acte rationnel en notre pouvoir qu'est l'assentiment (*sunkatathesis*), ce par quoi l'individu tient sa capacité propre d'adhésion au réel et par lequel il rechoisit ce à quoi la nature le destine, *comme humain*. De cela, lui seul fait l'expérience. De la même manière, la langue latine du *uelle* fait surgir une dynamique vitale et psychique qui déborde l'acte intellectif que nomme l'*homologia*. Nous voudrions ainsi défendre l'hypothèse que la langue stoïcienne travaille non par substitution mais par sédimentation et cela même si nous avons dans le même temps – et légitimement – l'impression d'une continuité profonde. Cette variation n'implique donc pas une rupture avec la psychologie stoïcienne mais elle crée une économie notionnelle originale. En passant dans la langue du vouloir, la définition du *telos* fait apparaître plus explicitement qu'avant un sujet du vouloir, tout à la fois comme principe et comme effet du processus de subjectivation. L'« objet » de l'accordement rationnel, celui de l'*homologein* se donne et s'éprouve désormais comme sujet du vouloir (*uelle*). En visant toujours *le même objet*, c'est-à-dire rien d'autre que ma nature propre, c'est l'identité à moi-même que je construis, cette personnalité qui fait celle ou celui que je suis : ailleurs, Sénèque parlera de *jouer un seul homme* (*unum hominem agere*) [14]. Le modèle de l'accord est ici *aussi* un modèle de l'identité : la constance du vouloir – il s'agit de *toujours* (*semper*) vouloir et ne pas

---

■ 13. T. Bénatouïl, *Faire usage : la pratique du stoïcisme*, Paris, Vrin, 2006, p. 203.
■ 14. *Ep.* 120, 22.

vouloir la même chose – assure l'identité personnelle. On retrouvera ce dispositif selon d'autres transferts chez Épictète dans une autre langue, celle de la *prohairesis* [15], cette capacité de choix qui dit celui ou celle que je suis, irréductiblement. La formule de Sénèque situe ainsi le *telos* dans l'horizon de la résolution d'un conflit porté par la *uoluntas*, envisagée donc dans toute son historicité, et à ce titre devenue principe d'identité personnelle. De ce point de vue, la formulation sénéquienne s'inscrit expressément dans la perspective d'un conflit psychique, matière de la thérapeutique stoïcienne et dont ce vouloir (*uelle*) caractéristique de la vertu, dans sa constance, constitue la résolution. La psychologie stoïcienne trouve par là même dans la *uoluntas* un principe d'identité personnelle qui est à la fois le lieu de la conflictualité psychique *et* le lieu de son possible dépassement.

Les premières formulations stoïciennes du *telos* comme accord

Repartons donc des premières formulations stoïciennes du souverain bien. Zénon le définit comme le fait de « vivre en accord (*homologoumenos zên* » [16]), ajoutant immédiatement « c'est-à-dire selon une raison une et consonante (*touto d'esti kath'ena logon kai sumphônon zên*) » [17]. Le *telos* zénonien insiste sur l'expression individuelle et individuée de l'accord d'un individu, c'est-à-dire pour les Stoïciens d'un *idiôs poion* – un qualifié de manière propre – avec le *logos* universel. Il suppose la visée d'un objet qui n'est là que comme l'*occasion* du choix de soi-même – c'est-à-dire de sa nature rationnelle. Chrysippe propose une variante de cette définition qui mobilise, elle, la notion d'expérience (*empeiria*) : le *telos* devient « le fait de vivre en accord avec l'expérience de ce qui se produit selon la nature (*tô kat'empeirian tôn phusei sumbainontôn zên*) » [18]. Plus tard, avec Diogène, l'accord (*homologia*) avec l'expérience de la nature universelle est complété par la référence à la sélection (*eklogê*) dont elle constitue le critère [19], ce qui permet de mettre en évidence les modalités concrètes de cet accord, lui-même individué. La vertu consiste dès lors avec Diogène à « bien raisonner dans la sélection (*eulogisteîn hen tê eklogê*) [20] et le rejet des choses conformes à la

---

▦ 15. Sur le concept de *prohairesis* chez Épictète, voir en particulier J.-B. Gourinat, « La *"prohairesis"* chez Épictète : décision, volonté, ou *"personne morale"* ? », *Philosophie Antique* 5, Paris, 2005, p. 93-133 ; A. A. Long, *Epictetus : a Stoic and Socratic Guide to Life*, Oxford, Oxford University Press, 2002 et M. Graver, « Not even Zeus : a discussion of A. A. Long, *Epictetus : a Stoic and Socratic Guide to Life* », *OSAP* 25 (2003), p. 345-361.

▦ 16. DL, VII 87 = *SVF*, I 179 = LS 63C et *SVF*, III 4.

▦ 17. Stobée, *Eclog.* II, 75, 11 = *SVF*, I 179.

▦ 18. DL, *VII, 87* = *SVF, III, 4* = LS 63 C. Sur ces définitions, voir T. Bénatouïl, *Faire usage : la pratique du stoïcisme, op. cit.*, p. 207-210. Sur le détail de l'apport de Chrysippe à la téléologie stoïcienne, voir aussi A. A. Long, « Carneades and the Stoic *telos* », *Phronesis* 12, 1967, p. 59-90, p. 60-68.

▦ 19. Voir A. A. Long, « Carneades and the Stoic *telos* », *op. cit.* en particulier p. 65. A. A. Long souligne que le concept d'*eklogê* a pu être utilisé aussi d'abord chez Chrysippe, renvoyant au témoignage de Plutarque, *Comm. not.*, 1069 D (= *SVF*, III 167).

▦ 20. Cette introduction de la référence à la sélection dans la définition du *telos* n'est pas sans poser problème. Les premiers scolarques distinguaient en effet la sélection (*eklogê*) des indifférents du choix (*hairesis*) du bien, voir Chrysippe *ap.* Plutarque, *De stoic. rep.* 1039 C. Sur ce point, voir le chapitre 6 de B. Inwood, *Ethics and Human Action*, p. 206-215 qui montre que chez le sage la sélection tend à être un choix puisque même dans la sélection des indifférents, il s'agit de viser le bien. Voir aussi, du même auteur, « Rules and reasoning », chap. 4, in *Reading Seneca : Stoic Philosophy at Rome, op. cit.*, p. 95-132 et de M. Mitsis, « Seneca on reason,

nature »[21]. Loin d'indiquer une divergence réelle dans la définition du *telos*, cette inflexion par laquelle *l'empeiria* cède la place à *l'eklogê* atteste d'une réflexion toujours plus marquée sur les conditions concrètes de l'accord avec la raison universelle[22], la question étant celle de savoir ce qui à tel ou tel moment – et non dans l'absolu – se trouve conforme avec elle. Dans ces définitions, on retrouve l'idée que les objets visés constituent à la fois matière et occasion de l'accord, c'est-à-dire qu'ils sont tout à la fois nécessaires et indifférents. Comme le donne à voir la métaphore de l'archer[23], la cible est nécessaire pour pouvoir viser et ce n'est pas elle qui dispose d'une valeur mais la maîtrise de la visée. C'est ce qui permet de comprendre que « le sage ne manque de rien et pourtant a besoin de beaucoup de choses (*sapientem nulla re egere et tamen multis illi rebus opus esse*) »[24].

Face au risque de l'abstraction de la référence à *l'homologia* universelle, il s'agit ainsi à chaque fois d'inscrire au cœur même de la vertu la référence aux circonstances qui déterminent la spécificité irréductible de la manifestation concrète de la vertu. C'est dire que bien choisir, c'est toujours choisir en fonction tout à la fois de ce qui est et de celui que l'on est. Ces premières variations sur le thème de l'accord attestent ainsi de ce trait constant de l'éthique stoïcienne, celui d'être une éthique *en situation* qui a mené dès l'origine une réflexion sur les conditions d'actualisation de la vertu[25], celles qui réalisent dans un individu l'accordement du *logos* à lui-même, c'est-à-dire tout à la fois à sa nature propre et à la nature universelle.

De l'unité du *logos* à l'unité du vouloir (*uelle*) : les enjeux d'un transfert

Avec Sénèque, cette unité du *logos* se trouve transférée à celle du vouloir (*uelle*) :

> Abandonnant les anciennes définitions de la sagesse, je puis me borner à dire ceci : qu'est-ce que la sagesse ? – Toujours vouloir la même chose et ne pas vouloir la même chose (*quid est sapientia ? semper idem uelle atque idem nolle*)[26].

rules, and moral development », *in* J. Brunschwig et M. Nussbaum (eds.), *Passion and Perceptions, Studies in Hellenistic Philosophy of Mind*, Cambridge, Cambridge UP, 1993, p. 285-312.

■ 21. Stobée, *Eclog.* II, 7, 6a, p. 76, 13 (= *SVF*, III A. T. 57= LS 58K). Une définition analogue est attribuée aux Stoïciens par Plutarque, *De comm. not.*, 1072C-D : « L'essence du bien, affirment-ils, est la sélection raisonnable des choses conformes à la nature (οὐσίαν τἀγαθοῦ τίθενται τὴν εὐλόγιστον ἐκλογὴν τῶν κατὰ φύσιν) », (trad. fr. É. Bréhier modifiée).

■ 22. Pour une tentative de synthèse de ces définitions du *telos*, voir la définition de Caton dans le témoignage de Cicéron, *Fin.*, III, 7, 22 = SVF, III 18 et 497 : « Le souverain bien consiste à vivre en s'appuyant sur la connaissance certaine des choses qui arrivent naturellement, en choisissant celles qui sont conformes à la nature et en rejetant celles qui lui sont contraires, en d'autres termes vivre en accord conscient et en harmonie avec elle (*uiuere scientiam adhibentem earum rerum quae natura eueniant, seligentem quae secundum naturam et quae contra naturam reiicientem, id est conuenienter congruenterque naturae uiuere*) » (trad. fr. M. Nussbaum modifiée par C. Lévy).

■ 23. Cicéron, *Fin.*, III, 22 (= *SVF*, III, 18 = *LS* 64F).

■ 24. *Ep.*, 9, 14.

■ 25. Nous renvoyons sur ce point aux analyses de T. Bénatouïl, *Faire usage : la pratique du stoïcisme, op. cit.*, et en particulier p. 222-223 et 238-240.

■ 26. *Ep.* 20, 5.

Là où la définition zénonienne du *telos* soulignait plus volontiers un acte de compréhension (l'accord recouvre l'assentiment – *sunkatathesis* – au destin), Sénèque parle ici de la constance du vouloir (*uelle*). L'idée d'une *homologia* se trouve ainsi réaménagée : l'accordement de la raison avec elle-même cède la place à celui du vouloir (*uelle*) avec son objet : seul l'objet accordé à nous-mêmes peut assurer la constance du vouloir. Alors évidemment – nous y reviendrons plus loin – le vouloir *révèle* l'état de la raison. Il n'en demeure pas moins qu'il demeure irréductible à un acte de jugement tout comme à la forme raisonnable de l'impulsion (*hormê*) grecque que les Stoïciens nommaient *boulêsis* [27]. Ce que montrent en effet les usages aussi bien préphilosophiques que philosophiques de *uoluntas*, c'est une expérience de l'ambivalence qui fait que la *uoluntas* est bien souvent irréductible à la délibération (*consilium*) [28] ou au jugement (*iudicium*) [29] : elle les déborde, s'y oppose ou parfois leur manque [30].

Sénèque choisit ainsi une formulation qui souligne la *transitivité* de la *uoluntas*, la puissance et la dynamique d'un attachement à l'objet. De ce point de vue, l'implicite de la référence à l'objet de la *uoluntas* fait apparaître l'accord dans l'horizon d'un conflit de la volonté dont elle acte la résolution : ne plus désirer que *la même chose*, c'est négativement ne plus se trouver pris dans l'intermittence du désir. Là où l'insensé se trouve éclaté entre ses désirs contradictoires, la vertu nomme cet état – la *tranquillitas* – dans lequel elle se trouve unifiée dans et par le choix d'un seul objet, l'*honestum* : l'âme tient alors à ce qu'elle choisit comme à elle-même. Si le vouloir est là encore l'occasion de la vertu, l'objet du vouloir révèle la qualité du sujet de la volonté. C'est la distinction entre désirer (*cupere*) et vouloir (*uelle*) :

> Mais voici : je te défendrai de désirer (*cupere*), je te permettrai de vouloir (*uelle*) ; ainsi tu feras ces mêmes choses, mais sans peur et avec une ferme intention ; et ainsi, ces mêmes plaisirs, tu les goûteras mieux (*ut eadem illa intrepidus facias, ut certore consilio, ut uoluptates ipsas magis sentias*) [31].

La *uoluntas* se trouve virtuellement réinscrite dans un *continuum* avec des volontés qui ne sont pas constantes pour mieux être dégagée explicitement de la masse des désirs, ces visées qui ne maîtrisent pas leur objet. C'est ainsi que l'on peut comprendre la formule de la lettre 20 des *Lettres à Lucilius* : le manque de tranquillité de l'âme, c'est aussi la leçon du *De Tranquillitate animi*, est une affaire de désirs contradictoires, de distonie. Tant que le vouloir

---

■ 27. Sur la conception stoïcienne de la *boulêsis* et son articulation à la question du destin, voir notamment V. Laurand, « Collaborer avec le destin : une négation de la volonté ? », dans L. Cournarie, P. Dupond et I. Pietri (éd.), *La volonté, L'épicurisme antique, Leibniz, Russell...*, coll. « Skepsis », Paris, Delagrave, novembre 2002, p. 4-14.

■ 28. Voir par exemple, Cicéron, *Philippiques*, II, 14 et 12 ; XIV, 9 et 14.

■ 29. Voir par exemple, *ibid.* V, 13, où le *consilium* se trouve associé au *iudicium* et VII, 8, à la *uoluntas*. Pour l'association *uoluntas* / *iudicium*, voir par exemple, *ibid.*, VII, 8.

■ 30. Voir par exemple la manière dont la *uoluntas* anticipe le jugement (*consilium*) en *Philippiques*, II, 14 et II, 12 et celle où elle se fait puissance de prospection, lorsqu'elle préside au choix de vie. Voir par exemple *Lettre à Atticus*, I, 17, 5. Sur l'ambivalence de la notion, voir C. Lévy, « Cicéron et le problème des *genres de vie* : une problématique de la *voluntas* » *in* T. Bénatouïl et M. Bonazzi (éd.) *Theoria, Praxis, and the Contemplative Life after Plato and Aristotle. Philosophia Antiqua*, 131, Leiden, Boston, Brill, 2012 et, du même auteur, « De la critique de la sympathie à la volonté. Cicéron, *Fat.* 9-11. », *op. cit.*, p. 17-32.

■ 31. *Ep.* 116, 1 (nous traduisons).

n'est pas arrêté dans un savoir consistant, celui de la vertu, nous ne pouvons atteindre la *tranquillitas* :

> Les hommes ne savent pas ce qu'ils veulent, sinon au moment où ils le veulent : vouloir ou ne pas vouloir n'est chose arrêtée de façon absolue pour personne (*in totum nulli uelle aut nolle decretum est*) [32].

La *tranquillitas* vient précisément incarner l'exact négatif de cet état d'instabilité caractérisée dont souffre Sérénus, cet ami auquel s'adresse Sénèque dans le *De constantia sapientis* comme dans le *De Tranquillitate animi* :

> Nous cherchons donc comment l'âme toujours d'un pas égal et sûr, peut être en paix avec elle-même, contempler joyeuse ses biens et prolonger ce contentement (*gaudium*), se maintenir dans un état paisible (*placido statu*), sans jamais s'exalter (*attollens*) ou se déprimer (*deprimens*). Cet état sera la tranquillité (*tranquillitas*) [33].

Pour éclairer ce « transfert » de l'unité du *logos* à l'unité du *uelle*, nous nous proposons de mettre en relation cette reformulation du *telos* avec l'unification linguistique opérée par la notion de *uoluntas*, forgée par Cicéron et reprise par Sénèque : à la différence de la *boulêsis* des premiers stoïciens, qui nommait la forme raisonnable de désir (*orexis eulogos*) [34], la *uoluntas* s'applique indistinctement à l'insensé, au progressant et au sage. La *uoluntas* cicéronienne ne coïncide donc pas avec la *boulêsis* stoïcienne qui est elle, comme volonté parfaite, l'apanage du sage. La *uoluntas* est une réalité dont tout homme (et non seulement le sage) peut faire l'expérience, celle de cette part indélégable de ce qu'il peut sur lui-même et qui n'est semble-t-il pas réductible à un acte intellectif. Il y a là peut-être aussi un intérêt renouvelé de Sénèque pour la figure du progressant et avec lui pour une certaine expérience de la multiplicité psychique, celle d'une *uoluntas* divisée et tiraillée [35]. Plutôt que de lui opposer une figure idéale, celle du sage, c'est de cette expérience de l'ambivalence dans laquelle il se trouve pris qu'il faut partir.

L'ambivalence du vouloir : le cas Sérénus

Le stoïcisme originel proposait pour ainsi dire deux lectures du mécanisme passionnel [36]. L'insensé est aveugle à l'irrationalité de ses choix et il n'existe

---

■ 32. Sénèque, *Ep.* 20, 6 (trad. F. Préchac très légèrement modifiée) : « *nesciunt ergo homines, quid uelint, nisi illo momento, quo uolunt ; in totum nulli uelle aut nolle decretum est* ».

■ 33. *Ibid.*, II, 4 (nous traduisons).

■ 34. Stobée, *Eclog.*, II, 7, 9, p. 86, 17 – p. 87, 6 = *SVF*, III 169 (extrait partiel). La *boulêsis* est en effet une eupathie (*eupatheia*) qui est l'apanage du sage. Comme le souligne B. Inwood, *Ethics and Human Action in Early Stoicism*, appendix 2, p. 237, l'usage du terme est presqu'exclusivement circonscrit aux analyses qui opposent les *pathê* et les *eupatheiai*. Voir aussi L. Monteils-Lang, *Savoir sans vouloir, op. cit.*, p. 371-374.

■ 35. Voir A.-J. Voelke, *L'idée de volonté dans le stoïcisme, op. cit.*, p. 172 : « S'il a jugé bon de transformer ainsi une formule à laquelle toute son école était demeurée attachée, c'est vraisemblablement parce qu'il a fait l'expérience, en lui et autour de lui, du déchirement intérieur que l'homme a tant de peine à surmonter, et que ce déchirement lui est apparu comme la marque d'une volonté divisée plutôt que d'une raison en désaccord avec elle-même. »

■ 36. Sur l'histoire de la théorie stoïcienne des passions, de Zénon à Posidonius, voir T. Tielman, *Chrysippus on Affections. Reconstruction and Interpretation*, Leiden, Brill, 2003 où l'on trouvera notamment un *status quaestionis* sur les témoignages sur la théorie chrysippéenne des passions. Pour le *De anima* de Chrysippe, nous disposons d'une source quasi unique : le *De placitis* de Galien. Pour le traité chrysippéen *Sur les passions* en revanche, les sources sont nombreuses : Cicéron, Origène, Calcidius. Sur ce point, nous renvoyons

rien chez lui qui relèverait du conflit tant il est pris dans son erreur : il n'est jamais divisé entre deux options possibles mais veut ce qu'il croit savoir être désirable. Mais les Stoïciens envisageaient bien le cas où la raison du passionné, conscient de son erreur, est littéralement impuissante, retrouvant par là même une version du conflit psychique [37]. Chrysippe concédait en effet qu'il restait problématique d'expliquer la persistance de la passion à toute épreuve, dans les cas où chez le passionné lui-même tout plaide en faveur du caractère erroné de son choix (tout comme il restait difficile d'expliquer son possible évanouissement, parfois indépendamment d'ailleurs de toute remise en cause critique du jugement [38]). Certes l'idée tout à la fois d'un retournement de la raison et d'une impulsion excessive fournit un modèle explicatif de cette suspension de la capacité de l'hégémonique à faire usage de lui-même [39] : en un sens, parce qu'il a à un moment cédé initialement à un jugement fautif, le passionné a perdu cette capacité *une fois pour toutes* et il ne peut plus rien sur lui-même, comme l'illustre la métaphore chrysippéenne du coureur qui emporté par son élan ne peut plus s'arrêter comme il le voudrait [40], parce qu'il a perdu tout contrôle sur lui-même. C'est l'atonie ou le manque de tension caractéristique de la passion dans laquelle la raison fait l'expérience de son impuissance.

Sénèque reprend cette métaphore chrysippéenne du coureur [41] mais formule les choses un peu autrement [42] : l'absence d'hégémonie de l'âme sur elle-même par laquelle elle n'est plus en sa possession (*nec in sua potestate* [43]) résulte positivement d'une force assimilée ici à la force de résistance du corps qui empêche le coureur de s'arrêter. Le fait pour l'âme de ne plus avoir de pouvoir sur elle-même est ainsi aussi décrit positivement comme le produit d'une résistance, de sorte que la volonté semble faire ici l'épreuve de sa propre ambivalence :

---

aux *SVF.* Voir aussi J. Fillion-Lahille, *Le* De Ira *de Sénèque et la philosophie stoïcienne des passions,* Paris, Klincksieck, 1984, dans lequel le traité est étudié comme source du traité de Sénèque. Sur le traitement stoïcien des passions, voir aussi M. Nussbaum, *The Therapy of Desire : Theory and Practice in Hellenistic Ethics,* Princeton, Princeton University Press, 1994 et en particulier « The Stoics on the extirpation of the Passions », p. 359-400. Voir aussi R. Sorabji, *Emotion and Peace of Mind. From Stoic Agitation to Christian Temptation,* Oxford, Oxford University Press, 2003.

■ 37. Sur la compréhension stoïcienne de l'*akrasia,* voir en particulier R. Joyce, « Early Stoicism and *akrasia* », *Phronesis* 40, 1995, p. 315-335 ; B. Gluckes, « Akrasia in der älteren Stoa », *in* B. Gluckes (dir.), *Zur Ethik der älteren Stoa,* Göttingen, Vandenhoeck et Ruprecht, 2004, p. 94-122 ; M. D. Boeri, « The Presence of Socrates and Aristotle in the Stoic Account of *Akrasia* », in R. Salles (dir.), *Metaphysics, Soul, and Ethics in Ancient Thought, Themes from the work of Richard Sorabji,* Oxford, Clarendon Press, 2005, p. 383-412 ; J.-B. Gournat, *Akrasia in Greek Philosphy,* Leiden-Boston, Brill, Philosophia Antiqua, 2007, p. 289-302 ; L. Monteils-Lang, « La version stoïcienne du conflit de l'âme » dans *Agir sans vouloir, op. cit.,* p. 289-338.

■ 38. Galien, *De placitis Hippocratis et Platonis,* IV, 7, 12-18 ; p. 284 De Lacy = *SVF,* III 466.

■ 39. Sur ce point, voir T. Bénatouil, *Faire usage : la pratique du stoïcisme, op. cit.,* p. 103-104.

■ 40. *Ep.* 40, 7, 4 : « *Quemadmodum per procliue currentium non ubi uisum est gradus sistitur, sed incitato corporis ponderi seruit ac longius quam uoluit effertur* [...] ».

■ 41. Galien, *De placitis Hippocratis et Platonis,* IV, 2, p. 369 = *SVF,* III 462. Sur la métaphore chrysippéenne du coureur, et le modèle du retournement passionnel, voir T. Bénatouil, *Faire usage : la pratique du stoïcisme, op. cit.,* p. 100-105 et p. 109-112.

■ 42. Voir M. L. Colish, « Seneca on Acting against Conscience » *in* J. Wildberger and M. L. Colish (éd.), *Seneca Philosophus,* Berlin-Boston, Walter de Gruyter, 2014, p. 95-110.

■ 43. *Ep.* 40, 7.

[...] celui qui court sur une pente ne peut arrêter son pas à l'endroit prévu : mais poussé par le poids du corps, il est entraîné et est emporté plus loin qu'il ne voulait [44].

La métaphore sénéquienne mobilise moins l'imaginaire du retournement ou de l'excès [45] dans la *diastrophê*, cette perversion de l'âme du passionné devenue irrationnelle (*alogos* [46]), que celui de la conflictualité interne. C'est que « les hommes ont tout à la fois, à l'égard de leurs vices, de l'amour et de la haine » [47]. Cette conflictualité est le propre du progressant qui souffre d'une *bonae mentis infirmitas* [48], d'une faiblesse de la volonté – là où il est précisément question de vouloir et de tenir ce vouloir – qui se donne précisément dans l'expérience d'un conflit. Sénèque s'intéresse non pas exclusivement à la figure repoussoir du passionné aveugle à ses raisons mais à une forme de conflictualité psychique qui est cette fois-ci l'apanage du progressant engagé dans la voie de la sagesse. Cette conflictualité est la matière de la thérapeutique. Lorsqu'il progresse, l'individu sait ce qu'il convient de vouloir sans pour autant le vouloir tout le temps « jusqu'au bout ». La question devient pour lui celle de « tenir ses résolutions (*ut proposita custodias*) » [49], plus que d'en « prendre d'honorables (*ut honestas proponas*) ». C'est la figure du progressant qu'incarne le Sérénus du *De tranquillitate animi* qui vient à manquer de *uoluntas*, c'est-à-dire ici d'intention, jusqu'à douter de la voie qu'il a pourtant choisie. Sérénus décrit cet entre-deux à partir de l'image de la nausée dont il souhaiterait être – définitivement – guéri :

> Je te prie donc, si tu as quelque remède avec lequel tu puisses mettre un terme à mon hésitation, de me tenir digne de te devoir ma tranquillité. Que ces mouvements de l'âme ne sont pas dangereux et qu'ils n'entraînent pas de perturbation avec eux (*nec quicquam tumultuosi adferentis*), je le sais ; et pour exprimer ce dont je me plains, par une comparaison juste, ce n'est pas la tempête qui me tourmente, mais le mal de mer. Délivre-moi donc de ce mal quel qu'il soit, et secours le passager qui souffre en vue du port (*in conspectu terrarum laboranti*) [50].

Sérénus est acquis à la cause de la progression mais il n'en demeure pas moins tiraillé et tourmenté de ce tiraillement : il en va bien tout à la fois d'un conflit et d'une conscience de ce conflit qui donne lieu chez Sérénus à un mécontentement, une haine de soi (*fastidio sui*) et à un découragement [51]. Caractéristique tout à fait intéressante, cette distonie au surgissement imprévisible

■ 44. *Ibid.* (nous traduisons) : « *per procliue currentium non ubi uisum est gradus sistitur, sed incitato corporis pondere se rapit ac longius quam uoluit effertur* ».
■ 45. DL, VII, 110 = SVF, III 412 ; SVF, I 208 et III 382 = Themistius, *In Ar. De Anima*, 90 b et III, 5 ; SVF, III 382 = Simplicius, *In Arist. Cat.*, 107.
■ 46. Le « a » privatif n'indique pas ici l'absence mais la contrariété.
■ 47. *Ep.* 112, 4 : « *Homines uitia sua et amant simul et oderunt* ». Voir sur ce point A. J. Voelke, *L'idée de volonté dans le stoïcisme, op. cit.*, p. 172-175 ; *Die Vorstellung vom Willen in der Morallehre Senecas*, München / Leipzig, 2003 et M. L. Colish, « Seneca on Acting against Conscience », *op. cit.*.
■ 48. Sénèque, *De Tranquillitate animi*, désormais *Tranq.*, I, 16.
■ 49. *Ep.* 16, 1 (trad. fr. M.-A. Jourdan-Gueyer).
■ 50. Sénèque, *Tranq.*, I, 18 (nous traduisons).
■ 51. L. Monteils-Lang parle à ce propos des « intermittences » de la volonté. Voir *Agir sans vouloir, op. cit.*

(celui d'une résurgence ou d'un retour) est en un sens peu individuée (contre quoi se retourner, puisque la conversion a déjà eu lieu [52] ?) :

> En cherchant pour moi, Sénèque, quelques défauts sont apparus en moi, exposés à tous les yeux, que je pouvais toucher du doigt, quelques autres plus obscurs, et cachés dans les replis de mon âme, d'autres enfin qui ne sont pas continuels, mais paraissent par intervalle : ceux-là je dis qu'ils sont les plus fâcheux de tous, comme des ennemis toujours changeant de place et qui épient le moment de vous assaillir et avec lesquels il n'est permis ni de se tenir en haleine comme en temps de guerre, ni en sécurité comme en temps de paix [53].

Une ou deux psychologies ?

A-t-on à un quelconque moment de ces analyses quitté le sol de la psychologie stoïcienne ? Rien dans les textes ne nous autorise à le penser. Sénèque pose en effet clairement que le vouloir ne peut trouver un soubassement pérenne que dans le savoir qui seul peut lui assurer sa constance. Il est toujours de ce fait révélateur de l'état de la *mens*. Bien vouloir, c'est toujours *savoir vouloir :*

> On ne peut atteindre la tranquillité (*tranquillitas*) si l'on n'a pas acquis un jugement immuable (*immutabile certumque iudicium*) et stable : les autres tombent, puis se reprennent et oscillent continuellement entre le désintérêt et le désir. Quelle est cette cause de leur agitation ? Rien n'est clair pour ceux qui se règlent sur l'opinion, la plus incertaine des règles de conduite. Si tu veux toujours vouloir la même chose, tu dois vouloir le vrai *(eadem semper uelle, uera oportet uelis)* [54].

Mais pour autant ici savoir vouloir n'est précisément pas équivalent à savoir ce qu'il faut vouloir. La faiblesse épistémique engage celle du vouloir. La distinction stoïcienne entre le jugement faible et la fermeté d'âme caractérisée de la science [55] se trouve dès lors fondue dans la langue de la *uoluntas*. Celle-ci n'est pas réductible à un acte de compréhension, même si elle le présuppose.

Le possible conflit entre savoir et vouloir est donc réélaboré comme un conflit de la *uoluntas* avec elle-même, la *uoluntas* se diffractant dans des objets contradictoires et non un conflit entre des instances séparées concurrentes aux choix d'objets concurrents. C'est là en effet la différence fondamentale avec l'analyse platonicienne comme avec l'analyse aristotélicienne qui elles aussi mobilisent le dispositif de la conflictualité de l'âme : or ici, s'il y a conflit

---

■ 52. C'est ce qui distingue le Sérénus du *De tranquillitate animi* du Sérénus du *De constantia sapientis*, auquel Sénèque non sans ironie déclare en III, 1 : « Je crois voir ta pensée s'échauffer et se soulever d'indignation. Tu es prêt à t'écrier : "Voilà ce qui enlève toute autorité à vos préceptes. Vous faites de grandes promesses, qui vont même au-delà de nos souhaits, bien loin que nous puissions y croire". » (trad. fr. É. Bréhier).

■ 53. *Tranq.* I, (1) (nous traduisons) : « *Inquirenti mihi in me quaedam uitia apparebant, Seneca, in aperto posita, quae manu prehenderem, quaedam obscuriora et in recessu, quaedam non continua, sed ex interuallis redeuntia, quae uel molestissima dixerim, ut hostes uagos et ex occasionibus assilientes, per quos neutrum licet, nec tamquam in bello paratum esse nec tamquam in pace securum* ».

■ 54. *Ep.* 95, 57-58 (nous traduisons) : « *Non contingit tranquillitas nisi immutabile certumque iudicium adeptis : ceteri decidunt subinde et reponuntur et inter missa adpetitaque alternis fluctuantur. Causa his quae iactationis est ? Quod nihil liquet incertissimo regimine utentibus, fama. Si uis eadem semper uelle, uera oportet uelis* ».

■ 55. Voir A. A. Long, « Freedom and determinism in the Stoic Theory of Human Action », in *Problems in Stoicism, op. cit.*, p. 173-199, p. 184 : « *Man is born morally neutral, with a natural inclination towards virtue. Good or bad dispositions are acquired in maturity as a result of training or neglect.* ».

de l'âme, il s'agit d'un conflit interne à la *mens*. C'est la même instance qui veut plusieurs choses, voire plusieurs choses *en même temps*. La multiplicité affecte la volonté elle-même, de l'intérieur : la volonté malheureuse ne *sait* pas où désirer, quels objets désirer, de sorte qu'elle est en proie à la versatilité et la conflictualité des désirs. La *uoluntas* de l'insensé est éclatée entre ses objets, là où la *bona uoluntas* réalise une unité parfaite. A l'instabilité caractéristique de l'âme de l'insensé (*mutatio uoluntatis indicat animum nature* [56]) s'oppose la stabilité de la *tranquillitas* de l'âme qui s'est attachée au seul objet stable qui soit [57], cet attachement par lequel l'âme se tient elle-même. Le vouloir toujours la même chose (la vertu) permet précisément de forger un rapport aux objets qui n'est que l'occasion d'un rapport à soi-même. Le remède consiste ainsi à savoir où désirer, ou plutôt précisément vouloir, où le vouloir est subordonné au savoir mais demeure un acte de l'âme irréductible à un acte de compréhension.

La preuve en est que Sérénus sait où vouloir (sa *mens* est une *bona mens*) mais chez lui le vouloir ne s'identifie pas encore pleinement au savoir (il ne dispose pas à ce titre d'une *bona uoluntas*). Sa *mens* loge une conflictualité psychique qui n'est plus conflictualité entre des instances extérieures l'une à l'autre mais pour ainsi dire conflictualité avec « soi-même » en « soi-même ». L'âme de Sérénus pâtit d'une faiblesse (*infirmitas*), celle « d'une âme hésitante entre ces deux choses : n'incliner ni fortement vers la voie droite ni vers le vice » [58] :

> Cependant cet état habituel en moi que je surprends le plus souvent (car, pourquoi ne dirais-je pas le vrai comme à mon médecin ?), c'est celui de n'être ni délivré de bonne foi des vices que je redoutais et détestais, ni d'être de nouveau sous leur empire. Je me trouve dans une condition qui si elle n'est pas la pire, est pourtant plus que jamais douloureuse et la plus désagréable : je ne suis ni malade, ni bien portant [59].

Chez lui, c'est en la *uoluntas* elle-même que s'éprouve la possibilité d'un écart du vouloir au savoir, celle précisément d'une résistance interne : le conflit est un conflit de la *uoluntas* avec elle-même. C'est la même volonté qui sait ce qu'il convient de vouloir mais qui persiste à vouloir autre chose, et donc ne le veut pas tout le temps, ou veut plusieurs choses à la fois, prise dans la multiplicité, l'instabilité et la versatilité de ses attachements. Dans le conflit, la *uoluntas* elle-même est prise entre deux pôles : comme *mens* elle peut se trouver tiraillée par ce à quoi elle est inclinée comme *appetitus*, ce qui n'annule cependant à aucun moment son caractère rationnel – c'est la lucidité caractéristique de Sérénus – et ne suspend donc à aucun moment sa responsabilité. C'est sur la même scène psychique que tour à tour et parfois pour ainsi dire en même temps elle veut puis ne veut plus ou ne veut pas jusqu'au bout.

56. *Ep.* 35, 4.
57. *Ibid.* 74, 11.
58. *Tranq.* I, 4 (nous traduisons) : « *Haec animi inter utrumque dubii, nec ad recta fortiter nec ad praua uergentis, infirmitas qualis sit, non tam semel tibi possum quam per partes ostendere* ».
59. *Ibid.* I, 2 (nous traduisons) : « *Illum tamen habitum in me maxime deprehendo (quare enim non uerum ut medico fatear ?), nec bona fide liberatum me iis quae timebam et oderam, nec rursus obnoxium. In statu ut non pessimo, ita maxime querulo et moroso positus sum nec aegroto nec ualeo* ».

Le conflit n'est plus seulement envisagé comme un conflit entre des *jugements*, comme on le trouvera formulé chez Épictète qui parle d'un conflit d'une *prohairesis* contre une autre *prohairesis* [60]. Le conflit engage explicitement ce qui déborde le jugement : la *uoluntas*. Le modèle de la conflictualité s'en trouve enrichi. Il est ainsi question tout à la fois d'une complaisance (*fauor*) qui fait obstacle au jugement (*judicio fauor officit*) [61], comme si alors son jugement se percevait en position d'extériorité par rapport à son affectivité, et en retour d'une faiblesse (*infirmitas*) de l'âme qui rend le jugement vacillant. L'âme grevée de l'intérieur, c'est le jugement même censé la soutenir qui s'en trouve affaibli. Sérénus en arrive à douter, comme si ici c'était la puissance de l'affectivité qui imposait ses raisons au contenu du jugement :

> Je m'éloigne donc, non pas pire mais plus triste ; et dans mon pauvre domicile je ne porte plus la tête si haute ; une morsure secrète m'arrive, enfin je doute si ces choses-là ne sont pas préférables. Rien de tout cela ne me change mais il n'est rien qui ne m'ébranle [62].

Sérénus est ainsi pris dans une alternance de mouvements oscillatoires d'amplitude limitée [63], par lesquels il ne peut s'empêcher de regretter ce à quoi il a pourtant renoncé en conscience. Les bonnes intentions se trouvent menacées à l'épreuve de la réalité, ses résolutions se trouvent rudement mises à l'épreuve par l'attrait pour le luxe qu'il a conservé. Or ce conflit est redoublé par un savoir de la *mens* sur elle-même. Sérénus « ose se dire la vérité (*sibi uerum dicere ausus est*) » sur lui-même [64] : son âme est consciente de sa propre faiblesse (*infirmitas*). Il *vit* le conflit et en souffre parce qu'il en est conscient [65]. Les intermittences de son vouloir sont ainsi redoublées par des variations d'humeur où les épisodes de repli et de haine de soi alternent avec des épisodes d'exaltation frénétique : la prise de conscience de son état le conduit au découragement. Autant que du conflit, c'est de sa lucidité sur lui-même dont souffre Sérénus, et de l'angoisse de retomber dans le vice :

> en toute chose me suit cette même faiblesse de bonne âme. Je crains d'y succomber à la longue ; ou, ce qui est plus inquiétant, d'être toujours suspendu

■ 60. *Entretiens*, I, 17, 25-27.
■ 61. Sénèque, *Tranq.*, I, 16 (nous traduisons) : « *Familiariter enim domestica aspicimus, et semper iudicio fauor officit*. En fait nous regardons avec familiarité les choses ordinaires et la complaisance obscurcit toujours le jugement ».
■ 62. *Ibid.*, I, 9 (nous traduisons) : « *Recedo itaque non peior, sed tristio, nec inter illa frivola mea tam altus incedo, tacitusque morsus subit et dubitatio numquid illa meliora sint. Nihil horum me mutat, nihil tamen non concutit* ».
■ 63. Voir *Tranq.*, I, 5-15.
■ 64. *Ibid.* I, 17 (nous traduisons).
■ 65. Voir aussi, dans un autre cadre cependant, l'aveu de Sénèque qui vaut pour autojustification dans le *De vita beata*, XVII, 3 : « Je ne suis pas un sage, et (que ta malveillance soit satisfaite) je ne le serai pas. Exige donc de moi, non que je sois l'égal des meilleurs, mais seulement meilleur que les méchants : il me suffit de retrancher chaque jour quelque chose de mes vices et de gourmander mes égarements. » (trad. fr. A. Bourgery). Sur cette revendication, voir T. Bénatouïl, « Les possessions du sage et le dépouillement du philosophe : un paradoxe socratique et ses reprises stoïciennes », *Rursus* (revue électronique du LALIA, Université de Nice), n° 3, février 2008.

comme celui qui va tomber, et que la situation soit plus funeste, peut-être, que celle que je prévois [66].

Non sans paradoxe, Sénèque préconise pourtant comme thérapeutique pour Sérénus une autre forme d'*entre-deux* qui mêle le commerce avec les hommes et la solitude [67], un savant mélange censé rendre les amplitudes de ses oscillations les moins fortes possible, comme si le lot de la condition humaine résidait précisément dans cette condition (*condicio*) qu'il fallait tenter de tenir *au mieux*, à la manière d'un funambule, pour reprendre l'image de Sérénus : une manière de dire aussi que nous devons faire avec ce savoir que nous ne serons jamais sages.

Tout se passe ainsi comme si Sénèque venait prendre en charge, dans la langue de la *uoluntas*, la limite même de la langue « intellectualiste », celle de l'expérience d'une certaine irréductibilité du vouloir au savoir, et par là même du bonheur à la vertu : dans l'expérience de la conflictualité qui l'affecte, Sérénus n'est pas moins vertueux ou plus mauvais (*peior*), il est plus triste (*tristior*) [68]. Le choix de la vertu ne semble pas l'avoir conduit au bonheur escompté.

L'histoire de Sérénus est dès lors en même temps celle de sa défaillance et celle de la conscience de sa défaillance : l'expérience du conflit de la volonté se révèle être une expérience d'un savoir sur soi-même. Le savoir a dès lors absorbé une charge de liberté irréductible en devenant précisément une modalité du vouloir. C'est là le paradoxe : pour Sénèque, le mécontentement de soi-même dont se plaint Sérénus n'a en fait pas grand-chose à voir avec les maux réels qui rongent les insensés [69]. En ce sens, il est le signe d'une *bona mens*. C'est en tout cas ce que suggère l'image des maux imaginaires dont se croient encore porteurs ceux qui sont en fait déjà guéris et qui « présentant le pouls au médecin, prennent pour de la fièvre la moindre chaleur corporelle ». Elle conduit cette forme de conflictualité psychique à apparaître comme un état quasi-constitutif de l'âme vertueuse :

> Je me demande, par Hercule, depuis longtemps, moi-même sans rien dire, à quoi je pourrais comparer une telle affection de l'âme, et je ne saurais appliquer de plus propre exemple que celui de ceux qui, revenus d'une longue et grave maladie, sont encore affectés de temps à autre de légers frissons et malaises et, qui lorsqu'ils se sont débarrassés de ces traces, s'inquiètent encore de maux imaginaires, présentant le pouls au médecin, et prennent pour de la fièvre la moindre chaleur corporelle. De ceux-ci, le corps n'est pas peu sain, Sérénus, mais leur corps n'est pas suffisamment habitué à la

---

■ 66. *Tranq.* I, 16 (nous traduisons) : « *omnibus rebus haec me sequitur bonae mentis infirmitas, cui ne paulatim defluam uereor, aut, quod est sollicitius, ne semper casuro similis pendeam et plus fortasse sit quam quod ipse peruideo* ».

■ 67. Sénèque, *Tranq.*, XVII, 3.

■ 68. *Ibid.*, IX, 1.

■ 69. *Tranq.*, II, 5 (nous traduisons) : « [...] tu comprendras aussitôt combien tu as bien moins à faire avec ce mécontentement de toi-même que ceux qui enchaînés à une profession ambitieuse et alourdis du poids d'un titre imposant, se maintiennent dans ce rôle affecté, plutôt par pudeur que par volonté. *Simul tu intelleges, quanto minus negotii habeas cum fastidio tui quam ii, quos ad professionem speciosam alligatos et sub ingenti titulo laborantis in sua simulatione pudor magis quam uoluntas* » (nous traduisons).

DE L'OBJET DU TELOS AU SUJET DE LA UOLUNTAS.

santé, il est comme l'oscillation et le frémissement d'une mer tranquille ou qui se repose d'une tempête [70].

Le paradoxe est formulé par Sérénus lui-même : ne pas croire être parvenu à la sagesse est la condition *sine qua non* pour y parvenir [71]. C'est dire qu'avec Sénèque, la conflictualité psychique se dit désormais comme celle de la *uoluntas*, celle de la présence en soi de ce reste à investir, ce reste qui nous sépare de ce que nous *savons* être la vertu : cette conflictualité est à ce titre constitutive du processus de subjectivation. C'est dans l'horizon de ce contexte que nous proposons *in fine* de comprendre la variation sénéquienne par laquelle le *telos* stoïcien se formule désormais *aussi* comme un accord de la *uoluntas* avec elle-même. Du *telos* zénonien au *telos* sénéquien, à aucun moment il n'y a rupture. Pour autant, de manière inédite, la formulation sénéquienne du *telos* contient en elle, comme sa possibilité, le spectre de ce qui a été dépassé, celui d'une certaine expérience du tiraillement au sein du vouloir. Par là même, le *telos* est réinscrit dans la perspective de la traversée de la conflictualité psychique. Cette dissonance ou ce désaccord de la raison avec elle-même dont nous souffrons est *en même temps* une pathologie du vouloir. Sénèque n'a donc à aucun moment rompu avec la psychologie du Portique, mais il en a donné une interprétation singulière qui souligne plus expressément combien la subjectivation engage le « destin » du désir (*cupiditas*), cette épreuve par laquelle il devient volontaire.

Marion Bourbon
Université de Rouen / ERIAC

■ 70. *Tranq.*, II, 1 (nous traduisons) : « *Quaero mehercules iamdudum, Serene, ipse tacitus, cui talem affectum animi similem putem, nec ulli propius admouerim exemplo quam eorum qui, ex longa et graui ualetudine expliciti, motiunculis leuibusque interim offensi perstringuntur et, cum reliquias effugerunt, suspicionibus tamen inquietantur medicisque iam sani manum porrigunt et omnem calorem corporis sul calumniantur. Horum, Serene, non parum sanum est corpus, sed sanitati parum assueuit, sicut est quidam tremor etiam tranquilli maris motusque, cum ex tempestate requieuit* ».

■ 71. *Ibid.* I, 17 (nous traduisons) : « Je pense que beaucoup d'hommes auraient pu parvenir à la sagesse, s'ils n'avaient pensé y être arrivés, s'ils ne se fussent dissimulé quelques-uns de leurs vices, ou s'ils n'avaient passé, les yeux ouverts, devant d'autres. *Puto multos potuisse ad sapientiam peruenire, nisi putassent se peruenisse, nisi quaedam in se dissimulassent, quaedam opertis oculis transiluissent* ».

Le désir

AUGUSTIN ET L'USAGE DU MONDE[1]

Isabelle Koch

La volonté s'exerce, selon Augustin, soit comme usage soit comme jouissance de ce qu'elle vise. Ces deux modalités sont constitutives de la moralité d'une vie : la vertu chrétienne repose sur un *usus mundi* qui réfère le créé à Dieu, tandis que le péché consiste à jouir du créé. Que signifie cet « usage du monde » ? Faut-il le prendre dans une acception instrumentale ? Ce n'est manifestement pas ce que choisit Augustin à propos du rapport droit avec soi-même ou autrui. Cette réserve est souvent analysée comme un effet de la seule prise en considération du statut particulier des êtres rationnels. Ici, on cherchera plutôt à y lire la complexité d'une relation qui, jusque dans le rapport aux corps, ne se borne pas à instrumentaliser le monde en vue de Dieu.

L a distinction entre usage et jouissance est fréquemment utilisée par Augustin pour exprimer la différence entre un mode de vie moralement bon et un mode de vie moralement mauvais[2]. Le péché consiste à jouir de la créature comme d'un bien en soi, en la préférant à son Créateur ; la vertu consiste à user des créatures en vue de Dieu, seul bien digne de jouissance. Ainsi, l'homme vertueux au sens chrétien n'est pas seulement celui en qui la raison domine les passions, mais celui qui use des *temporalia* en vue des *aeterna*. Toute activité humaine en droit rend possible cet usage, si bien qu'il n'y a pas de raison de considérer que tel ou tel genre de vie est plus favorable à la vertu que tel autre : évoquant la tripartition classique entre vie de loisir, vie d'action et vie mixte, Augustin déclare que chacun « peut mener sa vie dans n'importe lequel de ces genres et

---

1. Cet article est paru initialement dans le n° 122 (3ᵉ trimestre 2010) des *Cahiers Philosophiques*.
2. Henry Chadwick, dans son article « *Frui – Uti* » de l'*Augustinus-Lexikon*, compte 450 occurrences de *frui*, 190 de *perfrui*, 6 de *perfruitio* (le terme *fruitio* n'est pas utilisé par Augustin) ; et 1 650 occurrences de *uti*, 570 de *usus*. *Cf.* § 1, « *The Background and basic Distinctions* », note 1.

parvenir aux récompenses éternelles »[3], du moment qu'il fait usage des biens que lui offre la vie qu'il a choisie (l'étude, ou le pouvoir, ou les deux) en vue de Dieu. Inversement, tout genre de vie peut éloigner de Dieu et enfermer dans le péché, dès lors qu'on trouve sa satisfaction ultime dans les biens propres à cette vie – c'est selon ce principe qu'Augustin critique les grandes figures morales de la culture païenne, expressives d'une pseudo-vertu qui n'a d'autre fin qu'elle-même, ou qu'il déclare que même la miséricorde et la foi, si elles ne sont pas pratiquées par amour pour Dieu, ne sont ni bonnes ni utiles[4].

La vertu chrétienne repose donc sur un *usus mundi* qui trouve sa rectitude et sa fin dans l'amour pour Dieu. Mais que signifie cet « usage » du monde ? S'agit-il d'instrumentaliser l'ensemble des créatures, y compris celles qu'Augustin appelle les « égales », c'est-à-dire autrui ? Et quel rapport à soi-même détermine cet usage ? La terminologie d'Augustin devient hésitante dès qu'il s'agit de parler d'un usage de soi ou des autres. C'est pourquoi, se réglant sur ces hésitations, la majorité des commentateurs aborde les ambiguïtés et les difficultés propres à la notion d'usage dans le cadre du rapport droit que nous devons entretenir avec des sujets rationnels créés ; il semble que, implicitement, cet abord tienne en revanche pour dépourvu d'ambiguïté le concept d'usage lorsqu'il est appliqué aux êtres irrationnels qui s'offrent à notre perception et à notre satisfaction : il est sans doute difficile de déterminer notre rapport aux corps comme usage, car ces corps sont précisément les objets qui excitent la convoitise charnelle à la jouissance, mais cette difficulté est pratique, elle n'est pas conceptuelle. Concernant les corps dont nous pouvons soit jouir, soit user, la règle serait claire : la vertu consiste à en user en vue des *aeterna*, et cette règle est sans ambiguïté car rien ne fait obstacle, conceptuellement, à l'instrumentalisation des corps – alors qu'il n'est pas aussi simple de formuler la même exigence à propos de soi ou du prochain.

Cette hésitation a déjà fait l'objet d'analyses nombreuses et approfondies, c'est pourquoi je ne remettrai pas une nouvelle fois cet ouvrage-là sur le métier. Une synthèse des hésitations d'Augustin sur la façon dont on doit nommer et considérer la relation droite à autrui et à soi, ainsi qu'un rappel des conclusions produites par d'autres avant moi suffiront. Ce rappel me servira de point de départ à un réexamen de la même question, celle des ambiguïtés du concept augustinien d'usage, mené cette fois dans un cadre plus large, et de ce fait à un niveau plus fondamental. Est-ce seulement à propos des sujets rationnels que le concept d'usage est problématique ? Ou bien ces sujets rationnels ne font-ils que manifester de façon particulièrement visible une ambiguïté qui par ailleurs existe même lorsque ce concept est appliqué aux objets de la convoitise charnelle ?

■ 3. *La Cité de Dieu* (dorénavant cité *C. Dieu*), XIX, 19. Je propose ma traduction pour les textes d'Augustin (texte latin : Bibliothèque Augustinienne).

■ 4. Cf. *C. Dieu*, V, 12-13 et XIV, 5 sur la vertu païenne ; *ibid.*, X, 6 sur la miséricorde ; *La Trinité* (dorénavant cité *Trin.*), XV, 32 sur la foi.

Des définitions claires, des applications ambiguës

Les termes *frui* et *uti* sont clairement définis par Augustin. Ils le sont aussi à plusieurs reprises, dans des textes appartenant à des périodes diverses de la production littéraire d'Augustin, qui tous proposent les mêmes définitions, que ce soit pour les employer séparément l'un de l'autre ou en antithèse[5]. La définition a donc pour elle, outre la clarté, la fermeté, indépendamment de la variation des contextes d'écriture et du temps. Le lecteur ici n'a pas à se plaindre de la rigueur et de la constance de son auteur, par exemple dans *La Doctrine chrétienne* : « Jouir, c'est s'attacher par amour à une chose pour elle-même, tandis qu'user, c'est référer ce qui aura été utilisé à l'obtention de ce qu'on aime »[6] ; dans les *83 Questions diverses* : « Nous disons donc que nous jouissons à propos de ce dont nous tirons plaisir. Nous usons de ce que nous référons à ce dont il s'agit de tirer plaisir »[7] ; dans *La Cité de Dieu* : « Nous disons jouir à propos d'une chose qui nous plaît par elle-même sans devoir être référée à autre chose, tandis que nous disons en user à propos d'une chose que nous recherchons pour une autre »[8] ; dans *La Trinité* : « Nous jouissons des choses connues lorsque la volonté, en tirant un plaisir qui lui est propre, se repose en elles ; mais nous usons de ce que nous référons à une autre fin dont nous tirerons une jouissance »[9].

La double orientation du vouloir décrite par ces définitions est liée à la conception augustinienne de la volonté : la volonté n'est pas seulement un pouvoir de consentir ou de refuser, même si ces actes relèvent bien d'elle ; plus fondamentalement, elle est pensée comme une tension vers un objet aimé qu'elle cherche à atteindre, c'est-à-dire dont elle cherche à jouir, le plaisir étant défini comme « volonté au repos » (*quieta volontas*)[10]. Fréquentes sont la synonymie entre volonté et amour ou dilection[11], ainsi que la comparaison,

---

5. Augustin emploie d'abord *uti* et *frui* indépendamment l'un de l'autre. Les premières occurrences du couple *uti* / *frui* se situent au début des années 390 : dans un des *Commentaires des Psaumes* (IV, 8) et dans les *83 Questions diverses* (Q. 30). Oliver O'Donovan fait remarquer que, avant même de les utiliser ensemble, Augustin a déjà donné à chaque terme le sens achevé qui sera le sien dans l'antithèse : *The Problem of Self-Love in St Augustine*, Eugene (Oregon), Wipf & Stock Publishers, 2005² (Yale, Yale University Press, 1980¹), p. 173 (note 48 de la p. 25).

6. *La Doctrine chrétienne* (dorénavant cité *Doc. Chr.*), I, 4. Cf. aussi *ibid.*, I, 31, 34 : « Nous disons que nous jouissons d'une chose que nous aimons pour elle-même, et que nous ne devons jouir que de l'objet qui nous rend heureux, et user seulement de tous les autres ».

7. *83 Questions diverses*, Q. 30.

8. *C. Dieu*, XI, 25. Cf. aussi *ibid.*, XIX, 10.

9. *Trin.*, X, 13.

10. *Trin.*, XI, 9. Sur le lien entre la distinction *uti* / *frui* et la compréhension augustinienne de la volonté, conçue comme un amour qui porte l'âme vers un objet aimé et qui par là l'ordonne, *cf.* R. Holte, *Béatitude et sagesse. Saint Augustin et le problème de la fin de l'homme dans la philosophie ancienne*, Paris-Worcester, Études augustiniennes-Augustinian Studies, 1962, p. 264-269.

11. Par exemple *Trin.*, XIV, 8 : « La dilection, qui n'est rien d'autre que la volonté désirant ou tenant quelque chose pour en jouir (*voluntas fruendum aliquid appetens vel tenens*) » ; *ibid.*, XV, 12 : « Il n'y a rien, de l'esprit, dont nous ne nous souvenions sinon par la mémoire, que nous ne comprenions sinon par l'intelligence, que nous n'aimions sinon par la volonté » ; 41 : « Quant à l'Esprit saint, rien n'a paru plus semblable à lui "en" cette "énigme" (1 *Cor.* 13, 12) que notre volonté, ou que notre amour ou dilection (*voluntatem nostram vel amorem seu dilectionem*), qui est une volonté particulièrement forte, puisque notre volonté, qui réside naturellement à l'intérieur de nous, a des affections variées selon que des réalités la touchent ou surviennent, par lesquelles nous sommes attirés ou repoussés. » ; *C. Dieu*, XIV, 6, identifie la volonté à ces affections, définies comme des mouvements (*motus*) de l'âme. Sur les applications (épistémiques et morales) de cette identité entre volonté et amour, *cf.* É. Gilson, *Introduction à l'étude de Saint Augustin*, Paris, Vrin, 1969⁴,

qui leur est également appliquée, avec un « poids » : la volonté, posant une fin, est attirée vers elle comme vers un lieu de repos, comme un corps tend à rejoindre, par son poids, son lieu naturel ; de même, l'amour ne fait rien d'autre qu'emporter celui qui l'éprouve vers l'objet aimé, et l'y tenir attaché [12]. Parce qu'elle est un amour, la volonté n'est donc pas une faculté neutre qui choisirait librement, lorsqu'une occasion d'agir se présente et en fonction du contexte, d'user des choses ou d'en jouir ; elle s'exerce constamment soit comme usage, soit comme jouissance de ce que nous nous représentons par la mémoire et l'intelligence, ou de ce que nous percevons. C'est de cela que découle la qualification morale de notre vie : « Ce qui fait que la vie des hommes est vicieuse et coupable n'est rien d'autre que le mauvais usage et la mauvaise jouissance » [13]. La vie où la volonté cherche à jouir des *temporalia* au lieu d'en user en vue des *aeterna* est une vie fondée sur l'amour des *temporalia*, ou *concupiscentia* ; tandis que la vie bonne est fondée sur l'amour de Dieu, ou *caritas*.

La délimitation des champs respectifs de l'usage et de la jouissance par la distinction entre les *temporalia* et les *aeterna* indique que la distinction *uti/frui* bénéficie d'un cadre de pensée inspiré du platonisme. Augustin voit dans la grande division entre les êtres sensibles et les êtres intelligibles un des apports majeurs du platonisme, par quoi seule cette doctrine surnage dans le flot des erreurs professées par les philosophes païens [14] ; mais il préfère exprimer cette division selon des catégories temporelles, peut-être parce que la catégorie des *temporalia* est plus vaste que celle des *sensibilia* [15], et c'est sous les vocables *temporalia* et *aeterna* qu'elle acquiert une fonction structurante constante dans ses œuvres. La satisfaction complète de l'âme ne peut être procurée par aucun des *temporalia*, des corps jusque même aux vertus, de même que l'érotique platonicienne ne s'arrête pas dans son ascension avant d'avoir atteint une beauté qui est au-delà de la beauté des âmes ou des sciences : en affirmant que le seul *fruendum* est Dieu ou la Trinité [16], Augustin veut dire que seule la vérité éternelle peut nous donner

---

p. 170-177 (chapitre : « La volonté et l'amour ») ; sur la synonymie et les nuances entre *amor, delectatio* et *caritas, cf.* R. Holte, *Béatitude et sagesse, op. cit.,* p. 261-263.

■ 12. Sur la transposition de la théorie aristotélicienne du lieu naturel à la psychologie, cf. *Les Confessions,* (dorénavant cité *Conf.*) XIII, 9, 10 : « Un corps, par son poids, tend vers le lieu qui est le sien. Le poids n'est pas seulement dirigé vers le bas, mais vers le lieu qui est le sien. Le feu tend vers le haut, la pierre, vers le bas : c'est leur poids qui les mène, qui les conduit à leur lieu [...]. Mon poids, c'est mon amour : c'est lui qui m'emporte, où que je sois emporté. » ; *La Musique,* assimilant la *delectatio* au *pondus animae,* en fait le principe de l'ordre qui régit une âme (VI, 29 : *Delectatio ergo ordinat animam*), et la Q. 35, définissant l'amour comme un mouvement (*motus*), ramène la question de « ce qu'il faut aimer » à celle de « ce qu'est ce vers quoi il convient de se mouvoir » (*quid sit illud ad quod moveri oporteat*). La métaphore du poids qui entraîne l'âme est appliquée identiquement à la volonté, par exemple *Trin.,* XI, 18 : « La volonté [...] est une sorte de poids ».

■ 13. *Trin.,* X, 13.

■ 14. *C. Dieu,* VIII, 1-12 ; X, 2.

■ 15. Par exemple la foi est temporelle, alors qu'elle n'est pas sensible. La catégorie la plus large est celle des *mutabilia* : l'âme rationnelle n'est pas sensible, elle n'est pas mortelle, mais elle est soumise au changement. Augustin en cela est tout à fait sensible à l'aspect le plus authentiquement platonicien de la distinction sensible/ intelligible, par-delà sa reprise plotinienne, à savoir au critère de l'immutabilité : dans *Le Banquet,* le beau qui n'est que beau n'est premièrement déterminé comme « une réalité qui tout d'abord n'est pas soumise au changement, qui ne naît ni ne périt, qui ne croît ni ne décroît, une réalité qui par ailleurs n'est pas belle par un côté et laide par un autre, belle à un certain moment et laide à un autre » (210e-211a, trad. fr. L. Brisson).

■ 16. *Doc. chr.,* I, 5.

la *beata vita*, qui est « joie prise à la vérité » (*gaudium de ueritate*)[17] et à la beauté véritable[18], lorsque celles-ci sont enfin possédées. Parce qu'aucun être temporel, en revanche, ne peut être possédé sans susciter au moins l'inquiétude de sa perte possible chez celui qui en jouit, les *temporalia* sont par principe et par avance disqualifiés dans la course au bonheur[19].

Cependant, si le grand cadre dans lequel opère la distinction usage / jouissance est d'inspiration platonicienne, la distinction elle-même est plutôt empruntée au stoïcisme. La *Quaestio 30* met en évidence sa dérivation à partir de la distinction cicéronienne entre l'*honestum* et l'*utile*, en établissant que le rapport entre usage et jouissance est analogue au rapport entre utile et honnête ; et que cette analogie est elle-même fondée sur une corrélation objective : l'objet propre de l'usage est l'utile, celui de la jouissance, l'honnête[20]. Les concepts augustiniens d'usage et de jouissance ont donc une double source, rhétorique et philosophique (stoïcienne). D'une part la distinction proposée par Cicéron dès son premier ouvrage de rhétorique, le *De inventione*[21], s'inscrit dans une tradition rhétorique issue de *La Rhétorique* d'Aristote : l'*utile* et l'*honestum*, ainsi que les sous-catégories du *rectum* et du *laudabile* et les catégories complémentaires du facile, du possible et du nécessaire, sont des modes distincts, mais non exclusifs l'un de l'autre, de la valorisation de l'action en faveur de laquelle l'orateur veut décider son auditoire[22] ; car l'argumentation délibérative doit, pour entraîner la persuasion, présenter l'action à faire comme facile, utile, belle (*honesta*), et parfois nécessaire. D'autre part, c'est aussi par une variation sur cette distinction entre *utile* et *honestum* que Cicéron rend compte d'une doctrine fondamentale de la morale stoïcienne, celle qui distingue, dans la classe des objets dont la possession est visée par nos impulsions pratiques, ce qui mérite d'être « pris » ou « sélectionné » (les préférables) de ce qui mérite d'être « choisi » ou « recherché » (le bien). La célèbre comparaison de la vie morale avec le tir à l'arc ou le lancer de javelot illustre ces deux types de visée, car il en va de même dans ces sports et dans « ce qui est dernier parmi les biens » (*ultimum in bonis*) :

> [L'archer] doit tout faire pour viser juste, et cependant, le fait de faire tout ce par quoi le but sera atteint, c'est cela, pour ainsi dire, qui est dernier, correspondant à ce que, dans la vie, nous appelons souverain bien ; tandis

> **Seule la vérité éternelle peut nous donner la *beata vita***

■ 17. *Conf.*, X, 33.
■ 18. *Conf.*, X, 38.
■ 19. Sur l'importance du critère classique de la suffisance pour définir le bien, cf. *infra*, n. 30. Ce critère est défini comme tel dans un passage du *Philèbe* qui formalise une intuition fondatrice des eudémonismes antiques (20d : le bien doit être achevé, suffisant, fin ultime de nos désirs et de nos actes).
■ 20. *83 q. div.*, Q. 30. La Q. 31, qui complète la Q. 30 en se proposant de considérer « la puissance dans son entier de la simple *honestas* », fait l'objet d'une révision qui mentionne Cicéron comme source des doctrines exposées dans ces deux questions (*Révisions*, I, 26).
■ 21. *De l'invention*, II, 55-58.
■ 22. Sur l'élaboration de la distinction *utile / honestum* avant Cicéron puis dans ses ouvrages rhétoriques, cf. G. Achard, *Pratique rhétorique et idéologie politique dans les discours « optimates » de Cicéron*, Leiden, Brill, 1981, p. 429-43, et A. Michel, *Les Rapports de la rhétorique et de la philosophie dans l'œuvre de Cicéron. Recherches sur les fondements philosophiques de l'art de persuader*, Leuven, Peeters, 2003[2], chapitre VIII.

que le fait de frapper la cible, pour ainsi dire, est à sélectionner (*seligendum*), pas à rechercher (*expetendum*)[23].

Or, c'est précisément l'*honestum* « qui seul, en raison de son éminence et de sa dignité, est à rechercher (*id solum vi sua et dignitate expetendum est*) », tandis que parmi « les choses premières de la nature », c'est-à-dire les préférables, « rien n'est à rechercher pour lui-même (*propter se nihil est expetendum*) »[24], même si l'avantage procuré à notre nature de vivant ou d'être sociable par nature justifie que soient « sélectionnés » par un être tel que nous des états comme la santé, la richesse, la convivialité, etc.

La distinction augustinienne entre *frui* et *uti* trouve donc son point de départ, *via* Cicéron, dans la distinction stoïcienne entre *expetere* (rechercher une chose pour elle-même) et *seligere* (choisir une chose plutôt qu'une autre pour son utilité, ce qui la subordonne à une fin plus ultime)[25]. Par là, Augustin reprend une constante des éthiques anciennes, qui abordent volontiers les questions liées à la décision pratique et au choix de vie en termes de fins et de moyens[26]. Mais il est intéressant de noter que, dans cette reprise, il s'appuie sur une référence stoïcienne qui, à la différence de ce qu'on trouve chez Platon[27] ou Aristote[28], exprime l'ordre des fins (subordonnées ou dernières) sans recourir de façon privilégiée au schème instrumental des moyens : en disant que seul l'*honestum* est recherché comme fin dernière, tandis que les *prima naturae* sont sélectionnés en vue de leur utilité pour nous mais ne sont pas choisis comme des biens au sens propre, les stoïciens, d'après Cicéron, présupposent bien une sorte de nécessité hypothétique de ceux-ci à l'égard

---

■ 23. *De finibus* (dorénavant cité *De fin*), III, 22. La distinction entre les *seligenda* et les *expetenda* reprend la distinction grecque entre ληπτόν et αίρετόν ; *cf.* Stobée, *Eclogae*, Wachsmuth p. 75, 1 = *SVF* III, 131 : « Ils disent que ce qui est à rechercher (αίρετόν) et ce qui est à prendre (ληπτόν) diffèrent. En effet, ce qui est à rechercher est ce qui provoque une impulsion qui a sa fin en elle-même (τὸ ὁρμῆς αὐτοτελοῦς κινητικόν), tandis qu'est à prendre ce que nous sélectionnons de façon raisonnable. Autant ce qui est à rechercher diffère de ce qui est à prendre, [...] autant en général le bien diffère de ce qui a une valeur (ἀξία) ». Sur cette valeur, distincte de la valeur inconditionnée du bien mais néanmoins réelle, *cf.* Diogène Laërce, VII, 105 : la valeur des préférables, tels que la richesse ou la santé, consiste en « un certain pouvoir secondaire, celui d'aider à une vie conforme à la nature », c'est-à-dire une vie vertueuse.

■ 24. *De fin.*, III, 21 ; sur l'identité des *prima naturae* avec les προηγμένα (en latin : *praeposita*), cf. *ibid.*, III, 15. La distinction entre *honestum* et *utile* est omniprésente dans le *De officiis*.

■ 25. *Cf.* R. Holte, *Béatitude et sagesse*, *op. cit.*, p. 201-203, 272-273.

■ 26. Sur cette constante, explicable par l'eudémonisme qui caractérise les éthiques anciennes, *cf.* O. O'Donovan, *The Problem of Self-Love*, *op. cit.*, p. 24-25 ; H. Chadwick, « *Frui – Uti* », *op. cit.*, § 1.

■ 27. La première occurrence détaillée de l'articulation des moyens aux fins en vue d'une fin dernière se trouve dans le *Lysis*, à propos de l'amitié, 220a-e, où Platon opère une distinction, qui n'est pas sans avoir quelque tonalité stoïcienne avant la lettre, entre ce qui est bon, ce qui est mauvais, et ce qui n'est ni bon ni mauvais. *Cf.* aussi *Gorgias*, 467b-468c, où la subordination de certains biens à d'autres plus ultimes, selon une relation de moyen à fin, est à nouveau présentée dans un contexte où il est question de trois classes de choses, les bonnes, les mauvaises et les « intermédiaires » ou les « neutres ». Cette articulation pourrait donc bien avoir pour fonction première de répondre à la question suivante : s'il est évident que nous désirons ce qui nous paraît bon, et fuyons ce qui nous paraît mauvais, comment choisir parmi ce qui n'est ni bon ni mauvais ?

■ 28. Notamment à propos des diverses formes d'amitié, dans l'*Éthique à Nicomaque*, VIII, 3-6, 1156a6-1158a36.

de celui-là[29], mais ils ne choisissent pas d'exprimer cette conditionnalité selon le schème instrumental, préférant traiter la sélection des *prima naturae* comme « matière » de la vertu ou « rôle » pour le sage. D'où la désaffection du paradigme technique pour penser la vertu, là où Platon ou Aristote s'appuyaient de façon plus ou moins explicite sur un schème instrumental pour ordonner ce que l'on fait à ce que l'on vise et atteint, apparentant ainsi la vertu à une sorte de super τέχνη qui s'attesterait et s'entretiendrait par des actions admirables et objectivement reconnaissables comme telles, que cette objectivité ait pour cadre de constitution l'espace de la Cité ou le regard du divin[30]. Ce déplacement est à relever, puisque la signification instrumentale de l'*uti* est débattue chez Augustin.

En effet, les définitions claires de l'*uti* et du *frui* que j'ai rappelées donnent lieu à des applications ambiguës, dès lors qu'il est question du rapport que nous devons avoir envers certains objets très particuliers, à savoir les créatures rationnelles : soi-même ou le prochain (voire les anges, dont le cas est envisagé par *La Doctrine chrétienne* notamment). C'est sur ces applications ambiguës que porte le débat relatif à la signification, instrumentale ou autre, du concept d'usage. Ce débat présuppose en gros que, lorsque le concept d'usage est appliqué aux êtres inférieurs à nous, il est acceptable d'en comprendre la définition de manière instrumentale (user de telle chose, c'est l'utiliser comme moyen en vue d'une fin distincte qu'on veut atteindre) ; mais que cette interprétation ne vaut pas dans les cas où nous « usons » d'autrui ou de nous-mêmes, dans la mesure où la créature rationnelle, ayant une dignité propre irréductible à celle des créatures inférieures, ne saurait être traitée comme un simple moyen. Le caractère éminemment problématique de ces cas est annoncé par Augustin lui-même, soit qu'il marque une hésitation à employer *uti* pour désigner la relation que nous devons avoir avec nous-mêmes ou notre prochain, soit qu'il l'emploie dans des formules mixtes qui brouillent la distinction bien claire du *frui* et de l'*uti*, soit enfin qu'il y renonce carrément. Je rappellerai ici les principaux éléments de ce débat, avant d'examiner si ces cas sont vraiment différents de ceux dans lesquels c'est à un corps que nous avons affaire.

■ 29. Supprimer les préférables, comme le fait Ariston, c'est affaiblir, voire supprimer la vertu elle-même, qui ne trouvera plus à s'exercer : cf. *De fin.*, II, 43 ; III, 31 ; 61 ; IV, 68. Cette conditionnalité est authentiquement chrysippéenne et ne tient pas simplement à l'intérêt de Cicéron pour la codification de l'agir dans sa dimension sociale et politique ; *cf.* Plutarque citant Chrysippe : « Que vais-je prendre comme matière de la vertu (ὕλην τῆς ἀρετῆς), si je néglige la nature et ce qui est conforme à la nature ? » (*Sur les notions communes, contre les stoïciens*, 1069ᵉ = *SVF* III, 491). Sur la caractérisation des τὰ κατὰ φύσιν/*prima naturae* comme ὕλη/ *materia* de la vertu, *cf.* aussi Plutarque, *ibid.*, 1071b, où les choses conformes à la nature sont distinguées de la fin dernière (τέλος) dont elles constituent « pour ainsi dire la matière » ; Clément d'Alexandrie, *Stromates*, IV, cap. 6, § 39, 3 (= *SVF*, III, 114), à propos des « choses intermédiaires, celles qui ont donc le rang de matière » (τῶν μεταξὺ ἃ δὴ ὕλης ἔχει τάξιν) ; Sénèque, *Lettres à Lucilius*, 71, 21 ; Épictète, *Entretiens*, I, 29.

■ 30. *Cf.* Cicéron, *De fin.*, III, 24 : « Ce n'est pas à l'art de la navigation ou à la médecine que, à notre avis, la sagesse ressemble, mais plutôt au jeu de l'acteur, dont je viens de parler, et à la danse, dans la mesure où c'est en elle-même que réside sa fin dernière et qu'elle n'est pas cherchée au dehors, fin dernière qui est la réalisation de l'art (*artis effectio*) ».

Usage de soi, usage d'autrui

Dans son acception commune, *usus* désigne le moyen. À suivre cette acception, comprendre l'usage du monde comme instrumentalisation des *temporalia* en vue des *aeterna*, c'est donc donner une certaine interprétation de la relation qu'Augustin appelle « référence » : user d'une chose, c'est se rapporter à elle « en la référant » à autre chose, et si l'*usus* est compris comme moyen, la référence indique la constitution d'une chose en simple moyen pour en obtenir une autre. La vie bonne est alors celle qui est tout entière saisie comme moyen : aucune des créatures, aucune activité non plus, n'y est considérée comme une fin « dernière », c'est-à-dire à rechercher pour elle-même, mais seulement comme moyen de se rapprocher de Dieu, *ultimum* occupant la place du *summum bonum* dès lors que seul il n'exige pas d'être référé à autre chose qu'à lui-même pour constituer le bien de qui le recherche[31]. C'est par exemple la règle que se fixe Augustin lorsqu'il examine le péché de gourmandise : la gourmandise prend plaisir à un bon repas sans le référer à autre chose (la santé si ce repas est équilibré, la richesse s'il s'agit d'un repas d'affaires, etc.) ; à l'inverse, l'*ordo justus* dans notre rapport aux aliments consiste à en user, c'est-à-dire à « les prendre comme des médicaments » que la corruptibilité de notre corps rend indispensable[32]. Or, nul n'hésitera à dire que, excepté cas pathologique, personne ne prend des médicaments pour le plaisir de s'intoxiquer : on n'y a recours que parce qu'ils constituent un moyen en vue de la santé, laquelle en revanche est un bien dont nous voulons jouir (même si, dans l'*ordo justus* qui définit la vertu, ce bien lui-même devrait être relativisé).

Par ailleurs, le moyen n'a pas de valeur en soi : pas plus qu'il n'est recherché pour lui-même, il n'est apprécié ou aimé pour une valeur qui lui serait propre, mais seulement pour son efficacité à procurer le bien visé comme fin. La réduction de la valeur de ce dont on use à une pure valeur d'usage est confirmée par l'évaluation méprisante dont les *utenda* relèvent, par opposition à Dieu, seul objet digne d'être aimé :

> Dieu seul donc doit être aimé (*amandus*) ; quant à ce monde tout entier, c'est-à-dire à la totalité des choses sensibles, cela doit être méprisé (*contemnenda*), bien qu'on doive en user pour satisfaire aux nécessités de notre existence[33].

L'opposition des *utenda* et des *fruenda*, surtout si elle est convertible dans celle des *contemnenda* et des *amanda*, pose cependant difficulté pour

---

▓ 31. C'est le critère classique de la suffisance du bien qui permet d'identifier Dieu comme *summum bonum* et d'invalider les prétentions des *temporalia* au titre de biens véritables : ce critère fait apparaître que la vie qui cherche sa plénitude dans les *temporalia* est une vie de frustration, parce qu'on ne peut posséder des êtres corruptibles « sans risque de les perdre » (*Le Libre Arbitre*, I, 10). De ce point de vue, seule la vie avec Dieu est satisfaisante : décrivant la vie édénique avant la chute ou la vie éternelle après la résurrection, Augustin les caractérise par l'absence du manque et la jouissance d'un bien inamissible (sur la vie adamique, cf. *C. Dieu*, XIV, 10 ; sur les élus, *ibid.*, XXII, 30). Je me permets ici de renvoyer à I. Koch, « L'auto-affaiblissement de la volonté chez Augustin », dans R. Lefebvre & A. Tordesillas (éd.), *Faiblesse de la volonté et maîtrise de soi. Doctrines antiques, perspectives contemporaines*, Rennes, P.U.R., 2008, p. 161-173 : p. 162-167 ; et I. Koch, *Sex and the City of God : La Cité de Dieu. Livre XIV*, Nantes, éd. Cécile Defaut, 2012.

▓ 32. *Conf.*, X, 44.

▓ 33. *Les Mœurs de l'Église catholique et les mœurs des manichéens*, I, 37.

un certain nombre de cas. Ainsi, autrui n'est pas Dieu, ce n'est donc pas au sens strict par amour pour lui que je dois l'aimer et en prendre soin, car ce serait le traiter comme un *fruendum*, alors que seul Dieu doit être tenu pour tel ; mais il paraît un peu difficile de ramener le commerce que j'ai avec lui à un simple moyen de me rapprocher de Dieu (dans l'idée par exemple que, appliquant le précepte d'aimer mon prochain, je vivrais conformément à la loi que me donne mon Créateur au lieu de m'éloigner de lui par le péché).

Le rapport à soi pose le même problème. Même si nul précepte divin ne nous enjoint de nous aimer nous-mêmes[34], l'amour de soi est le modèle d'après lequel est recommandé l'amour du prochain, que chacun doit aimer « comme soi-même »[35]. Certes Augustin est moins réticent à accorder une positivité morale au mépris de soi qu'au mépris d'autrui, car la suspicion d'orgueil qu'il fait peser sur tous les comportements humains rend acceptable un appel mesuré à la *contemptio sui*, tandis que le mépris d'autrui trouve un obstacle dans la valeur que, parmi tous les liens humains, Augustin accorde à l'amitié[36]. Il n'hésite pas à caractériser la cité de Dieu comme une cité fondée sur « l'amour de Dieu jusqu'au mépris de soi », là où la cité terrestre a été bâtie par « l'amour de soi jusqu'au mépris de Dieu »[37]. Reste qu'il est cependant difficile de concevoir le bon rapport à soi comme une façon de se traiter soi-même comme simple moyen en vue d'autre chose, fût-ce l'attachement à Dieu, d'autant plus si cet usage de soi est censé servir de modèle à la relation que nous devons avoir avec autrui.

Il ne s'agit pas là d'une gêne un peu vague face à des conséquences qui seraient cependant logiquement dérivables des divisions affirmées par Augustin : au niveau des principes déjà, le statut d'autrui ou de soi-même, et plus généralement de la créature rationnelle, ne trouve pas de place dans la partition stricte des *intelligibilia* et des *sensibilia*. La créature rationnelle, même lorsqu'elle est humaine et donc en partie corporelle, est aussi définie par son âme rationnelle, ce qui interdit de la traiter comme on doit traiter les corps selon l'équivalence des *sensibilia* et des *contemnenda*. Dès le début de *La Doctrine chrétienne*, où Augustin propose une classification exhaustive des êtres, elle n'est rangée ni parmi les *fruenda*, ni parmi les *utenda*, mais relève d'une troisième classe, celle des êtres qui sont « placés entre les deux autres » :

> Donc, autres sont les choses dont il faut jouir, autres celles dont il faut user, autres celles qui jouissent et usent [de quelque chose]. Celles dont on doit jouir nous rendent heureux ; par celles dont on doit user, nous sommes aidés

■ 34. Un tel précepte serait superflu, car cet amour est naturel et se développe spontanément : cf. *Doc. chr.*, I, 22-27, où l'amour naturel de soi-même s'étend jusqu'à notre corps : « Il n'est pas besoin d'un précepte pour que chacun s'aime et aime son propre corps » (27). Le modèle philosophique de cette spontanéité est fourni par l'οἰκείωσις des stoïciens, thème abondamment documenté chez Cicéron.

■ 35. *Lévitique* XIX, 18 ; *Deutéronome* VI, 5 ; *Matthieu* XXII, 37, 39.

■ 36. Dans les *Confessions* (VI, 26), c'est l'amour pour les amis qui illustre l'amour désintéressé (*gratis diligere*), c'est-à-dire véritable, par opposition à la trouble convoitise charnelle. Sur la singularité de l'amitié, expérience cruciale qu'Augustin ne parvient pas à plier à certaines de ses divisions catégorielles les plus fondamentales (*res/signum, frui/uti*), cf. I. Koch, « L'amitié chez saint Augustin : de Cicéron à l'Écriture », dans José Maria Zamora Calvo (éd.), *La Amistad en la filosofia antigua*, Madrid, UAM Ediciones, 2009, p. 187-206.

■ 37. *C. Dieu*, XIV, 28.

lorsque nous tendons vers la béatitude (*istis quibus utendum est tendentes ad beatitudinem adiuvamur*) et nous prenons pour ainsi dire appui sur elles (*quasi adminiculamur*) afin que nous puissions parvenir aux choses qui nous rendent heureux et nous attacher à elles. Quant à nous qui jouissons et usons [du reste], nous sommes placés entre les unes et les autres (*inter utrasque constituti*)[38].

Dans cette *divisio rerum*, les êtres intermédiaires que nous sommes sont identifiés comme tels en tant que *sujets* de la jouissance et de l'usage. En revanche, la question « doit-on traiter autrui comme un *utendum* ou un *fruendum* ? » porte sur autrui comme *objet* d'un usage ou d'une jouissance possible. Mais il serait difficile d'accepter que passer d'un point de vue à l'autre autorise à déclasser autrui de sa position d'intermédiaire à celle de simple *utendum*, en le considérant comme un moyen qui a une valeur adjuvante indéniable, mais qui en lui-même n'a aucune dignité propre, semblable en cela au reste des *contemnenda*.

Augustin a ressenti cette difficulté, et sa terminologie sur ce point en témoigne : elle est le lieu de rectifications nombreuses. Les chapitres de *La Doctrine chrétienne* qui s'interrogent sur la signification à accorder aux préceptes relatifs à l'amour du prochain en fournissent déjà des exemples. Si tout amour est volonté d'atteindre une fin, et si toute volonté est soit volonté d'user d'une chose en vue d'une autre, soit volonté d'en jouir pour elle-même, de quel type est cet amour prescrit par Dieu ? Partant de la *divisio rerum* initiale, Augustin rappelle d'abord qu'il faut « jouir seulement [des choses qui] sont éternelles et immuables » et que pour les autres, « il faut [en] user de manière à parvenir à la complète jouissance des premières ». Se pose alors une *magna quaestio* : « Savoir si les hommes doivent jouir d'eux-mêmes ou en user, ou les deux », à quoi Augustin répond avec précaution : « Il me semble qu'il faut l'aimer [l'homme] pour autre chose » (*videtur autem mihi propter aliud diligendus*)[39]. C'est là maintenir l'idée que tout ce qui n'est pas Dieu ne mérite pas d'être recherché comme un objet de jouissance, pour conclure qu'autrui aussi doit relever d'un usage, mais cette conclusion est formulée de façon timide et sur le mode d'une opinion personnelle, non d'une assertion ferme et générale. John Rist suggère que dans ce contexte il faut donner un sens large à *uti*, signifiant la manière dont les gens doivent être « traités », sans qu'il faille y entendre quelque chose comme une exploitation ou une utilisation à titre de moyen[40]. Néanmoins, si ce sens large fondait ici de façon évidente le recours à la catégorie de l'usage, Augustin ne serait pas si précautionneux dans sa réponse. On peut aussi se demander à quoi correspondrait la troisième possibilité, selon laquelle les hommes devraient à la fois jouir et user les uns des autres, et pourquoi Augustin ne l'explore pas davantage, alors que manifestement sa réponse en faveur de l'usage est

---

■ 38. *Doc. chr.*, I, 3.

■ 39. *Ibid.*, 20. La question est « grande » parce que l'homme est « une grande chose » (*magna quaedam res*), et cette grandeur est immédiatement référée à sa création « à l'image et à la ressemblance de Dieu ». C'est là une autre manière d'identifier la place intermédiaire que l'homme occupe dans la *divisio rerum*.

■ 40. J.M. Rist, *Augustine. The Ancient Thought Baptized*, Cambridge, Cambridge University Press, 1996, p. 163-164. Sur le sens large de *uti, cf.* aussi R. Holte, *Béatitude et sagesse, op. cit.*, p. 279.

embarrassée et qu'il ne paraît la retenir que faute de mieux : nul doute que répondre par un petit *videtur autem mihi* à une *magna quaestio* ne satisfait pas celui dont le métier, à l'origine, est de balayer les hésitations de l'auditoire pour emporter sa conviction. Enfin, il faut remarquer que l'équivalence de la volonté et de l'amour joue ici à plein, puisque l'usage est compris comme une façon d'aimer.

Les types de rectification terminologique mis en œuvre dans d'autres textes par Augustin explorent, chacun à leur manière, la piste intermédiaire que *La Doctrine chrétienne* se contente de signaler ; non en y voyant une troisième possibilité qui mettrait en œuvre une modalité du vouloir également distincte des deux autres, mais en essayant de la comprendre comme une spécification soit de l'usage, soit de la jouissance, adaptée au statut intermédiaire de la créature rationnelle, à la fois être créé et image de Dieu. Tantôt Augustin considère qu'autrui est l'objet d'un usage spécial, qui est alors déterminé par des qualificatifs relevant plutôt de la jouissance (la joie, le plaisir) ou qui est distingué de l'usage qui porte sur les choses : si l'homme de bien use des hommes aussi bien que des choses, on peut dire que, sans se plaire aux *temporalia*, « c'est droitement qu'il use des choses temporelles (*recte utitur temporalibus*), et il prend soin des hommes (*hominibus consulit*) »[41] ; l'usage des choses et l'usage des hommes ne sont donc pas de même type, puisque le second est une façon de prendre soin d'autrui, tandis que le premier n'a pas même d'amour pour ce dont il use. Tantôt, à l'inverse, Augustin fait d'autrui l'objet d'une jouissance spéciale, qui n'est pas celle dont relève Dieu, et qui est comme décentrée vers Dieu, de manière à faire du *fruendum proprie* l'espace de l'amour pour autrui : le prochain doit être aimé, et non seulement faire l'objet d'un usage, mais il doit être aimé « en Dieu ». Dès *La Doctrine chrétienne*, revenant sur la faveur qu'il a accordée à l'idée que les hommes doivent user les uns des autres, Augustin reconsidère sa réponse à partir d'une formule paulinienne : Paul a dit à Philémon « je jouirai de toi dans le Seigneur » (*Phil.*, 20). Si Paul n'avait pas ajouté « dans le Seigneur », cela aurait signifié que c'était en Philémon qu'il mettait « l'espoir de son bonheur » (*spes beatitudinis suae*)[42] ; en ajoutant « dans le Seigneur », il indique que c'est en Dieu qu'il espère trouver son bonheur. En quoi cette formulation diffère-t-elle d'une tournure comme « j'userai de toi en vue de Dieu » ? L'exégèse qu'en fait Augustin semble soucieuse de réduire la disjonction des deux comportements du vouloir, tout en respectant le principe selon lequel, au sens propre, seul Dieu est *fruendum* :

> « Jouir » et « user avec plaisir » (*cum delectatione uti*) s'emploient dans un sens très voisin. En effet, lorsqu'est présent ce à quoi on se plaît, nécessairement il comporte avec lui un plaisir. Si tu traverses ce plaisir, alors tu le reconduiras à ce où l'on doit demeurer ; tu en useras, et c'est par abus de langage, non au sens propre, que tu seras dit en jouir. Mais si tu t'y attaches et y demeures, plaçant en lui la fin de ta joie, alors c'est véritablement et au sens propre que

■ 41. *La Vraie Religion*, 91.
■ 42. *Doc. chr.*, I, 37.

tu dois être dit en jouir : cela ne doit se faire qu'en la Trinité, c'est-à-dire dans le bien suprême et immuable[43].

Texte ambigu, indécis, où Augustin veut en somme justifier l'application du verbe *frui* à propos de la relation droite à autrui – parce que l'Apôtre l'a employé et que par là il a bien distingué le cas du prochain de celui des autres *temporalia* – tout en donnant à ce *frui* la structure de l'*uti* : l'acception selon laquelle doivent être prises les paroles de Paul à Philémon est « impropre », et ces paroles ne signifient donc pas « véritablement » ce qu'elles disent. Mais quel est alors leur sens propre ? Augustin tente de le préciser par une généralisation qui ne porte d'ailleurs pas spécifiquement sur le cas d'autrui. Il souligne la très grande proximité sémantique qui existe entre *frui* et *uti cum delectatione* : elle tient à ce que la présence de ce que nous aimons, même lorsque nous en usons, s'accompagne « nécessairement » de plaisir. L'usage de ce que nous aimons n'a pas la même tonalité affective que l'usage de ce qui nous indiffère ou que nous méprisons, c'est pourquoi il n'est pas réductible à ces formes d'usage, au point qu'il puisse être souhaitable de le dire en recourant au verbe *frui*, tout en précisant que *frui* n'a pas alors son sens propre. Car, à certaines conditions, cet *usus cum delectatione* reste distinct de la jouissance dont le langage pourtant le rapproche. Ces conditions sont que, cette *delectatio* étant éprouvée en présence de l'objet aimé, on la « traverse » au lieu de s'y attacher, et qu'on la « reconduise » à Dieu. En somme, la clé de ce qu'Augustin cherche à formuler en isolant un sens impropre du *frui* réside dans ce *per delectationem transire*. Si jouir au sens impropre ne signifie rien d'autre qu'user au sens propre, alors ce texte n'a pour motivation qu'un point d'exégèse – que voulait dire Paul en proclamant qu'il jouirait de Philémon ? – et Augustin recourt à la distinction *proprie / non proprie* pour respecter la lettre de cette proclamation tout en la vidant de son sens éventuel. Si la jouissance impropre, en revanche, désigne autre chose que l'usage propre, c'est qu'il faut comprendre la « traversée du plaisir » autrement que comme une manière de passer outre le caractère plaisant de ce qu'on aime pour le référer à Dieu dans un effort qui, probablement, aurait alors bien besoin de recourir à l'arme du mépris[44].

Dans le sillage de ce commentaire de la formule paulinienne, plusieurs autres textes reprendront l'idée que, s'il faut jouir de Dieu et user des créatures

---

■ 43. *Doc. chr.*, I, 37.

■ 44. On peut se demander comment il faut traduire le *per... transire*. Au sens de « dépasser », « passer outre », « laisser de côté » ou « négliger », *transire* se construit transitivement ; si Augustin voulait dire par ce verbe ce qu'*uti* exprime *proprie*, il aurait opté pour un *quam transieris*. De ce point de vue, la traduction de la *Bibliothèque augustinienne* (BA 11, p. 227 : « Si tu vas au-delà de cette joie ») n'est pas satisfaisante, même si, parmi les façons d'exprimer le dépassement, elle opte pour une formule *soft*. D'autant plus que la construction transitive est la plus fréquente, et s'impose donc plus naturellement ; tandis que, parmi les constructions avec préposition, *transire per* est plus rare que *transire ad* (passer de ceci à cela, d'un lieu à un autre) ou *transire in* (se changer en) : *transire per* ne s'impose donc pas naturellement, ce qui autorise à y voir une construction réfléchie par laquelle Augustin cherche à dire des choses qui ne se plient pas à la partition *fruenda*/*utenda*. À la différence de la construction transitive et des constructions avec *ad* ou *in*, où la signification du verbe est polarisée par ce vers quoi l'on se dirige, le *per* attire l'attention sur ce que l'on traverse, sans référence à ce à quoi l'on parviendra à l'issue de cette traversée, comme le montrent les quelques exemples donnés par Félix Gaffiot (traverser un camp militaire : *per media castra transire* ; passer à travers un crible : *per cribrum transire*).

inférieures à nous en vue de Dieu, l'attitude appropriée dans les relations à la créature égale (soi-même et autrui) consiste à en jouir, mais « en Dieu », ou à l'aimer, mais « en Dieu ». C'est là une manière de désabsolutiser le soi ou autrui en tant qu'objet d'amour, puisque l'aimer « en Dieu » n'est justement pas l'aimer « en soi », tout en évitant de le faire tomber dans la classe des *utenda*.

Le caractère mixte de ces divers aménagements de la partition entre *utenda* et *fruenda* a pour conséquence qu'ils ne réussissent pas forcément à clarifier les choses. Les commentateurs s'accordent au moins sur les points suivants.

Premièrement, la distinction entre *uti* et *frui*, lorsqu'elle est appliquée au prochain, évolue assez vite du schéma technique fin/moyens vers une division psycho-morale entre deux formes d'amour[45]. Cette évolution est visible dès *La Doctrine chrétienne*, dont par ailleurs les hésitations doivent être mises au compte d'une œuvre qui explore un problème complexe sans posséder encore ni une solution définitive ni une terminologie technique assez solide et différenciée pour élaborer une telle solution. Le caractère séminal et *in progress* de ce texte est d'ailleurs attesté *a posteriori* par la diversité des interprétations qu'il a reçues[46].

Deuxièmement, reprenant par la suite la *magna quaestio*, Augustin a de plus en plus évité d'employer *uti* lorsqu'il était question de la charité envers le prochain ou envers soi-même, préférant un *frui* ordonné par l'amour pour Dieu, tout en continuant de désigner globalement la vie bonne comme une vie fondée sur un « usage » en vue de Dieu[47].

Troisièmement, le souci de ne pas laisser l'usage à une neutralité morale qui aurait confirmé sa signification purement instrumentale a conduit Augustin à manier ce concept plutôt comme une notion en elle-même antithétique, d'emblée scindée en « bon usage » et « abus »[48].

Tous ces éléments incitent donc à ne pas réduire l'*uti* à la transformation des êtres créés en simples moyens, dans une instrumentalisation stricte du temporel en vue de la *vita beata* qui ne pourrait que faire frémir un lecteur moderne qui a bien intégré quelques interdits kantiens[49]; voire à trouver dans une telle instrumentalisation une figure de l'abus et non du bon usage.

Ces questions cependant restent généralement cantonnées aux seuls cas de la relation au prochain et à soi-même. Or, elles recevraient un éclairage très utile si elles étaient posées de façon plus vaste et plus fondamentale. L'usage des corps, indépendamment de toute perspective intersubjective, est

---

■ 45. Ragnar Holte explicite la chose en parlant d'un « amour d'usage » et d'un « amour de jouissance », ce qui me paraît tout à fait justifié à partir de la lettre même des textes d'Augustin. Mais sa distinction, dans l'amour d'usage, entre deux aspects, selon qu'il intervient « en contexte de "montée" » ou « en contexte de "descente" », n'est pas très claire (cf. *Béatitude et sagesse, op. cit.*, p. 277-281).

■ 46. Cf. H. Chadwick, « *Frui – Uti* », *op. cit.*, § 3 : « *The discussion in De doctrina christiana I* ». Oliver O'Donovan estime que beaucoup ont pris cette discussion « *too seriously* » : « *In fact, it was a false step* », *The Problem of Self-Love, op. cit.*, p. 28-29.

■ 47. Sur les formules : *caritas ordinata, dilectio ordinata, amor ordinatus*, cf. entre autres les *Lettres* 140, 4 et 143, 12 ; *Doc. chr.* I, 28 ; *Contre Faustus*, XXII, 28 ; *Le Mensonge*, 41 ; *C. Dieu*, XV, 21.

■ 48. Dès *La Doctrine chrétienne*, I, 4 : « Un usage illicite (*usus illicitus*) doit être appelé mésusage (*abutus*) ou abus (*abusio*). »

■ 49. Sur les malentendus que nourrit la référence kantienne, explicite ou non, à propos de l'application par Augustin de la catégorie de l'*uti* à la relation à autrui, cf. R. Holte, *Béatitude et sagesse, op. cit.*, p. 275-281.

en effet loin d'être la notion claire et de maniement aisé que laisse supposer la position du débat sur le seul terrain des relations humaines.

Que le concept d'*uti* ne puisse relever d'une acception instrumentale, y compris lorsqu'il s'applique à la façon dont nous devons traiter les *sensibilia*, c'est ce que signale le trait suivant. Que nous soyons mus par la charité ou par la convoitise, que notre fin dernière soit Dieu ou la créature, dans tous les cas la fin que nous cherchons à atteindre en usant d'autres choses assure la qualification morale de chacun des actes par lesquels nous tendons vers elle. Or, dans un rapport de moyen à fin, la qualité de la fin ne suffit pas à déterminer celle des moyens, tout au plus peut-elle justifier le recours à ces moyens même lorsqu'ils sont en eux-mêmes mauvais : la valeur de la fin dans ce cas permet de mettre entre parenthèses celle de la valeur intrinsèque des moyens, pour ne considérer que leur valeur instrumentale, c'est-à-dire leur efficacité au service d'une fin bonne ; mais elle ne permet nullement de transformer leur valeur intrinsèque et de rendre bonne une action qui, en elle-même, est mauvaise, quand bien même cette action serait très efficace à titre de moyen pour une fin distincte d'elle.

> « Ce qui importe, c'est la qualité de la volonté de l'homme »

En revanche, une motivation ou une intention est capable d'opérer cette détermination de la moralité des actes mis en œuvre dans cette intention. Une autre interprétation possible du rapport entre usage et jouissance consiste donc à le traiter comme un rapport d'action à motivation. Celui qui use correctement des *temporalia*, c'est celui qui agit sur eux ou avec eux en ayant pour motivation constante l'amour qu'il porte à Dieu ; celui qui ne sait pas en user agirait sur eux en ayant une autre motivation – la richesse, le pouvoir, la gloire, la satisfaction des sens, etc.

C'est bien ce rôle que remplit l'objet de jouissance dans l'analyse augustinienne : la fin dernière, celle dont nous voulons jouir, ne se borne pas à rendre intelligible la structuration de nos actes intermédiaires, ceux de l'usage ; elle assure aussi la qualification morale de la moindre de nos volitions, si minime soit-elle. Augustin insiste souvent sur ce que l'on pourrait appeler l'homogénéité morale de toutes nos volitions :

> Ce qui importe, c'est la qualité de la volonté de l'homme. Si elle est pervertie, tous ses mouvements seront pervertis ; mais si elle est droite, ils seront non seulement irréprochables, mais aussi dignes de louanges[50].

Ici les « mouvements » de la volonté désignent des affects – désir, joie, crainte, tristesse, etc. –, et ces mouvements sont définis comme étant autant de volontés particularisées par leur objet propre, qu'il soit présent (joie, tristesse) ou à venir (désir, crainte). Cette évaluation morale des affects, non en eux-mêmes mais en les référant à la qualité de la volonté qui les inspire, est au centre des critiques qu'Augustin adresse aux théories antiques des passions

■ 50. *C. Dieu*, XIV, 6.

et des vertus. C'est elle, en particulier, qui porte Augustin à considérer que les stoïciens ont eu tort de soutenir que les passions étaient en elles-mêmes mauvaises parce qu'elles troublaient l'âme, et qu'elles devaient être rejetées au profit d'une ἀπάθεια. En réalité, chez le juste toutes les passions sont bonnes, comme en témoigne le portrait de Paul ou celui des citoyens de la cité de Dieu éprouvant désir, plaisir, crainte, douleur, jalousie même, comme autant d'affections droites [51] : car « à ceux qui aiment Dieu, tout conspire au bien » [52]. Tandis que le méchant, quoi qu'il veuille, fasse ou éprouve, le fera de façon mauvaise – il n'est pas jusqu'aux comportements vertueux qui ne soient mauvais, s'ils sont inspirés par une volonté orgueilleuse : c'est là un leitmotiv, dans l'œuvre d'Augustin, qui ne se prive pas de mettre en garde les héros d'hier et d'aujourd'hui contre le faux prestige « des manières charnelles de fuir la chair » [53]. Lorsque nos volontés, nos actions et nos mœurs ont pour fin dernière de jouir de Dieu, elles sont toutes droites, et il n'est pas d'autre manière pour elles d'être droites, puisque la vertu n'est rien d'autre que *ordo amoris, delectatio ordinata* ou *bona voluntas* – autant de formules dont on aura compris désormais qu'elles sont interchangeables. C'est pourquoi la volonté qui use de tout en vue de Dieu transforme le déroulement de la vie terrestre en une véritable anagogie vers Dieu, un « cantique des degrés » où toute volition, en étant subordonnée à cette volonté qui aime Dieu comme son souverain bien, devient ce qu'Augustin appelle dans les *Confessions* un « sacrifice de louange » [54].

Or, cette qualification morale s'étend à toutes nos volitions, y compris celles qui fondent la perception. Cela suggère que, même dans le rapport aux créatures inférieures à l'homme, l'usage n'est pas réductible à la simple utilisation d'un moyen, dès lors qu'il y est déjà moral, pour le pire et le meilleur. Un texte de *La Trinité* permet d'en fonder les raisons dans une analyse de la volonté [55]. Augustin y réfléchit sur la manière dont il faut concevoir la subordination d'une fin à une autre au sein d'une activité volontaire complexe, et la subordination de toutes nos volontés intermédiaires à notre volonté d'être heureux, puisqu'il ne fait pas de doute que la *beata vita* constitue pour tout homme l'*ultimum*, c'est-à-dire le *summum bonum*. Le cadre de la recherche est celui des analogies trinitaires, et il s'agit de dégager une trinité dans la perception en analysant le cas de la vision pour manifester les relations qui existent entre la forme du corps lui-même, sa forme telle qu'elle est recueillie dans le sens visuel, et la volonté qui applique le sens visuel à l'objet et l'y tient pour qu'il en soit informé [56]. L'intérêt de ce texte est qu'il s'interroge sur la structure complexe du vouloir de façon très fondamentale. Il ne s'agit pas de comprendre la référence d'une fin recherchée à une autre en s'intéressant seulement à des cas singuliers (comme le rapport à soi ou à autrui) qui ont leurs difficultés propres. Cette référence est analysée sur des exemples très

■ 51. *Ibid.*, 9.
■ 52. Ézéchiel 33, cité en *C. Dieu*, I, 10.
■ 53. Par exemple *C. Dieu*, XIV, 5.
■ 54. Par exemple au début du livre V ; pour le cantique des degrés, cf. *Trin.*, XI, 10.
■ 55. *Trin.*, XI, 10.
■ 56. *Ibid.*, 9.

basiques (regarder un corps), en considérant que dans ces cas aussi la question de la subordination des fins premières à la fin dernière qu'est le bonheur se pose, et se pose de façon compliquée, sans qu'un schéma technique moyen/ fin fournisse un cadre suffisant pour la résoudre.

Le point de départ de l'analyse est le suivant : lorsqu'on cherche à voir un objet, peut-on dire que la fin de la volonté, qu'elle cherche à atteindre pour s'y reposer, est la vision de cet objet ? Augustin répond en précisant à quelles conditions cet énoncé serait correct :

> Peut-être est-il correct de dire que la vision est la fin et le repos de la volonté, mais seulement à s'en tenir à ce seul cas. En effet, il ne se trouve pas que la volonté ne voudra rien voir d'autre, parce qu'elle a vu quelque chose qu'elle voulait voir. C'est pourquoi cette volonté n'est pas du tout la volonté humaine elle-même (*ipsa voluntas hominis*), qui n'a d'autre fin que le bonheur (*cujus finis non est nisi beatitudo*), mais à s'en tenir à ce seul cas, à ce moment-là, la volonté de voir n'a pas d'autre fin que la vision, qu'elle la réfère à autre chose ou qu'elle ne la réfère à rien d'autre. Si en effet elle ne réfère pas la vision à autre chose, mais qu'elle a seulement voulu voir pour voir, inutile de discuter sur la manière de montrer que la fin de la volonté est la vision : car c'est évident. En revanche, si elle la réfère à autre chose, de toute façon elle veut autre chose, et elle ne sera plus volonté de voir, ou si elle est encore volonté de voir, elle ne sera plus volonté de voir cela. Par exemple, si quelqu'un veut voir une cicatrice, afin que de là il prouve (*inde doceat*) qu'il y a eu blessure ; ou s'il veut voir une fenêtre, afin que par la fenêtre il voie les passants [57].

Les exemples illustrent les deux cas de figure envisagés : lorsque la volonté réfère la vision de ceci à une autre activité (non plus voir mais prouver), ou bien lorsqu'elle la réfère à la même activité portant sur un autre objet (non plus voir cela mais ceci). Dans les deux cas, il s'agit de savoir à quelles conditions on peut dire que la volonté est volonté de l'objet qu'elle vise immédiatement. Augustin répond que l'énoncé sera correct à condition d'isoler la séquence constituée par cette visée immédiate (je veux voir la cicatrice) ; en revanche, si l'on réintègre cette séquence dans une visée plus large (je veux prouver la blessure) où elle intervient comme moyen (*inde doceat*) en vue d'une fin plus lointaine, alors l'énoncé devient faux : dans la perspective large de la référence, la volonté « de toute façon veut autre chose, et elle ne sera plus volonté de voir » ou « de voir cela ». Face à l'apparente dualité des fins (voir/prouver, voir la fenêtre/les passants), il faut trancher en disant que c'est toujours la

---

■ 57. *Trin.*, 10. Si le second exemple est banal et sans doute inspiré par la vie quotidienne, le premier est plus probablement issu d'un souvenir de la logique stoïcienne. La cicatrice, qui permet d'inférer qu'il y a eu blessure, est un exemple récurrent dans la théorie du signe chez les stoïciens : il illustre la définition du signe comme antécédent d'une implication valide (Sextus, *Hypotyposes pyrrhoniennes*, II, 102 ; Diogène Laërce, *Vies*, VII, 74) et sert à expliquer qu'il n'y a pas de signe du passé (Sextus, *Contre les mathématiciens*, VIII, 254-6). Il est invraisemblable qu'une simple coïncidence explique l'identité de l'exemple dans ces textes et chez Augustin, qui n'est pas si banal qu'il puisse s'imposer naturellement à l'esprit, même à une époque où la vie était peut-être plus violente, et les blessures, monnaie courante. Cicéron ne le cite nulle part, ce qui exclut qu'il soit une fois de plus la source d'Augustin. C'est sans doute en suivant des cours de logique qu'Augustin a rencontré cet exemple : ses ouvrages sur *La Dialectique* et *Le Maître* témoignent de connaissances en ce domaine qu'il n'a pu acquérir à la lecture de Cicéron, car ils « le montrent à l'évidence rompu à la dialectique stoïcienne » (J.-B. Gourinat, *La Dialectique des stoïciens*, Paris, Vrin, 2000, p. 13).

fin dernière, relativement à celle qui sert de moyen pour elle, qui est la fin proprement dite de la volonté. Ici les concepts de *uti* et *frui* n'apparaissent pas : mais on sait que la référence définit l'usage, et le repos de la volonté, la jouissance. On a donc là une interprétation de la relation de référence, et cette interprétation est clairement instrumentaliste : la vision de l'indice est bien un simple moyen ici, puisque ce n'est pas elle qui est à proprement parler *voulue* ; ce qui est proprement voulu n'est rien d'autre que l'établissement de la preuve. On peut s'attendre alors à ce que cette interprétation conduise à comprendre la vie humaine tout entière comme un moyen en vue du bonheur, puisque l'élargissement de la séquence considérée a pour limite la position d'une fin absolument dernière, qui n'est rien d'autre que la *beatitudo*. La seule chose que nous voulions véritablement, et non à titre de simple moyen pour autre chose, c'est être heureux, et c'est pour cela que la volonté de bonheur est *ipsa voluntas hominis*. Les volitions intermédiaires, elles, ne sont pas « la volonté humaine elle-même ».

Cependant, cette façon claire de trancher l'apparente dualité des fins, en la réduisant à une seule fin véritable et véritablement voulue, est aussitôt remaniée, sur les mêmes exemples, qui reçoivent une autre interprétation. L'intérêt de ce remaniement est qu'il renonce au schéma instrumentaliste et cherche à penser la référence autrement que comme une relation de moyen à fin. Le premier modèle était celui de la transformation de la volonté au fur et à mesure de l'élargissement de la séquence considérée ; dans cette transformation, on pourrait dire en un sens hégélien que la volonté de voir est supprimée et remplacée par la volonté de prouver, selon un mouvement qui ne cesse qu'avec la volonté « elle-même », soit la volonté de bonheur dans laquelle toutes les autres volontés sont supprimées : si la volonté réfère telle fin « à autre chose, de toute façon elle veut autre chose, et elle ne sera plus volonté de » cette fin première. Le second modèle, proposé sur l'analyse des mêmes exemples, présente au contraire une multiplicité de volontés qui sont hiérarchisées mais qui subsistent, chacune dotée de sa fin propre, à l'intérieur d'une architecture complexe où aucune ne disparaît au profit d'une autre qui la remplacerait :

> Toutes ces volontés et les autres de ce genre ont leurs fins propres, qui sont référées à la fin de cette volonté-là par laquelle nous voulons « être heureux », et parvenir à cette vie qui n'est plus référée à autre chose mais qui suffit par elle-même à celui qui l'aime. La volonté de voir a donc pour fin la vision, et la volonté de voir cette chose a pour fin la vision de cette chose. C'est pourquoi la volonté de voir la cicatrice recherche sa fin, qui est la vision de la cicatrice, et ne va pas au-delà d'elle : car la volonté de prouver qu'il y a eu blessure est une autre volonté, bien qu'elle soit liée à celle à partir de laquelle elle existe, dont la fin est, de même, la preuve de la blessure. Et la volonté de voir la fenêtre a pour fin la vision de la fenêtre ; car autre est la volonté qui naît de

celle-ci, volonté de voir les passants par la fenêtre, dont la fin de même est la vision des passants[58].

On remarquera que la succession temporelle, que suggéraient les formules antérieures (« elle ne *sera plus* volonté de voir », « elle ne *sera plus* volonté de voir cela ») et qui accrédite l'idée d'un devenir où la volonté devient autre, n'est pas impliquée par les exemples, qui peuvent aussi bien indiquer une contemporanéité de volontés distinctes : c'est *en voyant* la cicatrice qu'à partir d'elle (*inde*) je prouve la blessure, c'est *en voyant* la fenêtre qu'à travers elle (*per*) je vois les passants. De fait, la conclusion d'Augustin ici n'est pas que la fin véritable de la volonté n'est pas sa fin initiale, mais seulement sa fin dernière – comme si les fins intermédiaires n'en étaient pas vraiment, ou n'étaient pas vraiment voulues. Sa conclusion est que chaque volonté a sa fin propre, et que sa référence à une fin plus éloignée ne la supprime nullement en tant que volonté visant sa fin propre. C'est là une manière spécifique de penser le rapport de la fin qu'on pourrait appeler référée à la fin-référent : si je veux voir la cicatrice pour prouver la blessure, on serait tenté de dire, comme Augustin commence par le faire, que la seule chose que je veuille véritablement dans cette séquence, c'est prouver la blessure, soit la fin-référent – et que je ne veux pas au sens propre, à parler *recte*, la fin-référée, parce qu'elle est visée comme simple moyen. Ce serait là considérer que voir la cicatrice en soi (hors référence) ne m'intéresse pas, je ne veux que prouver par là la blessure, j'ai donc une autre fin qui seule définit véritablement ma volonté. Mais ce n'est pas le type d'interprétation que choisit finalement Augustin. Au contraire, il considère que je veux *et* voir la cicatrice, *et* prouver la blessure ancienne. Il y a bien deux volontés distinctes en moi, qui sont liées entre elles, mais où la référence de l'une à l'autre ne supprime pas la première ; elle demeure bien un acte de volonté à part entière, puisqu'elle a sa fin propre. Il n'y a pas devenir et transformation de la volonté, il y a plutôt hiérarchie et imbrication des volitions.

Ce changement de paradigme, qui préfère l'architecture à la succession, me semble exigé par la prise en compte de la détermination *morale* des volitions particulières par la volonté dernière qu'est la volonté de bonheur. Autrement dit, il est rendu nécessaire par la considération de la nature du vouloir humain, puisque la volonté de bonheur « n'est rien d'autre » que « la volonté humaine elle-même ». L'abandon du paradigme de la succession s'opère d'ailleurs au moment où est introduite, dans le cours de l'analyse, la référence ultime *via* la brève allusion au *topos* cicéronien. Si les volitions ont chacune leur fin propre, ces fins particulières sont elles-mêmes toutes référées à la fin dernière de la volonté de chaque homme, à savoir la volonté d'être heureux. C'est cette fin-référent qui n'est plus elle-même référée à rien d'autre qui donne sa clôture à l'architectonique de la volonté. Car vouloir « être heureux » (*beate vivere*), cela signifie : vouloir « parvenir à cette vie

---

58. *Trin.*, XI, 10. La citation renvoie au *topos* antique que « tous les hommes veulent être heureux ». Augustin l'a rencontré dans l'*Hortensius* de Cicéron, et en a fait une vérité indubitable qu'il mentionne d'innombrables fois, selon une citation plus ou moins complète, et ce dès son premier dialogue (*Contre les Académiciens*, I, 5).

qui n'est plus référée à autre chose ». La *vita beata* est la référence ultime de nos volontés particulières, puisqu'en elle on vise une chose qui « suffit par elle-même à celui qui l'aime ». On dirait aussi bien que c'est du bonheur que nous voulons « jouir », tandis que nous « usons » du reste en vue du bonheur.

Que le bonheur constitue la fin dernière de notre volonté est donc ce qui exige de sortir du paradigme de la succession : la volonté de bonheur n'est pas la dernière figure d'une série successive de transformations du vouloir ; c'est pour cette raison que, au devenir-autre de la volonté, il faut préférer l'idée d'une architecture des volontés particulières, chacune subordonnée à une autre, et toutes unifiées par leur référence commune à la fin dernière qu'est le bonheur. Car le bonheur n'est pas une fin dernière au sens où, après avoir voulu toutes sortes de choses, la volonté en viendrait peu à peu, de référence en référence, à vouloir le bonheur, et deviendrait alors seulement volonté de bonheur. Le bonheur est fin ultime, référence non référée *ad aliud*, parce qu'à travers chacune de nos volitions, qui ont leur fin propre, c'est lui que nous recherchons. Nous usons donc de toutes choses pour jouir du bonheur – il est en somme la motivation unique de tous nos choix et de toutes nos activités, l'explication ultime que nous donnerions de ces choix et de ces activités si nous étions sommés de répondre à la question : pourquoi faites-vous cela[59] ? La volonté de bonheur ne remplace donc pas, en les supprimant, des volontés qui la précéderaient à titre de moyens ; elle est la motivation unique de toutes nos volitions particulières (si je veux ceci, c'est pour être heureux), et la raison unique de leur subordination réciproque (si je veux ceci en vue de cela, c'est pour être heureux).

Le repos propre à l'usage

L'analyse de ces exemples conduit à préciser la complexité de la notion d'usage, complexité que ne permettrait pas de saisir la réduction de l'usage à une exploitation instrumentale, pas plus que ne le permet la position du débat relatif à l'*uti* sur le seul terrain des relations humaines. Ce sur quoi insiste ici Augustin est le point suivant : la référence de chacune de nos volitions à la volonté de bonheur ne supprime pas pour autant ces volitions ; que nous visions chacune de nos fins en vue de la vie heureuse, que nous usions de toute chose pour jouir du bonheur, cela n'implique nullement que nous ne voulions en fait qu'un seul bien, le bonheur. *Au contraire* : dans l'architecture de la référence, chaque volition particulière subsiste comme volonté dotée de sa fin propre, et *ne cherche rien d'autre* qu'atteindre cette fin pour s'y reposer. Ainsi « la volonté de voir la cicatrice recherche sa fin, qui est la vision de la cicatrice, et ne va pas au-delà d'elle ». Ce qui est au-delà, c'est la fin-référent, soit « prouver qu'il y a eu blessure » ; mais cela constitue une *autre* fin, qui est propre à « une autre volonté », la volonté de prouver la blessure. La liaison de ces deux volontés, où la première relève d'un usage en vue de la seconde, n'atténue en rien leur autosubsistance dans la subordination de l'une à l'autre. Que chacune de ces volontés ne soit concernée par rien d'autre

■ 59. *Cf.* B. Kent, « Augustine's ethics », dans E. Stump et N. Kretzmann (dir.). *The Cambridge Companion to Augustine*, Cambridge, Cambridge University Press, 2001, p. 205-233 ; p. 206-207.

que par sa fin propre, qu'aucune n'aille « au-delà » de cette fin propre, cela signifie que chacune y trouve son repos, même si cette fin particulière ne constitue qu'une étape dans une activité plus complexe : c'est en ce sens qu'il est « correct de dire que la vision est la fin et le repos de la volonté » (*finem voluntatis et requiem*), pour autant que l'on comprend qu'il s'agit de cette volonté-ci et non de telle autre.

C'est pour cela que, même en dehors du cas particulier des relations à soi-même et des relations à autrui, le rapport de moyen à fin est à manier avec précaution – il n'est pas vraiment adéquat quand on l'applique à l'action. Car une action volontaire qui est moyen pour une autre action volontaire n'est pas seulement moyen, elle enveloppe aussi une fin propre. On ne peut pas l'utiliser comme on utiliserait un objet, car utiliser une action pour en réaliser une autre (référer sa fin à une autre fin), c'est viser *déjà* une fin propre, par une volonté qui a une certaine forme d'autonomie au sein de la liaison des volontés, en ce sens qu'elle n'est concernée que par sa fin propre dans l'atteinte de laquelle elle trouve son repos, c'est-à-dire sa satisfaction.

L'analyse de l'architecture des volontés et des fins vient donc compliquer la manière spontanée dont on pourrait comprendre la distinction entre *uti* et *frui*. Cette manière spontanée, qui fonde l'interprétation instrumentaliste de l'usage, consisterait à dire que, si les fins particulières sont toutes référées au bonheur, on en use, tandis qu'on ne jouit que du bonheur. Mais l'attention à la spécificité et à la résistance de chaque volition attachée à sa fin propre complique cela : l'usage, rappelle en somme Augustin, est lui aussi un exercice de la volonté ; comme tel, lui aussi consiste en la position et la recherche d'une fin, qui offrira un repos au vouloir quand il l'atteindra. Un repos, c'est-à-dire un plaisir – qui vient d'être défini comme *quieta voluntas* – ou une dilection – le terme apparaît quelques lignes plus loin. L'usage implique donc déjà une jouissance, puisque jouir se dit d'une chose qui est recherchée pour elle-même, et que chaque volonté particulière ne veut rien d'autre, rien au-delà de ce qu'elle vise immédiatement. Si la visée de chaque fin particulière ne peut être réduite à un simple moyen, c'est parce qu'*en elle-même elle a déjà la structure du tout*, étant fondée sur une volonté qui vise et ne vise rien d'autre que sa fin propre, et s'y repose lorsqu'elle l'atteint[60].

Il n'est pas possible d'en faire ici plus que l'annonce, mais on pourrait montrer que le paradigme d'une architecture où chaque étage duplique la forme du tout s'applique souvent, chez Augustin, lorsqu'il est question d'analyser la relation aux objets dont nous devons user, c'est-à-dire qui requièrent une modalité spéciale de l'amour. L'inventaire, au livre X des *Confessions*, des trois convoitises, qui est de façon symétrique dégagement

---

60. De ce point de vue, Augustin n'accepterait sans doute pas la formule par laquelle Aristote caractérise les amitiés fondées sur l'utile ou le plaisir : ce sont des « amitiés accidentelles, puisque la personne aimée n'est pas aimée pour ce qu'elle est, mais en tant qu'elle procure soit un bien, soit du plaisir » (*Éthique à Nicomaque*, 1156 a 18-19, trad. fr. R. Bodéüs). Qualifier ces amitiés d'accidentelles, c'est dire qu'on n'aime pas vraiment ce qu'on aime comme un moyen. Augustin choisit au contraire de dire que l'usage est déjà un exercice réel et plein de la volonté, c'est-à-dire qu'on y aime vraiment l'objet qu'on cherche à obtenir. Je renvoie ici à une notation importante d'Oliver O'Donovan : dans une tradition eudémoniste qui se constitue sur deux séries de verbes (exprimant soit la poursuite soit la possession), « *Augustine innovates on the tradition by using the verb* love *as a synonym for the verbs of pursuit* » (*The Problem of Self-Love, op. cit.*, p. 24).

du bon usage des corps, du savoir et du pouvoir, ou encore la réflexion de la Lettre 6* sur une sexualité qui doit passer d'un mode de l'amour des corps blâmable (la *concupiscientia carnis*) à un autre qui est louable tout autant que charnel (l'énigmatique *concupiscentia pudicitiae conjugalis*) sont des exemples particulièrement explicites du rapport spécifique à la satisfaction qu'exige l'usage lorsqu'il est compris comme une forme d'amour, loin de la simplificatrice *contemptio*. À la différence du mépris, le bon usage doit, non pas ne prendre aucune satisfaction à la réalisation des fins particulières, mais conquérir un autre point de vue sur de tels repos. Cet autre point de vue, c'est en somme le point de vue de Dieu, comme l'exprime fortement un passage des *Confessions*, où Augustin distingue trois types de point de vue sur le monde, trois « regards différents » : tenir pour mauvais ce qui est bon (regard manichéen, par certains aspects platonicien) ; voir que ce qui est, est bon, mais pour en jouir sans y aimer Dieu (regard de la convoitise) ; enfin, « voir qu'une chose est bonne ; mais, en l'homme qui voit, c'est Dieu qui voit qu'elle est bonne » – c'est par ce regard seul, précise Augustin, qu'en aimant la créature on aime Dieu « en elle », ce qui n'est possible que par la charité, amour qui s'oppose à la convoitise, *mais aussi au mépris* qui accompagne le regard du premier type[61]. L'usage du monde n'est pas la réduction du monde à un moyen pour aller vers Dieu – on dirait plus justement que c'est la réduction de l'être temporel au créé.

Le rapport de moyen à fin est à manier avec précaution

C'est par une métaphore qu'Augustin définit de la façon la plus juste le repos ambigu qui caractérise l'atteinte des fins intermédiaires sur le mode de l'usage, en le distinguant à la fois de la convoitise charnelle, qui s'attarde trop aux *temporalia*, et du mépris, qui s'y attarde trop peu. La métaphore est récurrente : c'est celle de la *peregrinatio* de celui qui, en route pour retourner à sa « chère patrie », doit pour la rejoindre voyager à l'étranger, en des lieux et par des voies où « les agréments de l'itinéraire et le balancement lui-même des véhicules » lui offrent des étapes si plaisantes que l'envie pourrait bien lui venir d'y prolonger la pause[62]. Mais les dangers de l'école buissonnière sont aussi la condition du voyage : il en va du voyageur comme du marcheur, qui marche pour atteindre un lieu précis où il s'arrêtera, mais dont le trajet s'opère par une activité, la marche, qui implique dans sa nature même déjà une série de repos intermédiaires ; à chaque pas, le pied se pose sur le sol, non pour s'y arrêter, mais pour permettre la progression de l'autre jambe, et donc la progression du marcheur tout entier. Cet appui du pied est bien un repos, mais c'est un repos momentané et finalisé par la poursuite du mouvement. C'est ainsi qu'il faut comprendre le type de rapport que chaque volition droite entretient à sa fin propre lorsque celle-ci est en même temps référée à la fin dernière du bonheur auprès de Dieu. La volonté s'y repose, lorsqu'elle l'atteint, et ce repos est toujours une satisfaction : il y a dans

61. *Conf.*, XIII, 46.
62. *Doc. chr.*, I, 4.

cette atteinte « quelque chose [qui] plaît à la volonté », de sorte que le repos s'accompagne d'une « certaine dilection », dit Augustin – à vrai dire, il est en lui-même dilection, la volonté au repos n'étant rien d'autre que plaisir. Ce plaisir cependant ne doit pas retenir la volonté, comme le pied ne s'arrête pas définitivement sur son appui mais s'élance plus loin[63]. On est loin ici de la réduction des *sensibilia* aux *contemnenda*.

Conclusion

Plus qu'une instrumentalisation du temporel, l'usage droit définit une façon très singulière d'habiter le monde – la façon dont doit y séjourner, pour le traverser, celui qui appartient à la cité de Dieu. À propos du plaisir que produit l'atteinte de nos fins particulières, Augustin indique comment ce plaisir « devrait être considéré » pour ne pas devenir un piège pour la volonté : « non comme la patrie du citoyen », car la patrie du citoyen de la cité de Dieu est dans l'éternité, « mais comme une halte ou une chambre d'une nuit pour le voyageur »[64]. La *Cité de Dieu* rappelle souvent que les membres de cette cité ne sont pas citoyens de ce monde, ils n'y trouvent pas leur patrie ; mais ils y séjournent néanmoins, de leur naissance à leur mort. La *peregrinatio* est le nom de la modalité de ce séjour. Le terme est parfois traduit par « pèlerinage », mais sa signification littérale est juridique et non religieuse : la *peregrinatio* désigne le statut de celui qui voyage *et séjourne* à l'étranger. Quand Augustin applique ce terme aux citoyens de la cité de Dieu dans cette vie, il reprend très exactement cette acception : le statut de ces *peregrini* tient à la fois de l'exil[65] et de la domiciliation temporaire en pays étranger[66]. Habiter ce monde sans jamais s'y sentir chez soi, mais y habiter néanmoins, et ne point faire que passer : c'est ce que signifie l'*usus mundi*. Cette signification ne nous éloigne guère de la source stoïcienne de la distinction *uti/frui*. Dans son *Augustine*, John Rist insiste sur les affinités qu'il y a entre ce qu'il appelle la théorie stoïcienne de la motivation, centrée sur la distinction τέλος/σκόπος, et le couple *uti/ frui* chez Augustin. Le bien ou *honestum* est dans l'atteinte du τέλος, mais pour cela il faut user du σκόπος, matière de l'action ; et ce σκόπος est déjà un but, de même que l'usage contient un repos, et donc une satisfaction, qui lui est propre. Comme on le voit, la complexité de l'usage est assez semblable à celle de la sélection des préférables – ces choses que l'on poursuit, avec une application soigneuse et légitime, sans qu'elles soient pourtant la fin dernière de notre volonté.

Isabelle Koch
Aix Marseille Université
Centre Gilles Gaston Granger UMR 7304

63. *Trin.*, XI, 10.
64. *Ibid.*
65. *C. Dieu*, I, 1 : « La très glorieuse cité de Dieu, en exil dans le cours des âges ».
66. *Ibid.*, 35 : « La cité, temporairement domiciliée ici-bas, du roi Christ ».

Le désir

MÉTHODE ET MORALE CHEZ DESCARTES[1]

Gilbert Boss

La morale du *Discours de la Méthode* de Descartes a souvent été considérée comme provisoire, imparfaite, et destinée à être remplacée par une autre, définitive, que le philosophe n'a pu élaborer. Mais une lecture attentive montre que cette morale est en réalité celle du philosophe à l'œuvre, celle par laquelle il dirige sa vie de chercheur, c'est-à-dire celle qui définit concrètement la sagesse cartésienne, visant à marcher avec assurance dans la vie. Le problème à résoudre pour Descartes est celui de se lancer dans la remise en question radicale tout en réalisant autant que possible cette sagesse. Sa réflexion morale révèle une extrême lucidité pratique.

L e savant, mathématicien, physicien, métaphysicien Descartes voulait connaître avec certitude tout ce qui pourrait se présenter avec évidence à l'esprit humain. Peut-être la science métaphysique l'intéressait-elle, mais elle lui servait aussi à fonder les autres sciences, dont particulièrement sa mécanique, qui devait lui permettre d'expliquer tous les phénomènes du monde, jusqu'au fonctionnement du corps humain et d'une partie de la psychologie. Cet intellectuel se réjouissait de manier des idées claires et de se plonger dans les sciences en suivant des chaînes de raisonnements propres, nécessaires, non ambigus. Dans le parcours de ce philosophe savant, la morale paraît n'intervenir qu'accessoirement : d'abord, dans le *Discours de la méthode*, sous la figure d'une morale provisoire, commandée par une méthode intellectuelle de recherche de la vérité scientifique ; ensuite, dans les lettres à une princesse qui, après avoir admiré les œuvres plus métaphysiques et scientifiques de Descartes, le fait dévier un moment vers des questions de morales qui la préoccupent davantage ; enfin, peut-être en partie sous cette même influence, comme remarques accompagnant les descriptions des passions dans sa psychophysiologie. Si Descartes n'a pas

---

■ 1. Cet article est paru initialement dans le n° 63 (juin 1995) des *Cahiers Philosophiques*, puis dans le Hors-série sur « L'Action » en septembre 2007. Il est ici reproduit avec l'aimable autorisation des Éditions du Grand Midi.

développé d'éthique systématique, c'est peut-être que la mort l'a interrompu trop tôt, car la nouvelle orientation vers les questions d'éthique à la fin de sa vie aurait pu le pousser davantage vers ce genre d'études négligées par le philosophe dans sa jeunesse et son âge mûr.

Tel est du moins le cliché de Descartes.

Les textes ne permettent pas pourtant cette interprétation d'une évolution de son attitude à l'égard de la morale allant d'une relative indifférence à un intérêt croissant, quoique provoqué de l'extérieur. Les tout premiers textes conservés de Descartes nous le montrent préoccupé de questions morales autant que théoriques. La question récurrente du chemin à suivre dans la vie, tirée du poème d'Ausone *Quod vitae sectabor iter?*, en est peut-être le leitmotiv le plus important. Quant à la première œuvre philosophique publiée de Descartes, le *Discours de la méthode*, nous allons voir qu'elle comporte plus qu'une réflexion accessoire sur une morale provisoire destinée à servir de béquille à l'entreprise principale de recherche de la pure science.

Loin de représenter une aberration, une digression mal intégrée dans le texte, la morale par provision est centrale dans le *Discours*, comme l'indique déjà sa position, dans une partie centrale (la troisième sur six), et plus encore, au sommet du mouvement décrit. En effet, le récit se développe en deux temps : la préparation de la science (l'élaboration de la méthode) et l'exposé des fruits de la méthode. Les trois premières parties racontent la montée vers l'acquisition complète de la méthode, tandis que les trois dernières illustrent ses résultats et en développent les conséquences. Après la désillusion du collège, la relative faillite de l'expérience du monde, qui constituent la première partie, la découverte de la méditation et de sa puissance, dans le poêle, la formation du projet de renaissance intellectuelle, et l'élaboration des maximes pour la conduite théorique des pensées, occupent la seconde partie, et enfin la troisième est consacrée à la présentation de la morale par provision, qui, la méthode étant théoriquement achevée, débouche sur un long temps d'exercice dont l'auteur ne nous dit presque rien. Les quatrième et cinquième parties n'appartiennent déjà plus à l'exposé de la méthode proprement dite, mais à celui de sa mise en œuvre. C'est pourquoi, au début de la quatrième partie, Descartes marque un temps d'arrêt, feignant d'hésiter à nous proposer à la suite les réflexions peu communes auxquelles l'a conduit sa méthode. C'est en effet maintenant le versant descendant des parties trois à six : d'abord l'exposition de la métaphysique en amont, puis de la science du monde en aval, avec pour finir les problèmes présents que sa poursuite continue à poser. Le périple est alors achevé : les dernières pages du livre reviennent à la question de savoir comment la science est possible – même si c'est dans un contexte différent. Dans cette courbe, nous trouvons de part et d'autre du sommet, se le partageant, la morale par provision et la métaphysique.

Mais, objectera-t-on, le discours est mal composé, et il est vain d'y chercher une telle courbe continue. Assurément, il y a toujours une infinité de perspectives selon lesquelles une œuvre apparaît chaotique, incohérente, sans que ce fait gêne en rien les interprétations qui en découvrent la cohérence, pas plus que l'aspect grossier du revers d'une toile n'empêche la beauté de la peinture sur sa face.

L'argument reste toutefois formel, et il convient de l'étayer par l'analyse du rôle effectif de l'éthique dans la méthode.

D'autres indices pourraient cependant en suggérer d'abord l'importance. Par exemple, tandis que la méthode purement scientifique tient en quatre règles rapidement énumérées, presque sans commentaire, au milieu d'un développement qui les traverse plus qu'il ne s'y arrête, les préceptes de la morale sont développés longuement, pour eux-mêmes, dans une partie entière du *Discours*. Ou encore, non seulement ces maximes représentent l'achèvement de la constitution de la méthode, mais elles sont ce qui est destiné à persister durant l'épreuve théorique du doute, ce que Descartes « met à part » avant de tout ébranler, et qui semble donc devoir faire le lien entre l'état d'ignorance premier et la science certaine.

II

Pour constater le caractère indispensable de la morale par provision dans la méthode cartésienne, il suffit d'observer comment elle s'y situe et quel rôle elle y joue. Les premières lignes de la troisième partie le rappellent parfaitement : lorsqu'on détruit sa demeure pour en construire une nouvelle, il faut s'en procurer une autre pour se loger entre-temps. La métaphore de la reconstruction avait été développée dans la seconde partie, qu'elle domine très largement. C'est le bâtiment des sciences qui menace de crouler, et notamment la maison particulière des connaissances du personnage dont on nous raconte l'épopée intellectuelle. Les fondements n'étant pas stables, il faut tout recommencer à neuf. La démolition s'impose donc. Certes, on peut se demander s'il ne suffit pas d'attendre pour voir si la maison ne va pas s'écrouler d'elle-même, puisque c'est sa pente, plutôt que de travailler encore à accomplir la menace. Mais ce serait oublier qu'en tombant naturellement, elle écrasera son habitant, et que s'il pare seulement toujours au plus pressé, l'instabilité du bâtiment lui demandera un travail constant pour un résultat peu satisfaisant, vu qu'il vivra dans une sorte de ruine, et dans la crainte perpétuelle de ne plus arriver à maintenir la maison debout. Anticiper le pire pour y parer et parvenir au meilleur, telle paraît être la stratégie la plus constante de Descartes. C'est pourquoi, ici, la destruction doit être contrôlée et menée à terme afin de préparer la reconstruction définitive. Il s'agit donc d'entreprendre une bonne fois, dit Descartes, d'ôter de sa créance toutes ses opinions, afin de les remplacer par des connaissances assurées. Or on n'imagine pas davantage qu'un homme puisse vivre sans opinions que sans habitation ; au contraire même, celles-là sont bien plus indispensables que celle-ci. Pour ne pas s'en rendre compte, il faut ne jamais avoir envisagé sérieusement l'entreprise de Descartes. S'il s'agissait seulement de se retirer quelques heures dans son bureau pour évaluer la certitude de quelques idées et raisonnements abstraits, il serait en effet disproportionné de vouloir établir une morale pour passer ces quelques instants dans son fauteuil : il n'y a rien de bien inquiétant ou de difficile à rester un moment tranquillement assis avant de retourner prendre sa soupe en famille.

Inutile de dire que l'entreprise cartésienne a une tout autre ampleur. Il s'agit de rien de moins que d'une mort et d'une renaissance spirituelle et intellectuelle. Nous avons eu le malheur de naître incapables de raison et de commencer à former nos opinions sans jugement, au hasard des sollicitations de nos sens et des avis de nos précepteurs, si bien que la construction est entièrement désordonnée. Il faut revenir au point de départ, en redéfaisant tout, pour recommencer le travail en tant qu'adultes, capables de raison. Rejeter entièrement le vieil homme, assemblage informe de préjugés, pour permettre au nouvel homme de naître et de se construire lui-même rationnellement, voilà ce que doit symboliser la reconstruction de la maison. Le chantier va donc s'ouvrir vraiment sur le lieu même que le philosophe habite. Impossible alors de ne pas déloger. Et il serait erroné aussi de croire qu'il suffise de se reculer quelques instants, le bref temps de la démolition : les idées sont plus lentes à manier encore que les pierres. La déconstruction va durer neuf ans – neuf premières années d'exil du premier logis (« en toutes ces neuf années suivantes, je ne fis autre chose que rouler çà et là dans le monde ») – et la reconstruction plus longtemps encore, puisque le simple établissement des fondements demandera huit ans – huit autres années d'exil sur le chantier désert (« il y a justement huit ans, que ce désir me fit résoudre à m'éloigner de tous les lieux où je pouvais avoir des connaissances, et à me retirer ici »). C'est presque vingt ans de vie, l'essentiel d'une vie, qui vont être consacrés à la fondation de la nouvelle science et à l'élaboration de ses premiers essais. La renaissance artificielle prend autant de temps à l'adulte qu'il en a fallu d'abord pour faire de lui un adulte selon la nature et la société. L'idée donc que, s'agissant d'une situation purement « provisoire », il est inutile de s'y arrêter, ne tient pas : il s'agit d'organiser le plus clair du temps de la vie du chercheur, voire toute sa vie.

Il n'est pas plus possible de conclure qu'il suffise de se loger entre-temps n'importe où, c'est-à-dire de continuer à vivre normalement pendant que s'accomplit la recherche théorique, en se contentant peut-être de ne pas intervenir dans les débats savants avant d'avoir terminé. Car ce serait oublier qu'il faut comprendre la métaphore de la maison non pas comme représentant un lieu extérieur à nous, qu'on quitte aisément pour s'installer ailleurs, sans cesser de rester bien soi-même, mais comme signifiant notre structure psychique, celle de nos croyances, qu'il paraît presque impossible que nous n'habitions pas, parce qu'elle est autant notre squelette intérieur que notre abri, et que nous nous écroulons avec elle. Contrairement à ce que peut laisser supposer la métaphore, il n'est pas si simple à celui qui détruit le bâtiment de ses opinions de se reloger qu'à celui qui détruit sa maison de pierres. Quand Descartes « roule » à travers le monde, il ne part pas en vacances pendant qu'on travaille sur son chantier, il le roule avec lui, le travaille ainsi, il l'habite encore, nécessairement.

Sans solution au problème de l'« habitation » par provision, la méthode demeure donc incomplète, ineffective : le projet de reconstitution intellectuelle avorte, soit parce qu'il dégénère en des destructions et reconstructions partielles, dans un esprit de réforme progressive opposé à son radicalisme essentiel, soit parce que l'imprudent apprenti-philosophe périt sous les décombres ou se trouve condamné à errer parmi les ruines, pour avoir fait preuve de précipitation en envisageant l'opération trop abstraitement.

III

La morale par provision est donc une partie intégrante de la méthode, indispensable, née de la prudence, de la patience de la pensée qui refuse de sauter par-dessus les problèmes de la condition concrète qui pourraient paraître accessoires dans une visée abstraite, pour avancer lentement, sans rien laisser d'important hors de considération. Elle répond donc à un problème précis de la méthode dont elle fait partie. Et rien ne serait plus faux que d'y voir la simple esquisse d'une morale universelle précipitamment élaborée pour remplacer provisoirement une morale définitive qui viendrait la retoucher et la préciser une fois le système des connaissances rétabli.

Le statut des deux morales, la morale promise comme fruit ultime de la philosophie, et la morale par provision comme partie de la méthode, est d'abord entièrement différent. Car la morale conclusive, déduite de la vraie philosophie, représentera un ensemble de vérités valant en principe pour tous, un résultat certain de la science, au même titre que les conclusions sur l'existence de Dieu, sur la définition des substances pensante et étendue, sur les principes de la nouvelle géométrie ou de la nouvelle physique. Elle pourra entrer dans un manuel à l'intention de tous les élèves des écoles. Au contraire, la morale par provision ne vaut que par rapport à une situation extrême, exceptionnelle, dans laquelle se trouve le philosophe qui tente le saut périlleux destiné à lui permettre peut-être de fonder la nouvelle science, et qui doit prendre un chemin qu'il avertit de ne pas suivre sans nécessité. Bref, la morale « définitive » devra être conseillée à tous ; la morale par provision doit être déconseillée à presque tous, car rares sont les hommes assez hardis pour passer l'essentiel de leur vie à s'engendrer à nouveau selon leur seule raison. Si la formule que Descartes utilise pour nous annoncer ses maximes morales, en disant qu'il « veut bien » nous en « faire part », exprime une certaine réticence, elle se comprend parfaitement comme une manière de nous rappeler qu'il s'agit toujours d'une question relativement privée, qui ne s'adresse pas immédiatement à tous, mais reste intégrée au « tableau de sa vie » qu'il présente comme exemple ambigu, à suivre ou à ne pas suivre – en pensant probablement qu'il peut agir comme les vies de saints, qui édifient sans que chacun se précipite pourtant au désert pour les imiter.

Que la morale par provision soit une morale très particulière, valant exclusivement comme un moment de la méthode cartésienne, cela se voit par la rigueur de sa déduction à partir de la situation pratique dans laquelle se trouve le chercheur qui a entrepris de se défaire de toutes ses opinions.

Il y a deux traits de cette opération qui commandent la réflexion morale. Premièrement, il s'agit d'une entreprise de longue haleine qui mobilise toute la vie de celui qui s'y engage. Deuxièmement, quoique progressant lentement, la destruction est radicale, parce que l'exigence du retour au degré zéro de la connaissance est essentielle au projet de la renaissance intellectuelle. Comme nous l'avons vu, si l'une ou l'autre de ces conditions n'existait pas, il deviendrait possible d'envisager l'économie de la morale par provision. Si l'opération était rapide, elle pourrait s'accomplir sans interrompre le cours de la vie d'une manière bien considérable. Un dispositif provisoire, comme une retraite, suffirait à régler la question pratique. Si le rejet des opinions reçues ne devait être que partiel, il resterait possible, sans autres aménagements importants, de distinguer entre l'activité théorique du philosophe et les aspects pratiques de sa vie, pour empêcher la première de modifier ceux-ci.

Il va de soi que la deuxième condition, la radicalité, est absolument nécessaire au projet, et que Descartes ne peut prendre trop de précautions pour la réaliser, vu que la valeur de la certitude que sa méthode permettra d'atteindre en dépend directement. En revanche, on peut se demander si la condition temporelle ne pourrait pas être modifiée par le recours à une forme d'action plus massive. Il semble d'ailleurs, à première vue, que ce soit la solution des *Méditations*. Car il ne s'agit plus, là, de s'exercer durant des années à ôter ses anciennes opinions au hasard des expériences et des réflexions ; mais, une fois retiré dans un lieu tranquille, hors des préoccupations pratiques, assuré pour quelques jours ou quelques semaines, le philosophe opère dans ce laboratoire d'une manière beaucoup plus rapide : il sollicite immédiatement les fondements de ses connaissances, pour entraîner aussitôt la ruine de tout le bâtiment, il met en œuvre les plus dangereux génies pour déblayer le vrai fondement et se trouver ainsi vite prêt à entreprendre la reconstruction. Les quelques apprêts pour assurer les conditions pratiques du déroulement d'une expérience relativement brève remplacent ici avec avantage, semble-t-il, la morale par provision – d'autant que, selon cette méthode, on produit un sage en six jours ou six semaines, plutôt qu'en vingt ans.

Si tel était le cas, le *Discours* devenait caduc à la parution des *Méditations*, et l'auteur aurait dû nous en avertir. En réalité, ces dernières n'abolissent pas le premier, elles en développent simplement une partie, à savoir le moment de l'opération cruciale que le *Discours* nous présente comme préparé par les nombreuses années d'exercice antérieures. Aussi les *Méditations* commencent-elles par faire allusion à cette dimension temporelle : il y a déjà quelque temps que le philosophe s'est aperçu que sa connaissance était viciée dès sa naissance, mais l'entreprise d'y remédier définitivement est si grande qu'il a dû atteindre la plus grande force, l'âge le plus mûr, avant de tenter l'opération décisive. Or évidemment, cet âge ne serait pas le plus mûr si les années de maturation ne l'avaient précédé et n'avaient consisté en des exercices orientés vers le but actuel.

Néanmoins, objectera-t-on, ne peut-on opérer plus rapidement, comme les *Méditations* le suggèrent en dépit de l'avertissement liminal, et faire sauter la bâtisse à la dynamite plutôt que de la déconstruire pierre après pierre ? Ce serait oublier que c'est notre propre pensée qui fait l'objet de l'opération, notre vie, et que lorsque nous aurions explosé, il n'y aurait plus lieu même de reconstruire la science. D'ailleurs le matériau de la reconstruction est le même pour l'essentiel que celui qui résulte de la déconstruction : les vieux murs ont disparu, les bonnes pierres restent, et nous en avons besoin (c'est ce que, dans sa réponse aux septièmes objections, Descartes explique au Père Bourdin qui ne veut pas le comprendre). Si Descartes fait le projet de renaître artificiellement, il ne prétend pas pourtant se substituer à Dieu pour se créer. Il sait qu'il lui faut partir de la nature, de l'homme purement homme, comme il écrit, de la lumière naturelle qui est en lui. Autrement dit, le père du nouvel homme n'est pas déjà prêt à l'action dès le moment de la formation du projet : il faut commencer par le dégager. La raison nous est donnée, mais elle est mélangée, méconnaissable, et il faut la retrouver par cette longue opération de déconstruction, d'autant plus difficile que l'agent y est simultanément le patient.

IV

Vu que la méthode cartésienne ne peut pas faire l'économie de la morale par provision, voyons comment celle-ci est bien la morale propre du chercheur, c'est-à-dire comment elle est tout entière ordonnée aux conditions de la méthode.

Les opinions ou les croyances jouent un rôle essentiel dans la vie pratique. Elles y jouent même trois rôles principaux. Premièrement, elles orientent l'action en toutes circonstances – elles lui fournissent des règles et des objets. Deuxièmement, elles donnent une continuité à la vie en engageant l'agent dans un style de vie – elles lui fixent une hiérarchie de valeurs et d'objectifs relativement stables. Troisièmement, elles mobilisent ses désirs et leur offrent des lieux de satisfaction possible – elles peignent au sujet un idéal de la vie heureuse.

Par conséquent, sans croyances, l'homme est désorienté, inconstant et démotivé : il reste irrésolu dans ses actions et sans perspective de bonheur. Or voilà la situation dans laquelle il faut que le philosophe cartésien envisage de tomber s'il poursuit son projet de rejet de toutes ses opinions. Inutile d'insister sur le fait que, dans ces circonstances, il ne pourra ni être heureux, ni poursuivre un projet quelconque, ni même survivre. La méthode paraît donc bien conduire à une impasse d'ordre pratique.

Aussi, pour jeter un pont vers l'autre rive, celle de la reconstruction, faut-il élaborer une morale de substitution, permettant de vivre dans la situation anormale d'un homme dépourvu de croyances. Autrement dit, il faut trouver des substituts pour les trois principales fonctions pratiques de la croyance : un substitut pour l'orientation, un autre pour la persistance et un troisième pour la satisfaction des désirs. L'homme normal n'a pas ces problèmes : ses croyances les résolvent pour lui – et, d'un pur point de vue utilitaire immédiat, il a sans doute raison de craindre toute modification de ses opinions, en tant qu'elle pourrait le jeter dans des difficultés analogues, quoiqu'à un degré infiniment moindre.

Pour répondre à cette exigence, la morale supplétive développe les trois substituts nécessaires dans trois maximes, suivies d'un quatrième moment dont la fonction est différente.

La première maxime demande d'obéir aux lois et aux coutumes de son pays, y compris pour la religion, et de suivre certains modèles individuels qu'on choisira parmi les gens les mieux sensés de son milieu social. En effet, les lois exigent notre obéissance, mais celle-ci ne va pas de soi. Car déjà certains, qui ne visent pas à la sagesse, jugent qu'il est préférable d'y déroger pour mille raisons, que ce soit leur avantage immédiat, des convictions opposées à elles, ou d'autres encore. Or la mise en question de tous ses préjugés porterait aisément à mépriser aussi les lois, en tant qu'elles sont également des règles extérieures, non proposées à l'évaluation de la raison, mais imposées simplement. Qui ignore d'ailleurs que la critique philosophique comporte naturellement une grande virulence politique ? Pour les mœurs, Descartes a déjà remarqué que la simple expérience du monde, par les voyages, conduit à leur dévaluation, ou du moins au relativisme à leur égard. Quant à la sagesse des hommes, même celle des philosophes estimés, Descartes avait appris à s'en méfier dès l'école, lorsqu'il les avait découverts en opposition constante les uns avec les autres, sur tous les sujets, y compris la morale. Rien donc, dans la méthode, ne justifie une telle confiance dans les lois, les mœurs et les personnes sensées, que la première maxime propose de suivre. Au contraire, loin que cette maxime se déduise immédiatement de la pratique théorique de déconstruction, elle la contredit.

C'est ainsi, justement, que la maxime joue son rôle supplétif : elle maintient contre l'érosion théorique certaines règles de conduite. Mais pourquoi celles-là précisément, qui semblent parmi les plus aisément contestables ? Qu'importe ! Car la plus ou moins grande vraisemblance des règles à retenir n'est pas pertinente ici, vu qu'il ne s'agit plus du tout de les fonder sur des croyances, mais de les maintenir au contraire sans avoir plus à recourir à aucune conviction profonde. La seule considération justifiée est celle de la pratique comme telle. Comment un être survit-il le mieux, supposé qu'il faille le programmer, au lieu de laisser jouer ses opinions ? Il faut qu'il s'adapte à son milieu. Or le milieu social des hommes a des règles explicites, contraignantes à divers degrés, et purement pratiques par cet aspect. Les lois et les mœurs sont donc de bonnes règles pour la pratique, indépendamment de leur contenu, par le simple fait qu'elles règlent l'action des hommes d'une manière plus ou moins efficace. Quand il s'agit de choisir ses actions sans rien croire, il est plus aisé de suivre les règles que le milieu nous impose de toute manière plutôt que d'y résister, car il faudrait au contraire de fortes croyances pour soutenir une attitude rebelle. De même, du pur point de vue pratique, le mieux est de suivre les plus sensés, car ils sont ceux qui passent pour sages, et par conséquent pour savoir vivre et se comporter de la bonne manière. C'est donc que leur comportement réussit, et c'est le seul critère pertinent pour quelqu'un qui ne croira plus à rien. Bref, lorsqu'il s'agit de régler la pure question de la pratique commune d'un homme sans convictions particulières, le plus utile pour lui est, comme le dit Descartes, de se régler selon ceux avec lesquels il aura à vivre.

À vrai dire, que la société existe, c'est une chance pour celui qui retourne à la parfaite ignorance. Comme l'enfant a déjà profité dans sa première naïveté des opinions de son entourage pour s'en faire guider, le philosophe qui se dépouille de tout son bagage de connaissances du monde a besoin à nouveau de ce guide extérieur, et son entreprise serait probablement impossible hors de ce soutien pratique de la société. L'analogie avec l'enfant n'est toutefois pas entière. D'abord, le choix des règles et des personnes à prendre pour guides est délibéré (car la morale par provision est élaborée avant la plongée dans le doute total). Ensuite, les règles et les exemples ne sont plus perçus comme comportant une vérité, mais uniquement comme les béquilles de la vie pratique poursuivie dans le vide théorique.

L'exigence d'une pratique dépourvue de tout engagement se manifeste également dans le précepte demandant de rester éloigné de tout excès. Car non seulement l'excès réclame plus de conviction que la voie moyenne, mais aussi, il restreint davantage la liberté et implique en ce sens déjà un engagement plus important. Or il est utile de garder le plus de liberté possible lorsqu'on ne choisit pas son parti pratique par conviction, mais par simple opportunité, car les situations changent et réclament d'autres comportements d'une part, et d'autre part, les options du sceptique ne valent rien par elles-mêmes, de sorte qu'il vaut mieux laisser place pour d'autres options, d'autant que, contrairement au pur sceptique, le philosophe cartésien s'oriente vers une période de reconstruction où l'engagement pratique pourra éventuellement recevoir des justifications théoriques demandant au philosophe de s'orienter dans une direction qui lui est encore inconnue.

Mais, précisément à cause de l'inconstance des règles et modèles extérieurs, la vie d'un être entièrement hétéronome dans sa pratique risque de varier sans cesse et de reconduire en partie à l'irrésolution dont la morale par provision devait lui permettre de sortir. Il faut donc lui donner un nouveau substitut pour compenser son manque de convictions. La solution est simple. Il suffit de traiter immédiatement le symptôme : puisque l'inconstance est le changement de décision, il faut se donner pour règle de n'en pas changer sans raison impérative. Bref, encore une fois, pour être cohérente, la morale de substitution ne doit pas interroger la force des opinions pour les hiérarchiser exclusivement selon l'ordre variable qu'elles vont prendre dans le processus théorique de leur mise en question, mais les sérier selon leur antériorité – ou selon leur droit d'aînesse – qui permet de les organiser pratiquement sans dépendre de la reconnaissance de leur valeur théorique. Perdu dans la forêt, j'ai peut-être choisi d'avancer de tel côté pour une raison qui me paraît bonne, ou peut-être par hasard, et certainement, en cours de route, d'autres raisons me viendront à l'esprit pour infirmer mon premier choix. Mais qu'importe ? Je ne me dirige plus selon mes convictions, mais selon un pur mécanisme de régulation de ma pratique. La première décision vaut autant que les autres, et elle a l'avantage pratique d'avoir déclenché l'action. Vais-je même lutter contre la vraisemblance ? Non. Il suffit que je limite le vraisemblable à sa fonction de moyen naturel de me décider au départ, car la tâche de rendre la force de chaque opinion particulière adéquate à sa valeur de vérité ne relève pas de l'ordre pratique dont il s'agit à présent. Du même coup, je me refuserai le remords, ou m'en délivrerai, puisque le remords vient de la croyance que nous avons suivi la voie la moins bonne selon l'évidence que nous en avons maintenant.

Néanmoins, si je ne me donne pas ainsi de sujet de mécontentement, serai-je pour autant satisfait ? Vivre comme un automate, programmé pour imiter les actions des hommes les plus efficaces, mais sans partager leurs convictions, et éventuellement, parfois à l'encontre des convictions que je n'ai pas encore déracinées de mon esprit, voilà qui n'est guère enthousiasmant et plutôt propre à susciter le plus grand ennui, pour ne pas dire pire. Que deviennent mes désirs tandis que je traverse le vide du monde, parfaitement dégagé de tout ? S'ils se tournent spontanément vers quelque objet du monde, ils me tireront de ce côté et désorganiseront mon dispositif moral, en me réengageant dans la vie pratique. Si mon mode de vie les étouffe, je deviendrai incapable de satisfaction, de bonheur. Or en détruisant mes convictions, en les évacuant de ma vie pratique, j'ai retiré aussi leurs objets à mes désirs, puisque la volonté se porte vers ce que l'entendement lui présente comme possible, et que ma raison travaille à détruire la hiérarchie des probabilités parmi mes opinions. La distinction entre le possible et l'impossible au sujet de chaque chose va se brouiller progressivement à mesure que le doute s'étendra. Le lien naturel entre les croyances et les désirs va devenir inopérant, et sa disparition sera accentuée par le fait que ma pratique ne le supposera plus. Or Descartes ne veut ni l'irrésolution ni le malheur ; tout à l'opposé, il veut même le plus grand bonheur possible. Il faut donc un substitut également à la conduite des désirs que donnait la hiérarchie de nos valeurs.

Dégagé du monde où il agit sans convictions véritables, le philosophe ne peut plus sans contradiction investir vraiment ses désirs dans les divers objets indifférents de ses actions. En revanche, l'attention qu'il a détournée du monde, il la concentre sur l'entreprise théorique en vue de laquelle il a programmé sa vie pratique. Le mieux serait donc de tourner ses désirs vers les pensées pour les faire participer entièrement à l'aventure théorique. Pour cela, il faudrait que les objets du monde paraissent hors de son pouvoir, et les pensées au contraire, comme relevant de lui. De même donc que, selon la maxime précédente, il fallait décréter que les décisions prises seraient des lois pour elles-mêmes, de même ici, il faut décréter que les pensées seront considérées comme en notre pouvoir, tandis que les choses extérieures y échapperont et seront considérées comme impossibles dans la mesure où elles ne seront pas immédiatement à portée. En vérité, le philosophe ne sait pas s'il en va ainsi, puisqu'il ne connaît la vérité sur rien, ni sur le monde ni sur ses pensées. Mais c'est pratiquement, vu son projet, la meilleure solution. Faute de savoir, il substitue au savoir manquant une règle qui l'imite, de sorte que la coutume induite par son application produise une croyance artificielle au sujet de l'autonomie de la pensée et de l'indépendance des événements extérieurs par rapport à elle. C'est, pour autant que l'analyse du mécanisme de la satisfaction soit juste, le moyen d'être effectivement heureux jusque dans le plus grand exil par rapport aux croyances naturelles, venues du monde, des sens ou des hommes.

Il semble maintenant que la morale soit achevée, et que, après un exercice qu'on imagine long pour arriver à se modeler selon ses maximes, le philosophe puisse entreprendre enfin de traverser l'épreuve de l'ignorance la plus entière.

V

Toutefois, il était manifeste dans la dernière maxime que la séparation radicale de la pratique et de la théorie ne pouvait pas être maintenue rigoureusement. Le philosophe ne doit-il pas croire en effet quelque chose pour orienter ses désirs ? On imagine alors le conflit entre l'impératif pratique du bonheur, qui impose cette croyance, et la logique théorique qui réclame sa mise entre parenthèses et l'exile avec toutes les autres. En outre, à la réflexion, on découvre qu'il en va de même pour les deux premières maximes aussi.

Dans la seconde, le décret de constance dérive d'une certitude concernant la nature de l'action et de la décision, à savoir la nécessité d'une décision ferme, rapide ou opportune, pour répondre aux circonstances. Dans la première, c'est l'importance même de l'adaptation ainsi que le lien de la liberté et de la situation de l'agent dans le champ de ses possibles qui représentent les principaux principes théoriques dont la maxime dépend. Par conséquent, la tentative de constituer une sphère pratique pure, immunisée contre toute activité théorique, paraît échouer.

À vrai dire, Descartes ne pouvait guère l'ignorer, puisqu'il avait éprouvé le besoin d'élaborer théoriquement cette morale avant de se trouver entraîné à un degré trop avancé de la déconstruction théorique, où il n'aurait plus les moyens de se donner ces maximes. Aussi ne pouvait-il s'agir pour lui de vouloir séparer totalement les sphères de la pratique et de la théorie. Comme nous l'avons déjà noté, que sa morale comporte une partie théorique faisant obstacle à la radicalisation entière du doute, il le sait très bien lorsqu'il décide, pour leur permettre de garder leur efficacité, de mettre ces maximes à part, dans une région que le doute n'affectera pas pendant qu'il portera sur tout le reste.

Vu que la totale séparation est impossible, la stratégie consiste à commander tout le domaine de la pratique à partir du plus petit nombre possible de principes théoriques. Et en cela, cette stratégie est identique à celle qui dirige la rédaction des quatre préceptes de la méthode théorique. Les mille règles de la logique traditionnelle ne conviennent pas, dit Descartes, car, indépendamment de leurs autres défauts, elles ont l'inconvénient d'être trop nombreuses, de sorte qu'elles enchaînent l'esprit au lieu de lui donner plus de liberté pour saisir ses objets. La limitation à un très petit nombre de règles a également l'avantage décisif d'impliquer le moins de présupposés théoriques possible au moment où il s'agit de se défaire de toutes ses opinions.

Il n'empêche que ce bagage empêche la radicalisation entière du doute, dont il permet seulement d'approcher le plus près possible pour un homme devant se soucier de sa survie et même de son bonheur présent. C'est pourquoi le passage décisif du gué implique un nouveau dispositif pratique, qui permette de se libérer encore de ce bagage pour le temps – rendu le plus bref possible par la longue préparation – de l'abandon des derniers garde-fous que représentent les règles mêmes de la méthode, concernant la théorie comme la pratique. Ainsi, au lieu de venir contredire le *Discours*, le rythme plus rapide des *Méditations* y trouve son explication.

Loin donc que Descartes ait oublié les implications théoriques de sa pratique, c'est au contraire la conscience de l'intime solidarité entre la pratique et la théorie qui le conduit à prendre la précaution de se donner une morale de substitution grâce à laquelle il va pouvoir camper sur son propre chantier en en mobilisant la moindre parcelle possible pour son habitation, tout en donnant le plus possible à son propre bonheur.

Et c'est précisément ce lien qui fait l'objet de la quatrième maxime – ou plutôt de la conclusion de la morale par provision. Jusqu'ici, c'est le projet de la renaissance intellectuelle et ces exigences théoriques qui ont commandé l'élaboration de la morale supplétive. Maintenant, le quatrième moment renverse la perspective (ou l'élargit) pour faire apparaître toute l'entreprise comme l'objet d'un choix moral. Après que la question du choix a été réduite au minimum et presque évacuée de la vie pratique dans les trois premières règles, elle apparaît subitement sur un mode majeur dans la réflexion finale.

Car il y a dans les trois premières maximes une limitation implicite sans laquelle elles se détruiraient d'elles-mêmes. Non seulement il y a en elles un résidu théorique non éliminable, mais il y a aussi dans les considérations théoriques dont elles découlent un aspect pratique qui ne doit pas leur être soumis. S'il s'agit de choisir l'ensemble de ses orientations particulières dans la vie en obéissant aux lois, aux mœurs, à l'exemple des plus sensés, à la règle de la modération laissant la plus grande liberté, il ne faut pas étendre cette règle à ce qui concerne le projet même dont la morale provisoire fait partie. Car la recherche de la vérité ne découle ni des lois ni des mœurs ni de l'exemple des plus sensés, et, par son caractère radical, elle contredit même franchement au choix de la voie moyenne. De même, s'il faut persister dans ses décisions par un décret qui stabilise les plus anciennes, indépendamment de leur valeur intrinsèque, alors la révolution théorique que veut entreprendre Descartes apparaît plutôt comme un changement de cap arbitraire, et de surcroît toute la vie intérieure du chercheur va obéir au principe contraire du doute constant. Enfin, si tout le bonheur doit se fonder sur la croyance artificielle en une autonomie de la pensée, c'est à condition de ne pas soumettre à cet artifice le désir de vérité, au risque de le transformer en un désir de se perdre dans l'illusion.

Il y a donc un vrai choix qu'il faut faire, un véritable engagement qu'il faut assumer dans la continuité, un authentique désir sur lequel il faut s'appuyer, afin que les substituts des motifs de choix, des convictions pratiques et des idéaux prennent sens. Pour que la morale par provision se justifie, il faut avoir choisi, parmi toutes les manières de vivre, celle qui l'implique ; il faut avoir décidé de consacrer sa vie à l'activité choisie ; et il faut par conséquent avoir le vif désir de trouver la vérité et la conviction que l'entreprise n'est pas vaine. Bref, dans les termes de Descartes, il faut avoir choisi, comme la meilleure forme de vie, d'employer toute sa vie à cultiver sa raison, pour les extrêmes contentements qu'on en tire et qu'on s'en promet. Ainsi, selon ses remarques encore, les trois premières maximes ne sont fondées que sur son dessein de continuer à s'instruire.

VI

La conclusion de la morale par provision exprime le souci de ne rien oublier, comme le demande le quatrième précepte de la méthode, et de réfléchir également l'ensemble des conditions des trois maximes précédentes, en tant qu'elles relèvent à leur tour de la stratégie morale du philosophe. Mais, du même coup, ce renversement de perspective déborde le cadre de la seule morale par provision telle qu'elle se définissait dans les trois premières maximes. C'est toute la méthode qui tombe sous cette conclusion. Certes, en apparence, il reste possible de distinguer entre un aspect théorique et un aspect pratique de la méthode, non dépendants l'un de l'autre, si ce n'est très indirectement. En vérité, ce n'est pas un hasard que la conclusion de la morale soit également celle de toute la méthode (comme dans la science achevée, la morale conclura aussi tout le système). Or cette conclusion ne dérive pas simplement des fondements théoriques. Au contraire, dans la démarche réflexive ou analytique, ce sont les premiers principes qui se révèlent véritablement à la fin (ainsi, dans la métaphysique, le *cogito* comme fondement du doute, puis Dieu comme fondement du *cogito*), même s'ils étaient nécessairement présents dès le début.

Qu'y a-t-il en effet tout au début de la méthode? Il y a un « extrême désir d'apprendre » afin d'obtenir « une connaissance claire et assurée de tout ce qui est utile à la vie ». Voilà le ressort principal de l'histoire que Descartes expose comme la vie exemplaire du philosophe de son style. C'est ce désir qui pousse d'abord l'enfant à se fier aux promesses de l'école, des livres, et qui lui fait percevoir l'insuffisance de cet enseignement. C'est ce même « extrême désir d'apprendre à distinguer le vrai d'avec le faux, pour voir clair en mes actions, et marcher avec assurance en cette vie » qui le pousse dans le monde, pour chercher dans l'expérience des choses et des gens la connaissance, et lui fait découvrir encore le caractère illusoire de ce type de connaissance. C'est lui encore qui, à l'occasion d'une période de solitude, lui fait tenter la pure méditation et élaborer la méthode, dont la conclusion reflète naturellement cette origine.

Le lien étroit entre la théorie et la pratique apparaît déjà dans ce désir qui est à l'origine de toute l'aventure. Le désir en soi est indissolublement pratique et théorique, vu qu'il est le moteur de la vie pratique entière, d'une part, et qu'il dépend d'autre part de ce que l'entendement peut présenter à la volonté comme idéal réalisable. Or, dans le cas de Descartes, il s'agit en outre d'un désir d'apprendre, de distinguer le vrai d'avec le faux, de sorte qu'il paraît avoir non seulement son fondement, mais son aboutissement aussi dans l'activité intellectuelle, dans la théorie. Cependant, il traverse encore la théorie pour viser à travers elle ce qui est utile à la vie : la vérité des actions qui permettra au sage de marcher avec assurance dans la vie. Par là, la théorie vise à nouveau la pratique, et le cercle tend à se refermer, vu que la vie est essentiellement la vie du désir.

Dans ces conditions, le problème du *Discours de la méthode* n'est pas simplement celui de savoir comment trouver la vérité, mais un autre plus fondamental, dont celui-ci dépend : il s'agit de trouver un moyen d'assurer la pratique, et par conséquent de découvrir le savoir qui y servira, attendu que notre pratique dépend de nos connaissances ou opinions. Cette ambition éthique de tout le discours se lit partout, comme par exemple dans le passage de la première partie où Descartes contraste dans un paragraphe la certitude et vanité des mathématiques d'une part, et l'importance et incertitude de la morale d'autre part, suggérant l'idée d'une sagesse dans laquelle le socle des mathématiques supporterait le palais de la morale.

Tout désir d'apprendre n'est pas en effet désir de certitude. La curiosité peut se satisfaire de vraisemblances, comme Descartes le reproche à la science habituelle. Mais qu'y a-t-il en soi à reprocher à la vraisemblance, si elle satisfait la curiosité? Car elle lui donne une nourriture abondante infiniment mieux faite pour la combler que les vérités parcimonieuses que Descartes tente longuement d'assurer. Et il est vrai que si la simple curiosité est le critère, la vraisemblance est satisfaisante. C'est le désir d'un mode de vie particulier, fondé sur l'assurance, qui exige de l'entreprise théorique autre chose que l'abondance du probable. En ce sens, tout l'accent mis sur la certitude – dont d'autres semblent se passer, tels, à l'extrême, les sceptiques – découle d'une option morale originaire ; et toute la méthode en dérive, dans la mesure où c'est l'exigence de certitude qui la commande.

Or, à quel point le désir primordial d'assurance dans la vie détermine la recherche de la vérité, cela se voit non seulement au fait qu'il apparaît comme un leitmotiv du *Discours*, mais également à la manière dont il façonne tous les principes de la méthode. D'abord le projet lui-même de renaissance par la raison vient tout entier de la constatation que l'incertitude de nos opinions a ses racines au plus profond de nous, puisqu'elles remontent jusqu'à notre première enfance. Notre inévitable dépendance des préjugés de l'enfance rend vaine toute réforme progressive, modérée, de la science, car « il est presque impossible que nos jugements soient si purs, ni si solides qu'ils auraient été, si nous avions eu l'usage entier de notre raison dès le point de notre naissance ». Si l'on désire la plus grande « solidité », il faut donc revenir à ce point. Toute la déconstruction de la connaissance qui aboutit au doute systématique et radical découle explicitement de ce désir.

Ensuite, les quatre préceptes dirigeant la recherche de la vérité en général sont organisés logiquement de telle façon que les trois derniers permettent de répondre au critère posé par le premier. Or ce critère n'est rien d'autre que la reprise explicite de l'exigence de la plus parfaite certitude, dont l'expression négative est l'indubitabilité.

Enfin la morale par provision représente le lieu le plus extrême de la réflexion de ce désir et des difficultés qu'il comporte. Car, si, abstraitement, il s'agit simplement de permettre en pratique à l'entreprise théorique de se poursuivre jusqu'à son terme afin d'assurer enfin définitivement l'action, concrètement, il s'agit de concilier cette fonction avec l'exigence d'assurance actuelle, en dépit des tendances opposées de ces deux impératifs : l'un demandant de permettre la traversée du doute le plus radical, l'autre d'assurer le plus fermement la vie de celui qui entreprend cette traversée. Nous avons vu comment Descartes tente de résoudre la difficulté en proposant des substituts artificiels au défaut total de certitude réelle.

Or il est intéressant de remarquer comment l'exigence de certitude organise ces substituts en une série ascendante, permettant d'approcher par paliers d'un état équivalent à celui de l'assurance recherchée.

La première maxime reste la plus extérieure par rapport à ce désir d'assurance. Il s'agit seulement d'établir un principe de choix pour le détail des actions de la vie extérieure, sans prétendre ni à la fermeté ni à la stabilité. Au contraire même, il s'agit de donner à la pratique toute la souplesse qu'elle peut exiger afin d'épouser les circonstances sans avoir à en connaître les lois propres, ni à savoir quelles sont les vraies règles de vie. Elle remplit le plus purement sa fonction de guide indifférent à presque toute opinion de l'agent. C'est la maxime de la pure survie pour ainsi dire mécanique. À la fois, elle répond le plus directement à la nécessité de se conduire selon des règles capables de valoir dans le vide théorique, et elle reproduit au niveau pratique l'incertitude, la confusion, le caractère fortuit et arbitraire de la vie selon l'opinion que le philosophe veut quitter. Elle la prolonge dans ses effets pendant le temps que ses causes sont abolies.

La seconde maxime corrige cette inconstance et supplée à l'assurance manquante dans la poursuite extérieure de l'action. Dans la mesure où elle donne un substitut à l'absence de conviction qui, dans la vie normale selon l'opinion, confère une certaine stabilité au comportement des individus, sa fonction reste identique à celle de la maxime précédente, bien qu'elle soit plus précisément ordonnée au rétablissement du semblant d'assurance qui pouvait exister dans la vie commune. En un autre sens, elle dépasse ce rôle de conservation. En effet, malgré leur relative constance dans leur ensemble, les opinions donnent lieu à de perpétuels changements, à des hésitations inévitables dans les décisions prises en fonction des probabilités, alors que la décision de persister dans ses décisions, indépendamment de leur vraisemblance, une fois qu'elles ont été prises, stabilise plus fortement encore l'action que ce n'est le cas dans la pratique courante. Ainsi, la seconde maxime ne supplée pas seulement à la faible assurance de la vie commune, mais aussi à l'assurance plus forte que le philosophe attend de la connaissance de la vérité. Ici, la morale par provision ne se contente donc plus de proposer un substitut approximatif de la morale habituelle, mais elle améliore cette dernière en imitant non plus la croyance en la probabilité, mais la possession de la vérité. Et, à cet égard, elle a l'effet moral de la sagesse : elle supprime le remords en délivrant de la faute ou du péché. Mais, pour y parvenir, de même que la maxime précédente devait recourir à l'opinion pour l'imiter, celle-ci doit recourir à la certitude qu'elle veut simuler. La maxime précédente se fondait sur certains jugements vraisemblables concernant le rôle régulateur des lois et des mœurs pour la pratique, ainsi que sur le bon sens de certaines personnes. Elle substituait ainsi aux opinions courantes des opinions de second degré portant sur des catégories d'autres opinions pratiques, qui lui permettaient de se délivrer de ces dernières en les commandant de l'extérieur. La seconde maxime procède de la même manière, en montant de la délibération incertaine sur les probabilités à une vérité concernant le rapport des jugements pratiques probables aux situations de l'action :

> Les actions de la vie ne souffrant souvent aucun délai, c'est une vérité très certaine que, lorsqu'il n'est pas en notre pouvoir de discerner les plus vraies opinions, nous devons suivre les plus probables ; et même, qu'encore que nous ne remarquions point davantage de probabilité aux unes qu'aux autres, nous devons néanmoins nous déterminer à quelques-unes...

Évidemment, cette vérité « très certaine » ne comporte pas la certitude parfaite. Mais elle a le degré de probabilité le plus proche de la certitude, qui peut la faire passer pour une vérité dans l'état d'incertitude où nous sommes, et ainsi, grâce à cette quasi-vérité sur les décisions en état d'incertitude, nous faire bénéficier artificiellement dans l'action et la vie morale de l'assurance liée à la certitude des actions parfaitement éclairées.

Dans la seconde maxime, l'assurance acquise n'est que celle de la décision, mais non celle de l'action par rapport à ses propres fins, vu que, faute d'une vraie connaissance de la situation, la réussite de l'action reste aléatoire par rapport aux attentes du sujet. Au contraire, dans la troisième, il s'agit d'assurer vraiment que la fin soit atteinte. Impossible de faire mieux que la seconde maxime pour les buts extérieurs, parce que la situation réclame ici une modification, de sorte que le résultat visé est étranger à ce qui est donné. Lorsqu'on opère de manière interne sur les fins, en revanche, il est possible de les fixer de telle manière qu'elles ne soient plus étrangères à ce qui se donne au sujet. C'est pourquoi, en changeant, plutôt que le monde (comme lorsque la situation appelle l'action), les désirs, on peut s'assurer de la coïncidence du désir et de sa réalisation, parce qu'on part précisément de la situation actuelle pour faire naître le désir qui y trouve sa satisfaction. Or, dans la mesure où nous disposons de nos pensées et où nos pensées orientent nos désirs, nous pouvons provoquer leur satisfaction avec la plus grande certitude. Assurément, nous ne savons pas si nos pensées sont entièrement en notre pouvoir. Mais le pari qu'elles le sont dans une large mesure n'est pas seulement indispensable à l'opération de réorientation de nos désirs, il conditionne aussi bien toute l'aventure de la renaissance intellectuelle. Autrement dit, si nous avons quelque chance d'atteindre un jour à la certitude, il est vrai aussi que la troisième maxime nous assure le bonheur attendu de son application.

VII

Nous sommes revenus à l'analyse des maximes de la morale par provision à partir de la conclusion et du renversement de perspective qu'elle opérait en restituant à toute l'entreprise son caractère moral ou pratique. Il n'est donc pas étonnant que nous rejoignions directement ses conclusions par ce chemin. La culture de la raison ne promet pas seulement le bonheur à ceux qui auront terminé le chemin jusqu'à la certitude métaphysique et au développement de la vraie philosophie à partir d'elle, elle procure déjà la satisfaction la plus grande, voire les « plus extrêmes contentements », à celui qui applique rigoureusement les préceptes de la méthode, dont les trois premières maximes de la morale par provision.

C'est au point qu'on se demande si le substitut proposé simultanément à la morale commune et à la morale ultime ne répond pas déjà de manière adéquate au désir de connaître ce qui est utile à la vie afin d'y agir avec la plus parfaite assurance. Dans ce cas, la poursuite de l'entreprise de purification radicale des connaissances semblerait devenir vaine, et la morale par provision ne représenterait pas seulement l'achèvement de la méthode proprement dite, mais la fin de la philosophie cartésienne.

Or il n'en est rien, et c'est pourquoi la conclusion doit affirmer à la fois que la vie selon la méthode est désirable en elle-même, et qu'elle n'est pas complète si on ne la comprend pas comme orientée vers la recherche de la vérité. Pour s'en persuader, il suffit de remonter le courant de l'argumentation à partir de la troisième maxime en marquant le lien qu'elle comporte à la recherche de la vérité.

Il faut que les pensées soient en notre pouvoir pour que l'orientation efficace des désirs vers les fins actuelles qui les satisfont soit praticable. Or les pensées nous échappent en partie. Sinon, il serait inutile d'entreprendre tout le travail de tri que Descartes propose. À quel point elles nous résistent, c'est ce qui nous est rappelé dans la première maxime : l'homme normal ignore même ce qu'il croit, « car l'action de la pensée par laquelle on croit une chose, étant différente de celle par laquelle on connaît qu'on la croit, elles sont souvent l'une sans l'autre ». Si nous ne savons pas même ce que nous croyons, il nous est extrêmement difficile d'orienter nos désirs par les idées qui les dirigent. Or, si nous ne savons pas ce que nous croyons, c'est que d'habitude nos croyances ne dépendent pas de l'exercice conscient de notre raison, mais de préjugés qui se perdent dans l'obscurité de notre histoire psychologique, dont il s'agit justement de nous dégager. Le remède consiste en effet à récupérer ce jugement, car « il suffit de bien juger pour bien faire », puisque notre volonté se porte vers ce que notre entendement lui présente comme bon. Dans ces conditions, l'exercice exigé par la troisième maxime implique bien la recherche même de la vérité. Et cette exigence rejaillit en cascades sur les deux premières, comme le montre la conclusion, en remontant le courant.

En un sens, il est naturel que la méthode ne soit satisfaisante que dans la mesure où elle n'arrête pas le mouvement qui la constitue. Son côté admirable est bien plutôt que, non seulement elle doit trouver sa satisfaction dans son terme, mais qu'elle la trouve déjà dans son exercice, alors que l'exigence théorique paraissait impliquer une sorte de traversée du désert, réclamant des sacrifices très lourds. Certes les périls sont là. Mais l'ingéniosité du philosophe lui permet de vivre content au milieu d'eux.

Surtout, la distinction entre la méthode et la philosophie proprement dite paraît s'effacer. C'est déjà toute la métaphysique qui se dessine dans la morale par provision : la mise à distance du monde ; l'assurance de la pensée en elle-même, qui constitue sa propre suffisance, sans fermer l'ouverture sur ce qui la dépasse ; la domination du monde contingent de la pratique commune par une maîtrise intellectuelle ; la coïncidence profonde de la fiction, de la feinte et de la vérité, de l'artifice et du réel. Or, puisque la méthode, et plus particulièrement la morale par provision qui en est la fleur, n'est que le développement systématique du désir qui l'engendre, l'extrême désir de connaître pour marcher avec assurance dans la vie, c'est toute la philosophie cartésienne qui paraît bien avoir le caractère d'une réflexion et réalisation rigoureuses de ce désir.

Mais Descartes lui-même nous avait avertis : je vais vous raconter une histoire ou fable – une aventure.

Gilbert Boss

Le désir

CARE, AMOUR ET NORMATIVITÉ PRATIQUE CHEZ HARRY FRANKFURT[1]

Mounir Tibaoui

Le trait marquant de la position dite internaliste au sein du débat concernant la normativité pratique est le lien que ses adeptes établissent entre normativité et motivation. Dans cet article, je mets en avant l'originalité du geste philosophique de Harry Frankfurt. L'amour, érigé en source de la normativité, permet de distinguer la position du philosophe de celle de Bernard Williams, qui renvoie la motivation aux incitations du désir, et de celle de Christine Korsgaard, qui associe normativité et moralité. Je montrerai également que le concept d'amour contribue à répondre à l'objection récurrente soulevée contre la conception frankfurtienne de l'autonomie personnelle selon laquelle celle-ci serait anhistorique.

> « Let me not to the marriage of true minds
> Admit impediments. Love is not love
> Which alters when it alteration finds »
> William Shakespeare, extrait du Sonnet 116

> « Love makes the world go 'round »
> H. G. Frankfurt[2]

Introduction

Le débat analytique concernant la normativité pratique, c'est-à-dire les raisons des actions intentionnelles – débat qui ne se laisse pas défaire d'une psychologie morale – est marqué par le lien qu'on établit entre normativité et motivation. C'est ce que soutiennent les adeptes de la position dite internaliste représentée, pour l'essentiel, par Bernard Williams, Christine Korsgaard et Harry Frankfurt. Les différences au sein d'une telle position émanent du rôle que pourraient jouer les principes rationnels dans l'explication de la

■ 1. Cet article est paru initialement dans le n° 147 (4ᵉ trimestre 2016) des *Cahiers Philosophiques*.
■ 2. H. G. Frankfurt, *The Reasons of Love*, Princeton, Princeton University Press, 2004, p. 37, n. 3.

motivation. Deux positions majeures peuvent, à cet égard, être relevées. La première, somme toute, humienne, dont la figure emblématique est Bernard Williams, renvoie la motivation au désir. La seconde est kantienne. Défendue par Korsgaard, elle établit que de tels principes sont décisifs en matière d'explication de la motivation. Le présent article examine les traits saillants d'une voie neuve dans le camp internaliste ouverte par Frankfurt. Chez celui-ci, l'amour est envisagé comme forme optimale du *care* et se situe au confluent des réflexions du philosophe sur l'autonomie personnelle, l'identité de soi, l'identification et les conduites de vie. En outre, il est érigé en raison de l'action, et partant en source de la normativité pratique. Je mets au clair l'intérêt aussi bien systématique que polémique de ces deux notions du *care* et d'amour au sein de la philosophie de Frankfurt. Je suggérerai qu'elles apportent une réponse à l'objection inlassablement soulevée contre la conception hiérarchique de l'autonomie que Frankfurt a amorcée, objection selon laquelle une telle conception serait anhistorique et atemporelle. Je m'attacherai dans un premier temps à mettre en lumière les traits caractéristiques de l'amour grâce auxquels il est envisagé par Frankfurt comme source de la normativité pratique. Je chercherai dans un deuxième temps à détacher l'originalité de la conception frankfurtienne de la normativité pratique par rapport aux positions respectives de Williams et de Korsgaard, qui structurent le débat. Soutenir que l'amour est la source de la normativité revient à réfuter conjointement la thèse de Williams renvoyant la motivation au désir et le point de vue de Korsgaard associant normativité et moralité.

Les caractéristiques de l'amour, l'autonomie et les raisons pratiques

L'amour constitue, chez Frankfurt, la forme paradigmatique du *care* et l'expression optimale des nécessités volitives. Il importe de remarquer que l'objectif de Frankfurt n'est pas de mettre en place une philosophie de l'amour. Le concept d'amour esquissé par le philosophe américain est défini en rapport d'abord avec la question de l'agentivité, de la liberté de la volonté et de l'autonomie. Frankfurt s'exprime sur l'objectif de son article majeur « Autonomy, Necessity, and Love » en ces termes :

> Il va sans dire que les revendications de l'amour et celles du devoir peuvent entrer en conflit. Mon dessein dans cet essai n'est cependant pas d'évaluer le poids relatif de l'autorité qui peut être proprement accordé à chacun. Je ne vais pas non plus réfléchir sur la possibilité selon laquelle, même quand elles sont incompatibles, l'autorité de chacun d'eux peut être absolue. Je ne m'intéresse ici ni à la moralité ni à la raison, mais à l'autonomie[3].

Le concept d'amour est ensuite développé en rapport avec le raisonnement pratique et la nature de la normativité. La question initiale qui anime la théorie frankfurtienne du raisonnement pratique est formulée dans *Les Raisons de l'amour* (*The Reasons of Love*) ainsi : « Comment devrions-nous

■ 3. H. G. Frankfurt, « Autonomy, Necessity, and Love », dans *Necessity, Volition and Love*, Cambridge, Cambridge University Press, 1999, p. 130.

vivre ? »[4]. Le traitement de cette question se déploie chez Frankfurt sur un plan naturaliste, celui de la psychologie, et non pas sur celui de la morale :

> La question la plus fondamentale et essentielle à soulever pour une personne, concernant la conduite de sa vie, ne peut pas être la question *normative* de savoir comment elle *devrait* vivre. Cette question ne peut être judicieusement soulevée que sur la base d'une réponse préalable à la question *s'en tenant aux faits* de savoir ce à quoi elle *attache* vraiment de *l'intérêt*[5].

L'importance accordée à la moralité dans la conduite de notre vie semble être, aux yeux de Frankfurt, « exagérée »[6].

La moralité qui concerne les modalités permettant à nos attitudes et actions de prendre en considération les besoins et les désirs des autres, ne peut pas être la réponse adéquate à la question « Comment devrions-nous vivre ? », qui occupe Frankfurt dans le premier chapitre des *Raisons de l'amour*, et ce pour deux raisons. La première est que la moralité « nous en dit moins sur ce que nous avons besoin de savoir concernant ce à quoi nous devrions donner de l'importance et comment nous devrions vivre »[7]. Elle ne fournit donc pas une réponse suffisante à la question relative à la conduite de notre vie. La deuxième raison est que la moralité est loin de dire nécessairement « le dernier mot »[8] en matière de conduite de notre vie. En effet, argumente Frankfurt, il y a des gens qui veulent que leur conduite soit impérativement orientée par les exigences de la moralité, mais qui sont guidés dans leurs propres vies par des déficiences de caractère et de constitution qu'aucune personne raisonnable ne peut choisir de façon délibérée. Ils peuvent être, par exemple, superficiels sur le plan émotionnel ou manquer de vitalité ou peuvent aussi être indécis de façon chronique. Ainsi, « leurs vies peuvent être inexorablement banales et vides et – qu'ils le reconnaissent ou non – ils peuvent s'ennuyer affreusement »[9]. Le refus par Frankfurt de traiter la question qui l'occupe sur un plan normatif d'ordre moral signifie aussi la mise en question de ce qu'il baptise « le fantasme pan-rationnel de démontrer »[10] consistant à chercher des raisons et des preuves pour notre conduite de vie. C'est « de lucidité et de confiance »[11] dont nous avons besoin, affirme-t-il. L'incertitude et l'hésitation qui pourraient affecter notre conduite exigent l'assurance quant à ce dont on se soucie.

L'amour en tant que mode paradigmatique du *care* constitue, dans la psychologie morale de Frankfurt, « le fondement suprême de la rationalité pratique »[12]. En effet, à travers ses quatre caractéristiques propres, il est, j'y reviendrai plus loin, à la source des raisons d'agir, et donc à la source des valeurs. L'amour est d'abord « un souci *désintéressé* de l'existence de

■ 4. H. G. Frankfurt, *Les Raisons de l'amour*, Belval, Circé, 2006, p. 12.
■ 5. *Ibid.*, p. 35. C'est l'auteur qui souligne (trad. fr. légèrement modifiée).
■ 6. *Ibid.*, p. 13.
■ 7. *Ibid.*
■ 8. *Ibid.*
■ 9. *Ibid.*, p. 13-14.
■ 10. *Ibid.*, p. 37.
■ 11. *Ibid.*
■ 12. *Ibid.*, p. 69.

ce qui est aimé, et de ce qui est bon pour lui »[13]. Celui qui aime n'est pas intéressé par ce qu'il pourrait récolter de son amour tel que récompense ou réciprocité. Les intérêts de celui qu'il aime sont les siens. Les objets de l'amour sont importants pour nous sans considérations instrumentales ou souci de prudence. Par le concept d'amour qu'il met en place, Frankfurt rejoint ce que Irving Singer appelle la tradition du don (*bestowal*) selon laquelle c'est l'acte d'aimer quelqu'un qui lui donne de l'importance et par là même une valeur « de façon qu'il ne pourrait pas exister autrement »[14]. Cette tradition se place aux antipodes de la tradition d'appréciation (*appraisal*) selon laquelle « l'amour n'est que la recherche de biens que quelqu'un apprécie en raison de leur utilité potentielle pour soi-même »[15]. Les autres vaudront ainsi pour nous parce qu'on peut tirer un certain profit de nous associer à eux.

La tradition du don est véhiculée par la notion chrétienne de l'*agapè* selon laquelle l'amour qu'éprouve Dieu pour toutes ses créatures humaines est désintéressé en ce sens que Dieu ne se soucie pas de la valeur de chaque créature. Toutefois, la conception frankfurtienne de l'amour diffère de l'*agapè* chrétienne, puisque l'amour concerne un objet bien déterminé : une personne, une patrie ou un idéal, par exemple. D'ailleurs le modèle de la relation d'amour est, aux yeux de Frankfurt, l'amour des parents pour leurs enfants[16]. Ce type de relations diffère de façon substantielle des relations romantiques puisque celles-ci sont loin d'être désintéressées et relèveraient donc de la tradition d'appréciation.

Il convient de souligner que la conception frankfurtienne de l'amour comme souci désintéressé et qui s'inscrit donc dans la tradition du don, est la réponse que le philosophe apporte à un problème philosophique général qu'Alan Soble aime nommer « le problème d'Euthyphron »[17]. Ce problème est celui du rapport entre amour et valeur : l'amour est-il motivé par ce qu'il y a d'important dans l'objet d'amour, ou est-ce que c'est l'acte d'aimer qui lui donne de la valeur ? Est-ce que Michel aime Claudine parce que, comme il le pense, Claudine est belle, ou est-ce qu'elle est belle parce que Michel l'aime ? Manifestement la réponse de Frankfurt est de nier que la perception de la valeur de l'objet d'amour soit « une condition indispensable de *formation* ou de *fondement* de l'amour »[18]. Frankfurt est explicite à cet égard : « C'est plutôt *parce que l'*on aime que ce que nous aimons *acquiert* nécessairement une valeur pour nous »[19]. Ainsi dans le cas paradigmatique de l'amour comme forme du *care*, celui de l'amour des parents pour leurs enfants, un parent n'aime pas ses enfants en raison de leurs qualités intrinsèques. En réalité, il les aime avant leur naissance, c'est-à-dire avant même de savoir

■ 13. H. G. Frankfurt, *Les Raisons de l'amour, op. cit.*, p. 53. C'est Frankfurt qui souligne.
■ 14. I. Singer, *Meaning in Life. The Pursuit of Love*, Cambridge (Massachusetts), The MIT Press, 2010, p. 2.
■ 15. *Ibid.*
■ 16. *Cf.* H. G. Frankfurt, « On Caring », dans *Necessity, Volition, and Love, op. cit.*, p. 166.
■ 17. Pour la thématisation de ce problème, *cf.* A. Soble, *The Structure of Love*, New Haven, CT, Yale University Press, 1990, p. 128-132. Le problème d'Euthyphron est formulé par Platon ainsi : « Est-ce que ce qui est pieux est aimé des Dieux parce qu'il est pieux, ou est-ce que parce qu'il est aimé qu'il est pieux ? » (Platon, *Euthyphron ou de la Piété*, 10 a, dans *Œuvres complètes*, Paris, Gallimard, 1950).
■ 18. H. G. Frankfurt, *Les Raisons de l'amour, op. cit.*, p. 49. C'est Frankfurt qui souligne.
■ 19. *Ibid.* C'est l'auteur qui souligne.

ce qu'il en est de leurs caractéristiques personnelles, de leurs mérites et de leurs vertus. Frankfurt va même jusqu'à dire que si les enfants finissent par devenir « cruellement méchants »[20] et s'il se révèle que les aimer menacera d'une certaine manière l'espoir qu'ont les parents de mener une vie décente, ces derniers continueront à les aimer bien qu'ils en viennent à reconnaître que leur amour pour leurs enfants est « regrettable »[21]. Au problème d'Euthyphron, la réponse que fournit Frankfurt est désormais claire : c'est l'amour qui crée la valeur, c'est l'amour qui génère les raisons de l'agentivité.

L'amour est ensuite « inéluctablement personnel »[22]. Le souci porté à la personne qu'on aime ne concerne que cette personne dans son « être » irréductible, autrement dit il est destiné à la personne elle-même et non en tant qu'elle constitue « un exemple d'un type »[23]. Ce deuxième trait de l'amour est un trait distinctif puisqu'il y a des formes de souci pour les autres qui sont désintéressées sans qu'elles répondent pour autant à la définition de l'amour, et ce en raison de leur caractère impersonnel. L'exemple que cite Frankfurt est l'acte de charité. Quelqu'un qui se soucie d'aider les pauvres pour leur propre intérêt peut être indifférent à l'égard de ce qui les caractérise en particulier. Sa générosité ne répond pas à leur identité comme individus, elle émane plutôt du fait qu'il les considère comme les membres d'une classe qui méritent un acte de charité[24]. En revanche, celui qui aime une personne l'aime dans sa particularité, ce qui la rend ainsi « *nommable* »[25]. Elle ne peut pas être remplacée par une autre personne qui aurait les mêmes qualités. La conception frankfurtienne de l'amour répond ainsi de façon singulière à ce que Bennett Helm appelle « le problème de la fongibilité »[26]. Ce problème que les approches de l'amour en termes d'appréciation affrontent inéluctablement est formulé par Helm comme suit : si on s'entend sur le fait que l'amour devrait être justifié en faisant appel aux propriétés de la personne aimée, il semble ainsi qu'en aimant quelqu'un pour des raisons bien déterminées, je l'aime non pas strictement pour ce qu'il représente comme individu mais parce qu'il est une exemplification de ces propriétés. Ceci impliquerait que toute personne exemplifiant ces propriétés peut être substituée à la personne que j'aime. Cette dernière serait dès lors fongible. Et Helm de préciser : « Être fongible c'est être remplaçable, de façon appropriée, par un autre objet similaire sans aucune perte de valeur »[27].

C'est un fait surprenant, Alan Soble l'a d'ailleurs souligné à plusieurs reprises[28], que Frankfurt ne cite pas – pas plus dans ses textes publiés dans

> **L'amour est le fondement de la rationalité pratique**

---

20. *Ibid.*, p. 50.
21. *Ibid.*
22. *Ibid.*, p. 94-95.
23. *Ibid.*, p. 95.
24. *Ibid.*, p. 55.
25. H. G. Frankfurt, « On Caring », *op. cit.*, p. 170. C'est Frankfurt qui souligne.
26. B. W. Helm, *Love, Friendship, and the Self*, Oxford, Oxford University Press, 2009, p. 25.
27. *Ibid.*, p. 24.
28. *Cf.* A. Soble, « Review of *The Reasons of Love* », *Essays in Philosophy*, vol. 6, n° 1, 2005, art. 30.

Necessity, Volition, and Love se rapportant à l'amour comme forme du *care* que dans son ouvrage *Les Raisons de l'amour* – ses prédécesseurs dans l'histoire de la philosophie et dans l'histoire de la philosophie contemporaine en particulier. On montrera que, dans un article publié en 1986 intitulé « Love *De Re* »[29], Robert Kraut fournit un traitement du problème d'*Euthyphron* tout à fait similaire à celui qu'en fournit Frankfurt, mais un traitement qui souligne la dimension historique de l'amour et la fonde sur la théorie de la « désignation rigide » telle qu'elle est développée par Saul Kripke. L'approche qu'il entend développer est celle de l'amour *de re*. On peut, à la suite de Deborah Brown, schématiser l'amour *de re* tel que Kraut l'entend à l'aide de l'exemple suivant : si Jane aime *de re* Tarzan alors a) Tarzan existe dans ce monde, b) l'amour de Jane est dirigé vers Tarzan et uniquement vers Tarzan dans les mondes dans lesquels il existe, c) Tarzan est l'objet de l'amour *de re* de Jane tel qu'il est dans ces mondes indépendamment du fait que Tarzan, à lui seul, remplisse ou non n'importe laquelle des descriptions définies que Jane associe à l'objet de son amour[30].

Kraut construit son concept de l'amour et en général sa conception de l'intentionnalité de l'émotion sur la sémantique kripkéenne des noms propres. La thèse que Kripke défend à ce propos est que les noms sont des désignateurs rigides. Un désignateur rigide est considéré comme tel « si dans tout monde possible, il désigne le même objet »[31]. Par exemple, le nom « Nixon » désigne le même individu dans tous les mondes possibles, tandis que la description définie « le président des États-Unis en 1970 », bien qu'elle désigne Nixon dans le monde actuel, peut désigner également d'autres individus dans d'autres mondes possibles, c'est-à-dire que quelqu'un d'autre aurait pu être le président des États-Unis en 1970 (Humphrey, par exemple), mais personne d'autre que Nixon n'aurait pu être Nixon. La sémantique des noms propres chez Kripke est complétée d'une pragmatique de l'acte de nommer dont l'objectif est d'expliquer comment un locuteur peut utiliser un nom correctement sans qu'il soit capable de donner une description qui s'applique uniquement à l'individu nommé. Kripke met alors en place une théorie causale de la référence. Un locuteur utilise un nom correctement s'il y a une chaîne de communication appropriée qui lie son usage du nom à l'individu désigné par le nom. L'exemple que Kripke donne est le suivant : un bébé est né, ses parents l'appellent par un nom. Ils en parlent à des amis. Les gens en parlant, le nom devient connu. Un locuteur, le dernier dans la chaîne de communication, en entendant parler de cet individu, le reconnaîtra comme Richard Feynman en dépit du fait qu'il ne se rappelle pas la personne qui lui a parlé pour la première fois de Feynman. Il sait que Feynman est un grand physicien. Il y fait donc, à travers la chaîne de communication qui lui remonte, référence, bien qu'il ne puisse pas l'identifier à travers ses descriptions, en d'autres termes à travers ses fameux diagrammes et toutes ses autres découvertes

---

29. R. Kraut, « Love *De Re* », *Midwest Studies in Philosophy*, vol. 10, 1986, p. 413-430.
30. *Cf.* D. Brown, « The Right Method of Boy-Loving », dans R. E. Lamb (ed.), *Love Analyzed*, Boulder, Westview Press, 1997, p. 53.
31. S. Kripke, *Naming and Necessity*, Oxford, Blackwell, 1980, p. 48.

scientifiques[32]. Susan Haack tient à souligner que ce qui a amené Kripke à instaurer la connexion entre le niveau sémantique et le niveau pragmatique de sa théorie des noms propres est le souci d'éviter que son critère de l'usage d'un nom fasse appel à la connaissance ou à la croyance que le locuteur a concernant l'individu désigné, et que ce critère exige seulement que cet usage du nom soit lié causalement et de façon appropriée à cet individu. Cette dernière idée, ajoute Haack, est en accord avec l'insistance de Kripke sur le fait qu'un nom ne fait que désigner et non pas décrire[33].

C'est justement sur son affirmation d'une certaine isomorphie entre les relations émotionnelles et les relations sémantiques que Robert Kraut entend élaborer sa théorie de l'intentionnalité des émotions, de l'amour en particulier : « Un nom propre est attaché à son porteur, de la même manière qu'un amoureux est historiquement dévoué à l'objet de son amour »[34]. Kraut mobilise ainsi la sémantique kripkéenne en vue de résoudre une énigme concernant la nature de l'amour et que Robert Nozick a formulée en ces termes : « Pourquoi l'amour est historique, s'attachant aux personnes de cette manière et non aux caractéristiques [des personnes], voilà une question énigmatique et intéressante »[35]. La manière de dénouer une telle énigme consisterait alors, aux yeux de Kraut, à nier que la référence à l'objet d'amour s'effectue sous le mode de la description. En effet, de même que la désignation rigide interdit que la référence du nom propre soit déterminée par la description des propriétés de la personne désignée et exige plutôt qu'une telle référence s'effectue à travers un processus causal et historique assuré par la chaîne de communication qui remonte, au sein d'une communauté, à la personne, l'amour pour un individu est une relation causale et historique se rapportant à l'individu et qui se définit par le fait de saisir sa propre histoire et non par l'inventaire de ses qualités.

L'historicité de l'amour ainsi entendue signifie chez Kraut son caractère non transférable (*non-transferability*) et c'est là « la condition qui définit le fait qu'il soit dirigé vers un seul individu »[36]. En revanche, « un amour non historique est un amour dirigé vers les caractéristiques générales exemplifiées par une personne plutôt qu'un amour dirigé vers un individu particulier »[37]. C'est donc la notion d'historicité « construite en termes de contrefactuels concernant la possibilité de remplacement (*replaceability*) »[38] qui fournit la notion clé pour résoudre l'énigme de Nozick et qui, ce faisant, constitue le point focal de la théorie krautienne de l'intentionnalité des émotions. Une telle théorie est présentée comme étant une alternative à l'approche cognitiviste selon laquelle une émotion est dirigée vers un certain objet si elle est causée par les jugements portés à l'endroit de ce même objet. Si Kraut suggère que l'intentionnalité de l'émotion puisse être envisagée selon

■ 32. *Ibid.*, p. 91.
■ 33. *Cf.* S. Haack, *Philosophy of Logics*, Cambridge, Cambridge University Press, 1978, p. 60.
■ 34. R. Kraut, « Love *De Re* », *op. cit.*, p. 424.
■ 35. R. Nozick, *Anarchy, State, and Utopia*, Oxford, Blackwell, 1999, p. 168.
■ 36. R. Kraut, « Love *De Re* », *op. cit.*, p. 425.
■ 37. *Ibid.*
■ 38. *Ibid.*, p. 428.

« le modèle de l'intentionnalité de la perception »[39], il refuse que ce dernier phénomène soit conçu suivant le schéma de l'intentionnalité du jugement ou de la croyance. En effet, l'amour en tant qu'émotion n'exige pas, aux yeux de Kraut, la médiation d'un jugement ou d'une croyance relatifs aux qualités de la personne aimée. Au contraire, c'est l'acte d'aimer qui octroie une valeur et des qualités à la personne aimée[40].

Dans son article « The Historicity of Psychological Attitudes : Love Is Not Love Which Alters Not When It Alteration Finds »[41], Amélie Oksenberg Rorty met au jour l'historicité de l'amour. Une telle historicité signifie, chez elle, que cette attitude psychologique est « dynamiquement perméable »[42]. Ce trait caractérisant l'amour, Rorty le ramène aux quatre points suivants.

1) L'objet de l'amour est une personne et non pas telle ou telle qualité de la personne.

2) L'amour est perméable en ce sens que la personne qui aime est affectée non seulement par l'acte d'aimer lui-même mais aussi par les traits de caractère de la personne aimée. Rorty précise que cette idée ne signifie pas « être obtus au changement comme modalité facile d'assurer la constance [de l'amour] »[43]. On notera qu'il s'agit là d'une critique implicite adressée à la conception que Kraut s'est faite d'un amour *de re* et non *de dicto*, lequel amour est analysé, tient à rappeler Rorty, « suivant le modèle de la nomination, comme relation de désignation rigide »[44]. Une telle critique me semble être peu charitable. En effet, l'idée krautienne de non-substitution n'implique pas le caractère non perméable de l'amour, c'est-à-dire la persistance de l'amour en dépit des changements qui adviennent à la personne aimée. Le caractère irremplaçable de la personne aimée n'équivaut pas à ce que Rorty appelle la « constance durable » qu'elle distingue de la « continuité historique interactive »[45], qui résume son concept propre d'amour. Kraut précise :

> [L'historicité de l'amour] n'entraîne pas cependant que les amours authentiquement « dirigés vers des personnes » (*person-directed*) persistent à travers *tous* les changements des caractéristiques. L'historicité peut seulement exiger la persistance à travers *certains* changements à *certains* égards *appropriés* […]. L'historicité n'implique pas la permanence ; de manière analogue, les noms propres ne sont pas éternellement liés à leurs référents. Chaque nom propre peut perdre son usage. Chaque amour a ses limites[46].

L'amour *de re* conçu par Kraut sous le mode de la désignation rigide kripkéenne ne met pas en jeu le caractère dynamique de la relation d'amour.

39. R. Kraut, « Love *De Re* », *op. cit.*, p. 414.
40. *Ibid.*, p. 423.
41. A. O. Rorty, « The Historicity of Psychological Attitudes : Love Is Not Love Which Alters Not When It Alteration Finds », dans A. O. Rorty, *Mind in Action. Essays in the Philosophy of Mind*, Boston, Beacon Press, 1988, p. 121-134.
42. *Ibid.*, p. 124.
43. *Ibid.*
44. *Ibid.*, n. 1, p. 359.
45. *Ibid.*, p. 123.
46. R. Kraut, « Love *De Re* », *op. cit.*, p. 425. C'est Kraut qui souligne.

Kraut ne peut qu'entériner la liaison inextricable que Rorty établit entre le caractère perméable de l'amour et son dynamisme.

3) L'amour qui exerce une influence sur la personne exerce par là même une influence sur ses actions. La personne qui aime devrait agir pour le bien de la personne aimée. L'objectif de l'article est d'instituer une certaine rationalité des attitudes psychologiques, dont l'amour. La rationalité est à son tour au service du développement et de l'épanouissement à la fois de la personne qui aime et de la personne aimée. L'exigence d'une certaine rationalisation des attitudes psychologiques explique le refus par Rorty de l'anticognitivisme de Kraut. C'est dire qu'aux yeux de Rorty, « un acte de propositionalisation des contenus des attitudes psychologiques »[47] est possible. En effet, s'explique-t-elle, ce qui rend l'action d'une personne rationnelle, ce n'est pas seulement le caractère impeccable de son raisonnement pratique, mais aussi ce qu'elle connaît et dans quelle mesure cette connaissance affecte ses actions en vue de leur harmonisation. Ainsi,

> la rationalité sert la personne sage en la rendant capable de faire ce qui est juste au juste moment et de façon juste ; c'est cela même qui empêche son récit de vérité (*truth-telling*) et ses inférences valides d'être inconséquents, inappropriés, aveugles, obstinés ou stupides[48].

S'agissant des attitudes psychologiques, rationalité, développement et épanouissement de la personne sont étroitement liés.

4) L'identification de l'attitude psychologique de l'amour dépend des détails de l'histoire narrative des interactions entre la personne qui aime et la personne aimée et ces interactions contribuent à l'individuation de chaque personne. Rorty refuse de traiter les attitudes psychologiques en termes fonctionnalistes, autrement dit en les envisageant comme des états identifiés par la relation fonctionnelle entre un sujet et un objet, que celui-ci soit une personne, un état de choses ou alors un contenu propositionnel. Encore faut-il signaler que l'affirmation de l'historicité de l'amour, son caractère « dynamiquement perméable » selon Rorty, est la réponse que la philosophe apporte à la question de la constance de l'amour : qu'est-ce qui justifie le fait que la personne qui aime continue d'aimer la même personne en dépit des changements qui atteignent cette dernière et malgré les changements des circonstances ? Le désir de la constance de l'amour n'est autre, aux yeux de Rorty, que le désir d'être aimé pour soi-même et non pour un certain nombre de qualités qu'on pourrait perdre.

Frankfurt ne saurait qu'entériner la conception que Kraut s'est faite d'un amour *de re* basé sur la notion kripkéenne de la désignation rigide, et il ne pourrait que se féliciter de l'idée rortyenne du caractère personnel de l'amour. Qui plus est, Frankfurt aurait pu trouver dans l'affirmation de Kraut et de Rorty de l'historicité de l'amour, historicité pourtant différemment conçue, quelques éléments de réponse à la critique récurrente qui lui a été adressée selon laquelle l'approche frankfurtienne de l'autonomie serait anhistorique.

■ 47. A. O. Rorty, « The Historicity of Psychological Attitudes… », *op. cit.*, p. 133.
■ 48. *Ibid.*

Je reviendrai ultérieurement sur cette critique et le rôle joué par le *care* dans l'unité diachronique de la personne.

Le troisième trait caractérisant l'amour chez Frankfurt est l'identification : « L'amoureux s'identifie avec l'objet aimé : c'est-à-dire qu'il considère les intérêts de l'aimé comme les siens »[49]. Bien qu'il exclue toutes les formes d'égoïsme en ce sens que la personne est aimée pour elle-même, ce point de vue, qui est celui du « souci robuste » selon la terminologie d'Alan Soble[50], diffère de ce que le même Soble nomme « le point de vue de l'unité ou de l'union »[51] représenté notamment par Robert Nozick. Aux yeux de ce dernier, « aimer, c'est *vouloir* former un *nous* avec un être particulier, avoir le sentiment – ou le désir de croire – qu'il est l'être idéal avec qui former un *nous* et vouloir le voir partager ce sentiment »[52]. Le lien amoureux qui signifie que chacune des deux personnes « devient psychologiquement une partie de l'identité de l'autre »[53] menace l'autonomie personnelle parce qu'il entre en conflit avec l'exigence d'indépendance de chaque personne, laquelle indépendance est nécessaire à l'autonomie. L'amour comme forme optimale du *care* conserve, chez Frankfurt, l'exigence d'identification sans mettre en cause l'autonomie de la personne, parce que sa particularité est respectée.

Le quatrième trait de l'amour est son caractère involontaire : « L'amour entraîne des contraintes de la volonté [...]. L'amour n'est pas un objet de choix, mais il est déterminé par des conditions qui sont en dehors du contrôle immédiat de notre volonté »[54]. Cette idée impose les trois remarques suivantes.

1) L'amour est volitionnel, il n'est « ni affectif, ni cognitif »[55]. L'amour de quelque chose est plus une affaire des structures motivationnelles qui déterminent les préférences de la personne et qui orientent et tracent les limites de sa vie, qu'une affaire de sentiments et de croyances relatifs à ce qu'on aime.

2) La nécessité volitive véhiculée par l'amour comme forme paradigmatique du *care* exclut toute ambivalence (*wholehearted*) et elle est la marque même de l'autonomie de la personne puisqu'elle est une contrainte qui émane de la volonté elle-même. Ainsi, la personne qui aime n'est pas passivement soumise, elle est responsable des nécessités de l'amour[56].

3) Frankfurt établit une analogie entre la nécessité volitive qui se rapporte à l'amour et les nécessités de la raison : « La nécessité volitive qui nous contraint en ce que nous aimons peut être aussi rigoureusement rigide envers nos inclinations personnelles ou notre choix que les nécessités les plus austères de la raison »[57].

49. H. G. Frankfurt, *Les Raisons de l'amour, op. cit.*, p. 95.
50. A. Soble, « Union, Autonomy, and Concern », dans R. E. Lamb (ed.), *Love Analyzed, op. cit.*, p. 68.
51. *Ibid.*, p. 66.
52. R. Nozick, « Le lien amoureux », dans *Méditations sur la vie*, Paris, Odile Jacob, 1995, p. 75. C'est Nozick qui souligne.
53. *Ibid.*, p. 77.
54. H. G. Frankfurt, *Les Raisons de l'amour, op. cit.*, p. 95.
55. H. G. Frankfurt, « Autonomy, Necessity, and Love », *op. cit.*, p. 129. *Cf.* également H. G. Frankfurt, *Taking Ourselves Seriously*, Stanford, Stanford University Press, 2006, p. 42.
56. *Cf.* H. G. Frankfurt, *Taking Ourselves Seriously, op. cit.*, p. 45.
57. H. G. Frankfurt, *Les Raisons de l'amour, op. cit.*, p. 61.

Toutefois, l'autonomie qui se laisse exprimer dans l'amour est irréductible au concept kantien d'autonomie morale comme respect du devoir moral : « Selon moi, les actions peuvent être autonomes, qu'elles soient conformes ou pas au devoir, quand elles sont effectuées par amour »[58]. D'un côté les commandements de l'amour sont « catégoriques »[59], de l'autre les nécessités de l'amour sont contingentes. Contrairement au concept kantien de nécessité qui s'oppose de façon stricte à l'idée de contingence, la contingence est, chez Frankfurt, solidaire de la nécessité. En effet, les nécessités de l'amour diffèrent de celles de la raison par leur caractère personnel. Et bien qu'elles dépendent de conditions biologiques et d'« autres conditions naturelles »[60], elles sont les origines de la normativité et non l'expression de l'hétéronomie de la volonté comme le proclame Kant.

L'amour, les nécessités volitives et la normativité pratique

L'objectif de Frankfurt n'est pas, comme nous l'avons souligné, de mettre en place une théorie de l'amour mais plutôt d'expliquer la normativité pratique. En témoigne le titre même de son ouvrage passionnant et provocateur : *Les Raisons de l'amour*. Celui-ci est une investigation concernant les raisons que fournit l'amour pour l'action et non les motifs mêmes de l'amour. Comment le naturalisme de Frankfurt établissant un lien étroit entre action d'un côté et motivation et devoirs de l'autre peut-il conserver l'idée de nécessité ? Comment Frankfurt, qui soutient que l'amour est d'abord un acte volitif et qu'il est donc l'expression des « nécessités volitives », peut-il laisser une place pour l'autonomie personnelle ? Quelle place réserver pour l'objectivité dans une théorie de la normativité hostile au « réalisme normatif » à la Derek Parfit ?

Une des thèses initiales développées dans l'ouvrage ci-dessus mentionné est que l'amour génère les raisons de l'action et crée la valeur. Il importe de remarquer que l'explication de l'autorité normative de l'amour émane du naturalisme qui caractérise l'ensemble de la philosophie de Frankfurt. Un tel naturalisme est véhiculé par les trois idées suivantes.

1) L'amour répond à une question s'en tenant aux faits qui est celle de savoir à quoi, dans notre conduite de vie, nous accordons de l'intérêt et non à la question normative de savoir comment nous devrions vivre. C'est ainsi que le traitement de la question de la normativité pratique est mené en étroite connexion avec des problèmes relevant de la psychologie morale.

2) La question empirique concernant ce à quoi nous accordons de l'intérêt et ce que nous devrions considérer comme objet d'amour a trait aux « conditions biologiques et naturelles, au sujet desquelles nous n'avons pas grand-chose à ajouter »[61]. C'est l'amour des parents envers leurs enfants érigé par Frankfurt en paradigme qui est déterminé par ces conditions.

3) Le troisième trait du naturalisme frankfurtien est le rapport qu'il établit entre les raisons de l'action et la motivation. Ce trait est, à mon sens, le plus

■ 58. H. G. Frankfurt, « Autonomy, Necessity, and Love », *op. cit.*, p. 131.
■ 59. *Ibid.*, p. 136.
■ 60. H. G. Frankfurt, *Les Raisons de l'amour, op. cit.*, p. 60 (trad. fr. légèrement modifiée).
■ 61. *Ibid.*

important parce qu'il permet de tracer la ligne de démarcation entre la théorie de la normativité pratique de Frankfurt et deux autres théories internalistes qui structurent le débat sur la normativité pratique : une théorie humienne des raisons de l'action développée par Bernard Williams dans son article programmatique « Internal and External Reasons » et qui renvoie les raisons de l'action au désir, et une autre théorie, somme toute, kantienne, qui met en question le diktat humien selon lequel la raison ne vient pas s'opposer aux passions lorsqu'il s'agit de volition, et justifie la normativité par des principes rationnels. C'est Frankfurt lui-même qui situe son approche de la normativité par rapport à la théorie humienne des raisons d'agir que Williams continue de façon critique et celle de Kant, dont l'héritière est Christine Korsgaard. Il résume sa position en ces termes : « Les origines de la normativité ne résident donc pas dans les incitations passagères d'un sentiment ou d'un désir personnel, ni dans les exigences strictement anonymes d'une raison éternelle. Elles résident dans les nécessités contingentes de l'amour »[62].

Deux points d'affinité topique entre Frankfurt et Williams peuvent être relevés.

1) Contrairement aux externalistes, les deux philosophes mettent en avant le rapport entre les raisons de l'action et la motivation. On notera qu'aux yeux de Williams une raison de l'action est interne si elle résulte d'un processus de délibération rationnelle et peut être liée à « *l'ensemble motivationnel subjectif* de l'agent »[63] que Williams désigne par S. Celui-ci contient certes les désirs mais aussi « des choses telles que des dispositions à évaluer, des modèles de réaction émotionnelle, des dévouements personnels, et pour les nommer abstraitement, divers projets incorporant les engagements de l'agent »[64]. Dans son article, Williams présente sa théorie des raisons pratiques comme une transformation de ce qu'il appelle « *le modèle sub-humien* »[65] dont l'énoncé est « A a une raison de Φ-er *si* A a un certain désir dont la satisfaction sera obtenue par son acte de Φ-er »[66]. Une telle transformation consiste à rendre ce modèle « par un travail d'addition et de révision [...] plus adéquat »[67]. Je ne m'arrêterai pas sur le débat concernant l'existence ou pas chez Hume d'une théorie des raisons et du raisonnement pratiques et partant de la normativité, mais je me contenterai de souligner que Williams, bien qu'il ne partage pas avec Hume son scepticisme concernant la possibilité de justification des raisons pratiques ou épistémologiques, entérine le scepticisme humien concernant la raison. Williams renvoie, à l'instar de Hume, la motivation au désir mais libéralisé, c'est-à-dire entendu dans une connotation plus ample que sa composante affective, où il ne se laisse pas distinguer de la passion.

Chez Frankfurt, le thème de l'autonomie personnelle, étroitement lié à sa conception de l'identité personnelle qui l'occupe tout au long de sa carrière philosophique, est abordé par le biais de la notion de désir. Dans son article

■ 62. H. G. Frankfurt, *Les Raisons de l'amour*, op. cit., (trad. légèrement modifiée).
■ 63. B. Williams, « Raisons internes et raisons externes », dans B. Gnassounou (dir.), *Philosophie de l'action*, Paris, Vrin, 2007, p. 232. C'est Williams qui souligne.
■ 64. *Ibid.*, p. 237.
■ 65. *Ibid.*, p. 232. C'est l'auteur qui souligne.
■ 66. *Ibid.*
■ 67. *Ibid.*

majeur « Freedom of the Will and the Concept of a Person », l'autonomie personnelle est envisagée en termes de rapport entre les désirs de premier niveau et les désirs de second niveau. Dans les derniers écrits de Frankfurt, notamment *Les Raisons de l'amour*, la notion du *care* dont l'amour est la forme optimale et qui est, nous le verrons, la source de la normativité pratique, « est construite en grande partie à partir de la notion de désir »[68]. Quels sont les traits caractéristiques de l'amour comme forme de *care* qui permettent à la théorie frankfurtienne de répondre à l'objection selon laquelle le désir manque de fondement, objection que devraient affronter les théories des raisons pratiques à la Williams renvoyant la motivation au désir ? Comment Frankfurt pourrait-il garantir à l'amour, qui est une configuration de la volonté et demeure par conséquent subjectif, une certaine objectivité s'il partageait avec Williams et Korsgaard une hostilité au réalisme normatif ?

L'objection de l'absence de fondement à laquelle se heurte toute théorie humienne des raisons pratiques, dont celle de Williams, est formulée par R. Jay Wallace en ces termes :

> Le scepticisme général concernant la possibilité d'une raison pratique pure devrait se baser, dans la rationalisation des explications des désirs, sur une défense du principe du désir-out, désir-in. Toutefois, Williams, tout comme la plupart des adeptes du point de vue humien, ne fournit pas de *fondements* pour ce principe humien crucial[69].

Ce principe formulé par Wallace en vue de résumer la position humienne signifie que les processus de pensée qui donnent lieu à un désir (comme « *output* ») peuvent toujours remonter à un autre désir (comme « *input* »). Ce dernier détermine les principes évaluatifs de base par lesquels commence l'explication rationnelle de la motivation[70]. Williams devrait donc rendre raison d'un tel principe crucial dans sa théorie des raisons pratiques. Il ne relève pas de mon intérêt, dans le présent article, de m'étendre sur l'argumentation de Williams. Je me restreindrai à montrer la valeur systématique et polémique du concept de « nécessités volitives » mis en place par Frankfurt pour faire face à la susdite objection.

C'est le concept de nécessités volitives, point nodal des derniers écrits de Frankfurt, qui permet de répondre à l'objection de l'absence de fondement. Par nécessités volitives, Frankfurt entend un certain nombre de fins qui s'imposent à la volonté et qui orientent la vie des personnes. Les nécessités volitives qui ne sont ni issues des prescriptions sociales, ni déterminées par les spécificités du goût ou du jugement sont de deux ordres : des « nécessités fondamentales »[71] qui sont universelles, irréductibles et « sont solidement enracinées dans notre nature humaine »[72], comme être en bonne santé, être satisfait et être dans des relations gratifiantes avec les autres ; et des nécessités volitives individuelles véhiculées par le *care*, qui diffèrent d'une personne à

■ 68. H. G. Frankfurt, *Les Raisons de l'amour, op. cit.*, p. 18.
■ 69. R. Jay Wallace, *Normativity and the Will*, Oxford, Clarendon Press, 2006, p. 36. Je souligne.
■ 70. *Ibid.*, p. 30.
■ 71. H. G. Frankfurt, *Taking Ourselves Seriously, op. cit.*, p. 38.
■ 72. *Ibid.*

une autre. L'amour, qui constitue chez Frankfurt la forme suprême du *care*, exprime deux formes de nécessités volitives. D'un côté, une personne ne peut pas ne pas aimer ce qu'elle aime ; de l'autre, elle ne peut que tenir ce qui bénéficie à son objet aimé comme une raison de son action[73]. C'est dire que l'amour, qui n'est entendu ni en termes cognitifs de jugement, ni en termes affectifs de passion ou d'émotions, mais plutôt comme configuration de la volonté, détermine l'agentivité de la personne. Il impose une conduite de vie et un certain nombre d'actions. Il est doté d'une autorité qui le distingue du désir. En effet, contrairement au désir et aux passions qui « n'ont pas d'*autorité* motivationnelle inhérente »[74] en ce sens que, considérés en eux-mêmes, ils ne nous imposent pas d'actions particulières, l'amour « ne possède pas seulement un pouvoir mais une autorité »[75]. Les nécessités de l'amour ressemblent aux nécessités du devoir en tant qu'elles sont catégoriques. Elles sont le fondement de la normativité pratique. Cependant, leur relation est plutôt symétrique car la normativité pratique dont l'amour est la source et le fondement n'est pas, j'y reviendrai, morale. De telles nécessités sont, paradoxalement, « elles-mêmes libératrices »[76] car, d'un côté elles sont imposées par la personne sur elle-même et sont donc réflexives et internes ; de l'autre, elles sont surtout imposées par l'objet d'amour ou du *care* et c'est celui-ci qui donne sens à la vie des personnes et par là même un effet libérateur. Par ailleurs, l'amour est la source des valeurs. Il octroie une valeur et une importance intrinsèques à l'objet du *care* ou d'amour. L'amour est ainsi érigé « en fondement suprême de la rationalité pratique »[77]. Dans la deuxième leçon de *The Tanner Lectures in Moral Philosophy*, Frankfurt en vient à parler d'une « rationalité volitive »[78]. Les exigences de cette dernière sont présentées comme étant l'analogue structurel des exigences formelles et a priori de la raison pure. Ces deux modes de rationalité circonscrivent ce qui est possible et chacune impose une nécessité qui lui est propre. En effet, d'une part, les limites de la rationalité formelle sont définies par les vérités nécessaires de la logique. Les limites de la rationalité volitionnelle sont définies par les contingences qui contraignent effectivement la volonté. Elles circonscrivent ce à quoi il est possible de porter de l'intérêt, ce que la personne admet comme raisons de l'action et ce que nous tenterons de faire. D'autre part, les alternatives à la rationalité formelle ne sont pas concevables. Les violations de la rationalité volitionnelle ne sont pas, à leur tour, envisageables (*unthinkable*[79]).

La position métaéthique subjectiviste de Frankfurt selon laquelle l'amour a une valeur intrinsèque et donne de la valeur aux objets d'amour justifie l'hostilité du philosophe américain à l'égard de ce qu'il appelle le « réalisme normatif »[80], dont les adeptes proclament que les « nécessités volitives sont

73. H. G. Frankfurt, *Taking Ourselves Seriously*, *op. cit.*, p. 42.
74. H. G. Frankfurt, « Autonomy, Necessity, and Love », *op. cit.*, p. 137. C'est l'auteur qui souligne.
75. *Ibid.*, p. 138.
76. H. G. Frankfurt, *Les Raisons de l'amour*, *op. cit.*, p. 78.
77. *Ibid.*, p. 69.
78. H. G. Frankfurt, *Taking Ourselves Seriously*, *op. cit.*, p. 30.
79. *Ibid.*, p. 30-31.
80. *Ibid.*, p. 33.

des réponses à une réalité normative indépendante »[81] et qu'il y a partout des raisons objectives qui déterminent l'action. Dans son article « The True, the Good, and the Lovable. Frankfurt's Avoidance of Objectivity », Susan Wolf souligne le caractère « problématique »[82], juge-t-elle, de la conception frankfurtienne du *care* et de l'amour vu que celle-ci néglige les « considérations de valeur objective »[83]. En effet, négliger de telles considérations, c'est-à-dire aimer ce qui n'a pas d'intérêt (*worth*), prive la vie de toute signification. Wolf s'accorde avec Frankfurt sur son hostilité à l'égard du réalisme normatif parce qu'elle considère que les raisons de l'amour ne sont pas déterminées par la valeur objective de ses objets. Toutefois, elle défend une position médiane quant aux deux notions du *care* et d'amour. Une telle position devrait répondre aux considérations suivantes : si, et dans quelle mesure, l'objet d'amour mérite l'intérêt de la personne, si, et dans quelle mesure, la personne présente une affinité avec l'objet en question, et si et dans quelle mesure la relation entre la personne et l'objet a des potentialités pour créer et développer des expériences, des actes et des objets qui ont plus de valeur[84]. Comment Frankfurt peut-il conférer une certaine objectivité aux nécessités volitives de l'amour et répondre aux scrupules de Wolf et partant à l'objection de l'absence de fondement ? Quelle relation Frankfurt établit-il entre – pour utiliser sa propre terminologie –, la « désirabilité » et l'« intérêt » (*worthiness*) ? Les nécessités volitives sont, aux yeux du philosophe américain, aussi bien subjectives qu'objectives. Elles sont subjectives parce qu'elles émanent de nos attitudes : elles trouvent leur fondement « dans le caractère de notre volonté »[85]. Mais elles sont en outre objectives parce qu'elles sont d'un côté « rigoureuses et stables »[86] et de l'autre « hors du contrôle direct de la volonté »[87]. Il en résulte qu'il y a « une réalité normative objective »[88], pas au sens de ce qui existe indépendamment de l'esprit mais au sens de ce qui échappe au contrôle de la volonté. Les nécessités volitives caractérisant l'amour des parents envers leurs enfants illustrent de façon paradigmatique ces deux aspects de l'objectivité.

2) Le deuxième point de convergence entre Frankfurt et Williams est la dissociation entre normativité pratique et moralité. C'est ce qui les distingue de Christine Korsgaard au sein de l'internalisme, et qui justifie la critique que la philosophe adresse à Frankfurt. Dans ses premiers écrits et notamment dans son article « Persons, Character and Morality », Williams se montre très critique à l'égard de la philosophie morale « d'inspiration fondamentalement kantienne »[89] représentée essentiellement par John Rawls et Thomas Nagel. Cette philosophie qui conçoit la personne comme un agent

■ 81. *Ibid.*, p. 32.
■ 82. S. Wolf, « The True, the Good, and the Lovable. Frankfurt's Avoidance of Objectivity », dans S. Buss, L. Overton (eds.), *Contours of Agency. Essays on Themes from Harry Frankfurt*, Cambridge, The MIT Press, 2002, p. 231.
■ 83. *Ibid.*, p. 238.
■ 84. *Ibid.*, p. 235.
■ 85. H. G. Frankfurt, *Taking Ourselves Seriously*, op. cit., p. 46.
■ 86. *Ibid.*
■ 87. *Ibid.*
■ 88. *Ibid.*, p. 34.
■ 89. B. Williams, *La fortune morale*, Paris, P.U.F., 1994, p. 227.

moral se caractérise par trois traits fondamentaux. Premièrement, le point de vue moral se définit par son impartialité et son indépendance à l'égard de ce qui est particulier. Deuxièmement, la pensée morale impose que l'on fasse abstraction de ce qui est particulier et qui se rapporte aux parties en présence. Troisièmement, les motivations d'un agent moral mettent en jeu l'application d'un principe d'impartialité excluant de la sorte de traiter les autres personnes en raison d'un intérêt particulier[90]. Ce point de vue moral menace le caractère propre à la personne qui se définit par « des grands projets » et des « désirs catégoriques »[91] constitutifs de l'identité personnelle et qui donnent un sens et un intérêt à la vie des personnes. Williams invoque l'exemple très discuté d'un homme voyant deux personnes sur le point de se noyer, dont sa femme. Dans un tel cas, l'homme va certainement sauver sa femme rien que parce qu'elle est sa femme, et la recherche d'un principe moral permettant de justifier son choix impartial aurait été « une pensée de trop »[92].

Reprenant de façon critique la réflexion de Williams, Frankfurt affirme qu'il « partage l'orientation de la pensée de Williams »[93] quant à la dissociation entre normativité pratique et impartialité morale. Cependant, ajoute-t-il, l'exemple de Williams tel qu'il est présenté « rate considérablement son but »[94]. En effet, si on songe aux bonnes raisons que l'homme aurait pu avoir pour détester ou craindre sa femme, on se rendra compte du fait qu'invoquer la relation civile entre l'homme et la femme rate l'essentiel de la justification du choix de ce dernier. Ce sont les nécessités volitives de l'amour qui fournissent les raisons de l'action dans la mesure où aimer quelqu'un consiste à prendre ses intérêts, et en l'occurrence lui venir en aide dans ses moments de détresse, comme des raisons de son agir. Nulle autorité n'existe sinon celle des nécessités volitives du *care*, et plus précisément celles de l'amour, et l'autorité de la morale dépend, selon Frankfurt, du fait qu'on y porte de l'intérêt ou pas.

C'est ce dernier point que discute Christine Korsgaard dans son commentaire des *Tanner Lectures 2004* de Frankfurt. Korsgaard entérine plusieurs idées de Frankfurt, rejetant comme celui-ci le réalisme normatif, avançant comme celui-ci que la normativité émane de la volonté et que le trait distinctif de la vie humaine est la conscience de soi – c'est ce que soutiennent également Charles Taylor et Susan Wolf –, une conscience qui reste, par ailleurs, la source aussi bien de la normativité que de la liberté de la volonté[95]. Cependant, Korsgaard rejette l'idée frankfurtienne selon laquelle la normativité de la moralité dépend de l'acte même du *care*. La thèse de Korsgaard consiste à dire que le *care* a une logique propre et qu'il se peut que l'acte du *care* impose des valeurs universelles partagées et partant une moralité. L'argumentation de Korsgaard se déploie en deux moments. Au cours du premier, Korsgaard suggère que le *care* ne pourrait assurer son rôle d'acte constitutif de l'identité personnelle et de l'agentivité que si les raisons pratiques auxquelles il donne

90. B. Williams, *La fortune morale, op. cit.*, p. 228.
91. *Ibid.*, p. 242.
92. *Ibid.*, p. 250.
93. H. G. Frankfurt, *Les Raisons de l'amour, op. cit.*, p. 47.
94. *Ibid.*
95. C. Korsgaard, « Morality and the Logic of Caring. A Comment on Harry Frankfurt », dans H. G. Frankfurt, *Taking Ourselves Seriously, op. cit.*, p. 55.

lieu sont envisagées comme universelles et publiques par la personne qui les a. Selon Korsgaard, la nature réflexive de la conscience humaine, c'est-à-dire notre disposition à réfléchir à propos de nos désirs, à les soumettre à un « test d'approbation »[96] déterminant le désir qu'on pourrait prendre comme raison de nos actions, nous impose d'agir selon des raisons. Défendant une conception de la raison pratique somme toute kantienne, Korsgaard, d'un côté, et contrairement à Frankfurt qui distingue entre la raison pratique et la volonté, identifie l'une à l'autre. D'un autre côté, la philosophe souligne que les raisons pratiques sont publiques et par conséquent partageables entre tous les êtres rationnels, c'est-à-dire qu'ils pourraient partager leur force normative caractérisée par sa neutralité par rapport à l'agent. À l'instar de Frankfurt, Korsgaard est attentive à la question de l'identité du moi. C'est ainsi qu'elle précise que ce qui nous incite à envisager les raisons pratiques comme des raisons publiques et universelles réside en partie « dans le rôle des principes universels dans l'unification et par conséquent la constitution de la volonté ou du moi »[97]. L'unité du moi, assurée chez Frankfurt par le *care* et plus précisément par l'amour, dépend chez Korsgaard d'une version formelle de l'impératif catégorique, c'est-à-dire le principe promulguant que nos maximes doivent être des lois universelles[98]. Korsgaard souligne que, s'agissant du *care* ou des principes de la raison pratique, ils ne peuvent réussir à assurer l'unité et l'intégrité du moi que s'ils sont interprétés de façon à impliquer un engagement à la moralité ou, du moins, la force normative publique des raisons. Le deuxième moment de l'argumentation de Korsgaard peut être schématiquement ramené à ce qui suit : la philosophe s'accorde avec Frankfurt à nier que l'amour soit nécessairement une réponse à une valeur. Toutefois, elle soutient que le fait de porter de l'intérêt ou d'aimer quelque chose implique de lui accorder une certaine valeur universelle. Ainsi l'amour tend-il à « nous rendre meilleur »[99]. C'est dire, selon Korsgaard, que l'engagement moral peut être englobé par la logique du *care*.

La thèse de Korsgaard résulte de l'argument général développé dans *The Sources of Normativity* : comme être réflexif, tu dois être gouverné par une certaine conception de ton identité pratique. Celle-ci est entendue comme « une description sous laquelle tu te donnes de la valeur, une description sous laquelle tu trouves que ta vie mérite d'être vécue et que tes actions méritent d'être entreprises »[100]. Cette identité est ce qui rend possible l'action suivant des raisons et ce qui donne un sens à notre vie. Or, la raison qui impose de te conformer à tes identités pratiques est une raison qui émane de l'humanité, autrement dit de ton identité comme être humain. Ainsi est-elle une raison que tu as, si tu traites ton humanité comme une forme d'identité pratique normative. Au demeurant, se donner de la valeur comme être humain, c'est « avoir une identité morale, tel que l'entendent les Lumières. Ceci te place

■ 96. C. Korsgaard, *The Sources of Normativity*, Cambridge, Cambridge University Press, 1996, p. 108.
■ 97. *Ibid.*, p. 64.
■ 98. *Ibid.*, p. 61.
■ 99. *Ibid.*, p. 76.
■ 100. *Ibid.*, p. 101.

alors sur le territoire moral »[101]. En effet, la personne qui aime quelque chose qui a une valeur s'engage pour ce type de valeur et en général, aux yeux de Korsgaard, pour la valeur de l'humanité envisagée comme fin en soi au sens où l'entend Kant.

La critique que Frankfurt adresse, tout comme Bernard Williams, au rationalisme éthique de Thomas Nagel peut s'appliquer à Korsgaard. Selon le rationalisme éthique, « les principes moraux sont fondés sur la même rationalité fondamentale que les vérités logiquement nécessaires »[102]. Contrairement à Nagel et à Korsgaard, Frankfurt nie qu'on puisse rendre compte de l'autorité normative de la moralité par le moyen de l'autorité normative de la raison. Deux arguments sont, à ce propos, invoqués par Frankfurt. Selon le premier, la réaction qu'on éprouve envers une conduite immorale est très différente de celle qu'on pourrait manifester envers des erreurs de raisonnement. C'est ce dont témoigne, précise Frankfurt, le fait que notre réaction à l'égard des pécheurs est différente de celle qu'on manifeste à l'égard des fous. Le deuxième argument met au jour la relation étroite entre la moralité et la constitution de l'identité personnelle. Le fait d'adhérer ou pas à une loi morale révèle le caractère de la personne[103]. Et Frankfurt de conclure : « Construire la base de la moralité en termes rationnels rate l'essentiel des normes morales »[104]. Il n'existe pas, aux yeux de Frankfurt, de critères rationnels pour établir que quelque chose est intrinsèquement important. Les jugements sur ce qui est important ne peuvent être fondés que sur des jugements concernant ce à quoi on porte de l'intérêt. C'est dire que la réponse à la question normative se rapportant à ce à quoi nous devons porter de l'intérêt ne peut être abordée que moyennant une réponse à la question s'en tenant au fait : ce à quoi nous portons effectivement de l'intérêt. Le naturalisme de Frankfurt ne vient pas contrecarrer sa théorie du raisonnement et de la normativité pratiques. Bien au contraire, il l'assoit.

> Un modèle de l'autonomie basé sur la hiérarchie des désirs

La théorie de l'autonomie comme *care* contribue à répondre à l'objection récurrente adressée à Frankfurt selon laquelle son modèle hiérarchique de l'autonomie serait anhistorique. Je ne puis, pour des contraintes d'espace, m'appesantir sur ce modèle de l'autonomie personnelle. Je me contenterai de rappeler qu'un tel modèle – que Frankfurt partage avec Gerald Dworkin – est mis en place dans son article devenu un classique « Freedom of the Will and the Concept of a Person »[105]. Ce modèle est basé sur l'idée d'une hiérarchie des désirs. Frankfurt distingue entre des désirs de premier niveau qui ont pour objet l'action, désirs de faire ceci ou cela, et les désirs de second niveau qui portent sur les premiers. On peut illustrer cette distinction par

■ 101. C. Korsgaard, *The Sources of Normativity*, op. cit., p. 121.
■ 102. H. G. Frankfurt, *Taking Ourselves Seriously*, op. cit., p. 21.
■ 103. Il n'est pas ici lieu de s'étendre sur la signification et l'intérêt du concept de « caractère » qui apparaît tardivement dans les écrits de Frankfurt et utilisé par Williams dès ses premiers écrits.
■ 104. H. G. Frankfurt, *Taking Ourselves Seriously*, op. cit., p. 22.
■ 105. H. G. Frankfurt, « La liberté de la volonté et le concept de personne », dans M. Jouan (dir.), *Psychologie morale*, Paris, Vrin, 2008, p. 79-102.

l'exemple du toxicomane détaillé par Frankfurt lui-même. Un toxicomane peut avoir un désir de premier niveau qui est celui de se droguer. Mais il peut avoir un désir de second niveau, celui de s'abstenir pour telle ou telle raison. Lorsque le toxicomane désire que son action ne soit pas motivée par le désir de premier niveau, c'est-à-dire que le désir de second niveau constitue sa volonté, Frankfurt parle de « volitions de second niveau »[106]. Une personne dont le trait caractéristique est, aux yeux de Frankfurt, qu'elle dispose d'une capacité d'autoévaluation est dite autonome lorsque ses désirs de premier niveau concordent avec ses volitions de second niveau.

L'une des difficultés sérieuses que ce modèle de l'autonomie a affrontée est qu'il est proprement structuraliste, et néglige ainsi un fait crucial, à savoir que l'autonomie dépend de l'histoire causale des personnes. John Christman soutient que le problème de ce modèle, c'est qu'il présente une « approche par "coupe" (*"time-slice" approach*) »[107] et les objections qu'il formule à son endroit

> suggèrent que ce qui est fondamental dans la détermination de l'autonomie d'un désir, ce sont les modalités de sa *formation*, à savoir les conditions et les facteurs qui ont joué un rôle au cours du processus (éventuellement long) menant à l'acquisition de la valeur ou du désir en question[108].

Ces désirs et ces valeurs orientent la capacité d'autoévaluation réflexive de la personne. L'acte du *care* dans lequel le concept de nécessités volitives joue un rôle primordial assure la cohésion et la continuité de l'identité volitive du moi. Si le libre arbitre assure l'unité synchronique du moi ou son intégrité à un temps bien déterminé, le *care* implique son unité diachronique en ce sens que, par un tel acte, « nous maintenons diverses continuités thématiques dans nos volitions »[109]. Le *care* circonscrit les configurations successives de notre volonté, la continuité de nos désirs. Porter un intérêt à quelque chose dépasse le simple fait de le désirer, « nous désirons *continuer* à le désirer, du moins jusqu'à ce que l'objectif soit atteint »[110]. Si quelqu'un n'attache aucun intérêt à absolument rien, il néglige « l'identité volitive »[111] que Frankfurt appelle de ses vœux et « serait sous ce rapport indifférent à lui-même »[112]. Sans prétendre, à l'instar de Stefaan Cuypers, que Frankfurt aurait développé dans ses écrits tardifs le concept d'une « volonté substantielle »[113], c'est-à-dire « une conception *phénoménologique-existentielle* de la volonté »[114], on

■ 106. *Ibid.*, p. 87.
■ 107. J. Christman, « Autonomie et histoire personnelle », dans M. Jouan (dir.), *op. cit.*, p. 191.
■ 108. *Ibid.* C'est l'auteur qui souligne.
■ 109. H. G. Frankfurt, *Taking Ourselves Seriously, op. cit.*, p. 19.
■ 110. *Ibid.*, p. 18-19. C'est Frankfurt qui souligne.
■ 111. *Ibid.*, p. 31.
■ 112. *Ibid.*
■ 113. S.E. Cuypers, « Harry Frankfurt on the Will, Autonomy and Necessity », *Ethical Perspectives*, vol. 5, 1998, p. 49.
■ 114. *Ibid.* C'est Cuypers qui souligne. Cuypers distingue, dans les écrits de Frankfurt, trois conceptions de la volonté. Selon la première, la volonté n'est autre que le désir effectif (la volition). Cette conception que Cuypers qualifie d'appétitive (*appetitive*) est associée au modèle hiérarchique de l'autonomie. Selon la deuxième, la volonté est synonyme d'acte de la volonté (décision, choix et intention). Cette conception correspond au volontarisme de Frankfurt. Selon la troisième, la volonté est une faculté de l'esprit, un organe de motivation (*motivational organ*). Sur cette triple distinction, *cf. Ibid.*, notamment p. 45 ; S.E. Cuypers, « Autonomy Beyond Voluntarism : in Defense of Hierarchy », *Canadian Journal of Philosophy*, vol. 3, n° 2, 2000, p. 240-241, n. 31.

dira, à la suite de Gary Foster, que par le troisième trait caractéristique de l'amour, l'identification, selon lequel la personne qui aime tient les intérêts de la personne aimée pour ses intérêts propres, Frankfurt s'approche de « la reconnaissance de la nature sociale de l'amour et de l'identité humaine »[115]. Cependant, la conception de l'autonomie comme *care* et celle de l'identité personnelle qui lui est intimement liée affrontent toujours le problème fondamental que rencontre le modèle hiérarchique de l'autonomie, à savoir la négligence de la dimension historique de l'autonomie et de l'amour.

Conclusion

L'amour, attendu ses traits caractéristiques, notamment le désintéressement, est érigé par Frankfurt en source de la normativité pratique. À l'instar d'internalistes comme Williams et Korsgaard, Frankfurt met en relief le lien constitutif entre la normativité et la motivation. En outre, il se montre hostile au réalisme normatif selon lequel nos actions trouvent leur origine dans des raisons objectives. Le subjectivisme de l'auteur des *Raisons de l'amour,* solidaire de son naturalisme, qui impose d'aborder le problème métaéthique des raisons pratiques sur le terrain de la psychologie, est véhiculé par un concept nodal qui est celui des nécessités volitives de l'amour. Celles-ci sont subjectives puisqu'elles sont envisagées comme des configurations de la volonté. Elles sont par ailleurs objectives parce qu'elles sont hors du contrôle immédiat de la volonté. Néanmoins, Frankfurt se distingue par son double refus de renvoyer la normativité au désir, ou de l'associer à la moralité et, en conséquence, de la fonder, dans le sillage kantien, sur les principes de la raison pratique. Toutefois, si le concept d'amour envisagé comme forme du *care* est le titre même de l'autonomie du moi et s'il assure son unité diachronique, il demeure vulnérable à l'objection tenace selon laquelle la conception frankfurtienne de l'autonomie serait anhistorique ; une objection qui atteint en réalité toute la trajectoire de la pensée du philosophe.

Mounir Tibaoui
ENS de Tunis et Université de Tunis El-Manar

▧ 115. G. Foster, « Bestowal Without Appraisal : Problems in Frankfurt's Characterisation of Love and Personal Identity », *Ethical Theory and Moral Practice,* vol. 12, 2009, p. 158.

Le désir

LE DÉSIR DE RICHESSE
SELON ADAM SMITH [1]

Michaël Biziou

Le présent article étudie la justification que donne Adam Smith du désir de richesse. Selon cet auteur, le désir de richesse doit être modéré pour être tant moralement acceptable qu'économiquement efficace. Cette modération se nomme la prudence, vertu nécessaire aux échanges économiques. Or, la prudence suppose de se guider par des calculs d'utilité. Paradoxalement, ces calculs aboutissent souvent à une illusion, qui consiste à faire passer la recherche des moyens (la richesse) avant celle de la fin (les biens dont la richesse permet de jouir). Une telle illusion possède des effets heureux, mais peut aussi mener à une cruelle désillusion : la richesse finit par apparaître vaine à qui l'a recherchée de façon excessive. Cette illusion et cette désillusion sont toutes deux portées à leur comble dans le capitalisme, lequel se caractérise par une reproduction circulaire de la richesse, reportant indéfiniment la jouissance.

C e dont il s'agit ici sous l'appellation de « désir de richesse » n'est pas forcément le souhait de crouler sous les milliards. Ce peut être aussi, plus modestement, le désir d'avoir les moyens de se procurer ce dont nous avons communément besoin ou envie. Ainsi entendu, ce désir apparaît légitime et personne sans doute ne contestera que chercher à gagner de l'argent est une préoccupation justifiée. Cependant, quand le désir de richesse prend la forme d'une course au profit effrénée chez les actionnaires des grandes entreprises privées, ou celle d'une obsession des objectifs de croissance chez les dirigeants des États, nombreux sont ceux qui se posent des questions sur sa légitimité. Des mouvements marginaux prônant la pauvreté volontaire pour les individus, ou l'idéal de la croissance zéro (voire de la décroissance)

---

1. Cet article est paru initialement dans le n° 104 (Décembre 2005) des *Cahiers Philosophiques*.

pour les sociétés, sont là pour témoigner que le désir de richesse peut même susciter un rejet radical.

À plusieurs titres, la lecture d'Adam Smith est pertinente pour éclairer le sujet si discuté du désir de richesse. Son traité d'économie, l'*Enquête sur la nature et les causes de la richesse des nations* (1776), est en effet considéré comme l'un des textes fondateurs du libéralisme économique, courant qui a beaucoup plaidé pour permettre au désir de richesse des individus de se satisfaire le plus librement possible. Son ouvrage de philosophie morale, la *Théorie des sentiments moraux* (1759), remonte jusqu'à la source du désir de richesse, source qu'il identifie sous le nom classique d'« amour de soi », et cherche à en définir une forme compatible avec la vertu. Plus généralement, Smith écrit son œuvre à un moment de l'histoire des idées où le désir de richesse, après avoir été traditionnellement décrié sous l'accusation de cupidité ou d'avidité, est au contraire valorisé pour ses effets pacificateurs et civilisateurs sur les relations sociales. L'économiste et historien Albert O. Hirschman l'a bien montré dans *Les Passions et les Intérêts. Justifications politiques du capitalisme avant son triomphe*[2] : dans une période qui couvre environ les XVIIᵉ et XVIIIᵉ siècles, de nombreux auteurs en viennent progressivement à concevoir le désir de richesse et le « doux commerce » comme des moyens avantageux de remplacer le désir de domination et les conflits violents.

Le livre d'Hirschman attribue à Adam Smith une place de choix, et pourtant peu enviable. Il y est présenté comme l'un des principaux points d'aboutissement historique de la justification du désir de richesse ; mais sa justification est accusée d'être réductrice, parce qu'elle se ferait au seul nom de l'économie en laissant de côté la morale et la politique. Hirschman ne se trompe pas lorsqu'il voit en Smith une justification particulièrement éminente du désir de richesse. Mais nous souhaitons montrer que cette justification est beaucoup plus complexe et plus nuancée qu'il ne le croit. En la menant à bien, Smith ne manque pas de préciser à quelles conditions ce désir peut être légitime et à quelles conditions il cesse de l'être. Ces conditions, nous allons le voir, sont d'ordre moral avant d'être d'ordre économique. De plus, notre auteur place une étrange illusion au cœur même du processus d'enrichissement, laquelle consiste à faire passer la recherche des moyens (la richesse) avant celle de la fin (les biens dont la richesse permet de jouir). Avec lucidité, il met en garde contre les risques de la désillusion. Pour finir, nous ferons apparaître que cette illusion et cette désillusion sont toutes deux portées à leur comble dans le capitalisme, qui se définit comme un circuit clos où la richesse se reproduit elle-même, sans jamais s'ouvrir sur la jouissance des biens qu'elle pourrait procurer.

■ 2. A. O. Hirschman, *Les Passions et les intérêts, Justifications politiques du capitalisme avant son triomphe* (1977), trad. fr. Paris, P.U.F., 1980.

De l'amour de soi au désir de richesse

L'amour de soi et l'échange marchand

Partons de la *Théorie des sentiments moraux*, qui propose une analyse systématique des motifs de l'action humaine en général. Conformément au vocabulaire de son époque, Smith désigne ces motifs sous le nom de « passions ». Une passion est un motif d'agir dans la mesure où elle procure un plaisir lors de son assouvissement, et une douleur tant qu'elle n'a pas atteint son objet. Au sein des diverses passions humaines se trouve l'amour de soi [*self-love*], qui se caractérise par le fait de pousser les hommes à œuvrer à leur intérêt propre. Dans ce cas, « la peine et la joie » sont ressenties « en raison de notre bonne ou mauvaise fortune privée »[3], ce qui signifie que nous ressentons du plaisir ou de la douleur indépendamment du plaisir ou de la douleur d'autrui. Au contraire, dans une passion comme la bienveillance, c'est le plaisir ou la douleur d'autrui qui provoque notre plaisir ou notre douleur. Une telle passion conduit l'individu à « s'intéresser à la fortune des autres et lui ren[d] nécessaire leur bonheur, quoiqu'il n'en retire rien d'autre que le plaisir de les voir heureux »[4].

L'amour de soi et la bienveillance peuvent connaître de nombreuses « modifications »[5] ou « variations »[6]. En effet, les plaisirs et les douleurs que nous font ressentir les passions présentent des nuances importantes en fonction de leur contexte et de leur objet. Dans le cas de l'amour de soi, ces modifications ou variations peuvent être regroupées sous l'appellation générique de « passions égoïstes »[7]. L'adjectif « égoïste » n'a pas, en l'occurrence, de connotation moralement négative. C'est un terme neutre qui signifie seulement que ces passions renvoient à l'*ego* plutôt qu'à autrui. Nous allons voir plus bas que le désir de richesse, la vanité ou l'amour de la réputation appartiennent à cette catégorie. De la même façon, la bienveillance connaît des modifications ou variations que l'on peut regrouper sous l'appellation générique de « passions sociales »[8]. On peut en donner pour exemple la pitié, l'amour familial ou l'amitié.

Smith n'ignore pas que plusieurs auteurs, dans l'histoire de la philosophie, ont utilisé la thèse qu'il existe diverses variations de l'amour de soi pour tenter de « déduire tous nos sentiments de certains raffinements de l'amour de soi »[9]. Sur ce point, il cite explicitement Épicure[10] et Hobbes[11]. Ces deux

- 3. A. Smith, *Théorie des sentiments moraux* (1759), trad. fr. M. Biziou, C. Gautier et J.-F. Pradeau, Paris, P.U.F., 1999 (éd. révisée en 2003), dorénavant « *Théorie* », I, ii, 5, p. 77.
- 4. *Ibid.*, I, i, 1, p. 23.
- 5. *Ibid.*, I, ii, 3, p. 67.
- 6. *Ibid.*, VII, iii, 3, p. 432.
- 7. *Ibid.*, I, ii, 5, p. 77.
- 8. *Ibid.*, I, ii, 4, p. 74.
- 9. *Ibid.*, I, i, 2, p. 32.
- 10. *Ibid.*, VII, ii, 2, p. 395-400.
- 11. *Ibid.*, VII, iii, 2, p. 421-423. Smith cite également La Rochefoucauld (*ibid.*, VII, iii, 4, p. 411) et Mandeville (*ibid.*, p. 411-417) à titre de théoriciens de l'égoïsme. Mais le cas de ces deux auteurs est différent. Smith ne leur reproche pas d'avoir réduit toutes les passions à des variations de l'amour de soi, mais plutôt d'avoir prétendu qu'aucune passion ne saurait être vertueuse.

auteurs aboutissent à l'égoïsme moral, c'est-à-dire à la théorie faisant de l'amour de soi le fondement ultime de l'évaluation et de l'obligation morales. Cette théorie paraît ingénieuse, mais en fait elle se fonde sur un réductionnisme psychologique arbitraire. Elle est victime d'une « propension à rendre compte de tous les phénomènes à partir d'aussi peu de principes que possible », propension « que les philosophes sont particulièrement aptes à cultiver avec une certaine prédilection parce qu'elle est le moyen de montrer leur ingéniosité »[12]. Cette fâcheuse propension mise à part, il n'y a selon Smith aucune raison de tenir l'amour de soi pour un principe plus originel que bien d'autres passions humaines, et notamment la bienveillance. La *Théorie* considère donc l'amour de soi comme un élément parmi d'autres de l'analyse des passions et de la théorie morale. Elle insiste au moins autant sur les passions sociales que sur les passions égoïstes[13].

En revanche l'*Enquête*, parce qu'elle étudie l'activité économique en particulier, et non l'action humaine en général, est amenée à concéder un traitement privilégié à l'amour de soi. L'une des thèses les plus frappantes de l'*Enquête* est en effet que l'échange marchand repose sur la recherche de l'intérêt privé, c'est-à-dire sur la satisfaction de la passion d'amour de soi, plutôt que sur la bienveillance : « Ce n'est pas de la bienveillance du boucher, du brasseur, ou du boulanger que nous attendons notre dîner, mais du souci qu'ils ont de leur propre intérêt. Nous ne nous adressons pas à leur humanité, mais à leur amour de soi, et nous ne leur parlons jamais de nos propres besoins, mais de leurs avantages »[14]. Notons bien que cette citation n'exclut nullement que les marchands puissent être par ailleurs, c'est-à-dire en dehors de l'échange marchand, mus par la passion de bienveillance. Par exemple, ils peuvent pratiquer ce métier dans le but de nourrir leur femme et leurs enfants, pour lesquels ils ressentent de l'amour. Il peut aussi leur arriver de faire des dons à des malheureux, pour lesquels ils ressentent de la pitié. Tout ce que Smith affirme ici est que le « boucher, le brasseur et le boulanger » ne sont pas mus par de la bienveillance envers leurs clients. Sans nier l'existence de rapports bienveillants, l'analyse économique de l'échange restreint son domaine d'étude à des rapports où les hommes cherchent à

■ 12. A. Smith, *Théorie des sentiments moraux, op. cit.*, VII, ɪɪ, 2, p. 400. On trouve déjà le même argument chez Hume : *Enquête sur les principes de la morale* (1751), Paris, Garnier-Flammarion, 1991, appendice II, p. 221. Hume s'inscrit lui-même dans la lignée de Shaftesbury et Hutcheson. Ces quatre auteurs, formant ce que l'on peut appeler la tradition des sentiments moraux, s'attachent tous à critiquer les théories égoïstes. Voir sur ce point M. Biziou, *Le Concept de système dans la tradition anglo-écossaise des sentiments moraux. De la métaphysique à l'économie politique (Shaftesbury, Hutcheson, Hume, Smith)*, Lille, ANRT 2000, p. 20.

■ 13. Voir *Théorie, op. cit.*, I, ɪɪ, 5 et VI, ɪ, pour l'analyse des passions égoïstes, et I, ɪɪ, 4 et VI, ɪɪ pour l'analyse des passions sociales.

■ 14. *An inquiry into the Nature and Causes of the Wealth of Nations* (1776), Oxford, Clarendon Press, 1976, désormais noté « *Wealth* ». Nous citons la traduction française de P. Taïeb, *Enquête sur la nature et les causes de la richesse des nations*, Paris, P.U.F., 1995, mais nous adoptons la numérotation des parties, des sections et des chapitres de l'édition anglaise, parce qu'elle reproduit celle de la version finale du livre de Smith (à laquelle tous les commentateurs se réfèrent), alors que la traduction suit la numérotation de la première version. Nous donnons donc d'abord la référence du texte anglais, puis celle de la traduction. *Wealth* I, ɪɪ, p. 26-27 et 16. Dans cette citation, nous nous permettons de modifier la traduction de P. Taïeb, qui rend « self-love » par « amour-propre ». Nous préférons traduire par « amour de soi », pour des raisons qui seront expliquées ci-dessous, dans la note 39.

satisfaire leur amour de soi face à d'autres hommes pour lesquels ils ne ressentent pas de bienveillance[15].

Enrichissement ou Jouissance Immédiate?

Plus précisément, pour l'économiste, l'amour de soi se présente sous la forme d'une variation particulière que Smith nomme le « désir d'améliorer notre condition »[16]. S'adresser à l'amour de soi du « boucher, du brasseur ou du boulanger », c'est leur présenter l'échange comme un moyen d'améliorer leur condition. La condition dont il est question ici est la situation d'un individu dans la société, c'est-à-dire tant son niveau de vie que son statut social. Évidemment, ce qui détermine cette condition varie plus ou moins selon le type de société où l'on vit. Les sociétés occidentales de l'époque de Smith – tout comme celles de notre époque – appartiennent au type des « sociétés commerçantes »[17]. Il s'agit de sociétés où la division du travail est tellement poussée que chaque homme s'est spécialisé dans la production d'un bien ou d'un service qu'il doit échanger contre la production des autres, au lieu de produire lui-même tout ce dont il a besoin pour vivre en autarcie. En ce sens, on peut affirmer que, dans les sociétés commerçantes, « chaque homme vit d'échanges, ou devient dans une certaine mesure un marchand »[18]. Or, l'amélioration de la condition d'un marchand (entendu en un sens aussi large) est déterminée principalement par l'augmentation de sa richesse, dans la mesure où celle-ci lui permet d'acquérir ce que les autres ont à échanger. Dans une société commerçante, le désir d'améliorer sa condition revient donc, dans l'ensemble, à un désir d'acquérir de la richesse : « Une augmentation de fortune est le moyen par lequel la plupart des hommes se proposent et veulent améliorer leur condition. C'est le moyen le plus répandu et le plus évident »[19].

Dans ces conditions, le « désir d'améliorer sa condition » en tant que désir de richesse n'a *a priori* aucune limite. En effet, la richesse peut être amassée indéfiniment, du moins aussi longtemps que l'on vit : ce désir « naît avec nous au monde, et ne nous lâche plus jusqu'à la tombe. Dans l'intervalle qui sépare ces deux moments, il n'y a peut-être pas d'instant où un homme soit si parfaitement et si complètement heureux de son sort qu'il ne souhaite aucune modification ou amélioration que ce soit »[20]. Ainsi, une fois comblés les besoins ou les désirs de la consommation présente, la richesse peut être épargnée en vue de besoins ou de désirs futurs. Mieux encore, indépendamment

---

15. L'analyse de l'échange marchand n'est d'ailleurs qu'une partie de l'économie politique de Smith. Ainsi, l'*Enquête* conçoit pour l'État un rôle qui ne relève pas de l'échange marchand, et qui attribue aux dirigeants politiques d'autres motifs que l'amour de soi. Voir M. Biziou, *Adam Smith et l'origine du libéralisme économique*, Paris, P.U.F., 2003, p. 154-165.

16. *Wealth*, II, III, p. 341/392. Cette expression est probablement une référence à Mandeville, qui l'utilise dans *La Fable des abeilles*, IIe partie (1729), Paris, Vrin, 1991, 3e dialogue, p. 112 ou 4e dialogue, p. 153. Smith se réfère volontiers aux thèses de Mandeville, même si c'est pour les critiquer, comme nous le verrons plus loin à propos du concept de vanité.

17. *Wealth*, I, IV, p. 37/25. La correspondance entre désir d'améliorer sa condition et désir de richesse n'est pas forcément aussi étroite dans d'autres types de sociétés que les sociétés commerçantes. Rappelons que Smith distingue trois autres types de sociétés : les « nations de chasseurs », les « nations de bergers » et les « nations d'agriculteurs » (*ibid*, V, I, a, p. 689-698/789-797).

18. *Ibid.*, I, IV, p. 37/25.

19. *Ibid.*, II, III, p. 341/392.

20. *Ibid.*, I, IV, p. 37-25.

même de la visée de besoins ou de désirs futurs, on peut l'accumuler sous la forme de capital, afin de l'investir et d'engendrer du profit – comme nous y reviendrons en détail à la fin de cet article.

Compte tenu de la persistance du désir de richesse tout au long de la vie, il n'est pas besoin de pousser très loin le raisonnement économique pour se rendre compte qu'il ne peut se satisfaire que dans la mesure où il prend en compte le plus ou moins long terme. Vouloir s'enrichir, c'est nécessairement faire des projets concernant le futur : projets pour augmenter son revenu, projets d'épargne, projets d'investissement, etc. À l'inverse, vouloir gratifier tout de suite son amour de soi en dépensant son avoir pour obtenir des jouissances immédiates est sans doute tentant, mais expose à des conséquences néfastes dans l'avenir. Ainsi s'opposent en l'homme ce que l'on peut décrire comme deux variations de l'amour de soi : d'une part le désir d'améliorer sa condition ou désir de richesse, et d'autre part la « passion de la jouissance présente »[21] ; d'un côté la préoccupation pour l'utile ou la jouissance différée, et de l'autre l'attrait pour l'agréable ou la jouissance immédiate.

Or, la passion de la jouissance présente est par nature plus intense que le désir d'améliorer sa condition, parce que son objet est présent, donc vivement senti. Au contraire, l'objet du désir d'améliorer sa condition est à venir, c'est un enrichissement qui ne se produira que plus tard et sans doute progressivement. C'est pourquoi le désir d'améliorer sa condition est « généralement calme et sans passion », tandis que la passion de la jouissance présente peut être « violente et très difficile à contenir »[22]. Et pourtant, on constate que c'est la passion la moins violente qui s'avère être la plus forte et la plus continue. La violence n'est pas synonyme de force, et ce n'est pas le plus haut degré d'intensité passionnelle qui finit par s'imposer. L'existence même de sociétés commerçantes vastes et prospères atteste que les conduites visant le long terme font plus que compenser celles qui ne se soucient que de l'immédiat : « La profusion ou l'imprudence des uns [est] toujours plus que compensée par la frugalité et la bonne conduite des autres »[23]. Même si tous les hommes se laissent tenter ponctuellement par l'attrait impérieux des jouissances présentes, ils ne le font pas tous en même temps, ni la plupart du temps. Dans l'ensemble, la prudence l'emporte : « Quoique les principes de prudence courante ne gouvernent pas toujours la conduite de chaque individu, ils influencent toujours celle de la majorité de chaque classe ou ordre »[24].

■ 21. *Wealth*, II, III, p. 341-392.
■ 22. *Ibid.*
■ 23. *Ibid.*
■ 24. *Ibid.*, II, II, p. 295-335.

Désir de richesse et vertu

La prudence

Qu'est-ce qui permet à une passion d'en dominer ainsi une autre, alors qu'elles ne sont toutes deux, à l'origine, que des variations du même amour de soi ? D'où le désir d'améliorer sa condition tire-t-il cette force calme et cette continuité, qui lui permettent de l'emporter le plus souvent sur la passion de la jouissance présente ? La réponse à cette question est dans l'utilisation par Smith du concept de prudence, que nous avons vu apparaître dans la citation précédente. La prudence est le nom d'une vertu. Cela indique que si telle variation de l'amour de soi l'emporte sur telle autre, c'est parce que dans cette variation l'amour de soi prend une forme moralement légitime. La prudence n'est pas autre chose que le nom de l'amour de soi sous sa forme vertueuse[25]. Mais encore faut-il comprendre en quoi le fait d'être vertueuse donne de la force et de la continuité à la passion.

La *Théorie* explique qu'une passion est considérée comme vertueuse quand elle est approuvée par ce que Smith nomme le « spectateur impartial »[26]. Ce spectateur impartial représente le point de vue imaginaire d'un « spectateur abstrait et idéal »[27]. Les hommes sont amenés à adopter ce point de vue, qu'ils considèrent leurs propres actions ou celles d'autrui, par un mécanisme complexe de partage des passions fondé sur le principe de sympathie[28]. C'est donc le jugement produit par ce mécanisme sympathique, c'est-à-dire le jugement du spectateur impartial imaginaire potentiellement présent en chaque homme, qui est le principe de l'évaluation et de l'obligation morales. Plus précisément, le spectateur impartial approuve une passion quand son intensité est modérée, car seule la modération permet le partage sympathique des passions. Il désapprouve une passion quand elle est excessive, car l'excès d'intensité empêche de sympathiser. Cela explique que le spectateur impartial approuve la prise en compte du long terme, qu'il considère comme la marque d'une modération de l'amour de soi :

> Le spectateur ne sent pas les sollicitations de nos appétits présents. Pour lui, le plaisir que nous éprouverons dans une semaine, ou dans un an, est tout aussi intéressant que celui que nous éprouvons à l'instant. [...] Quand nous nous abstenons d'un plaisir présent pour garantir un plaisir plus grand à venir, quand nous agissons comme si l'objet éloigné nous intéressait autant que celui qui presse maintenant nos sens, puisque nos affections correspondent exactement [à celles du spectateur], il ne peut manquer d'approuver notre comportement[29].

En approuvant la recherche de l'intérêt à long terme, le spectateur impartial

■ 25. Sur cette affirmation que l'amour de soi peut être vertueux, Smith est en accord avec ces deux prédécesseurs dans la tradition des sentiments moraux que sont Shaftesbury et Hume. En revanche, il s'oppose à Hutcheson, qui considère que l'amour de soi est au mieux moralement indifférent, et au pire vicieux. Voir les *Recherches sur l'origine de nos idées de la beauté et de la vertu* (1725), Paris, Vrin, 1991, II, II, 5, p. 175.

■ 26. *Théorie, op. cit.*, I, I, 5, p. 50.

■ 27. *Ibid.*, III, 3, p. 218.

■ 28. *Ibid.*, I, I, 3, p. 37-41.

■ 29. *Ibid.*, IV, 2, p. 264.

estime donc que le calme désir d'améliorer sa condition est une vertu : « De là naît cette éminente estime que tous les hommes portent naturellement à la ferme persévérance dans la pratique de la frugalité, de l'industrie et de l'application, quoique cette pratique n'ait d'autre fin que l'acquisition de la fortune »[30].

C'est précisément le plaisir d'obtenir l'approbation morale du spectateur impartial qui permet aux hommes de surmonter la tentation de la jouissance présente :

> C'est la conscience de cette approbation et de cette estime méritées qui seule est capable de soutenir l'agent dans une telle conduite. Le plaisir que nous devrons éprouver dans dix ans nous intéresse si peu en comparaison de celui dont nous pouvons jouir aujourd'hui, la passion que le premier excite est naturellement si faible comparée à la violente émotion que le second est susceptible d'occasionner, que le premier ne pourrait jamais contrebalancer le second s'il n'était soutenu par le sens de la convenance, par la conscience que nous avons mérité l'estime et l'approbation de tous en agissant avec maîtrise de soi, et que nous sommes devenus l'objet convenable de leur mépris et de leur dérision en agissant de façon contraire[31].

À lui seul, hors de toute considération morale, l'utile est bien moins attrayant que l'agréable, c'est-à-dire qu'il est l'objet d'une passion bien moins intense que la passion de la jouissance présente. Si donc la prudence peut l'emporter sur la passion de la jouissance présente, c'est parce que la faiblesse du plaisir qu'un homme ressent à l'idée d'un objet à venir (son enrichissement à plus ou moins long terme) est secourue par la force d'un autre plaisir, le plaisir d'être jugé vertueux. Ce qui affermit tellement un homme dans son désir de devenir riche est qu'il s'approuve moralement lui-même et reçoit l'approbation de tous les autres hommes vertueux, en accord avec le jugement du spectateur impartial :

> Dans la constance de son industrie et de sa frugalité, dans son sacrifice constant du bien-être et du plaisir présents au profit de l'attente probable d'un bien-être et d'un plaisir encore plus grands qui seront plus lointains mais plus durables, l'homme prudent est toujours soutenu et récompensé par l'entière approbation du spectateur impartial[32].

La vertu de prudence est donc la condition de la satisfaction du désir de richesse et, plus généralement, la morale est ce qui rend possible l'économie[33].

■ 30. *Théorie*, IV, 2, p. 264..
■ 31. *Ibid.*, p. 264-265.
■ 32. *Ibid.*, VI, I, p. 298.
■ 33. Il faut insister sur ce point car de nombreux commentateurs estiment, à tort, que Smith voudrait émanciper l'économie de la morale. C'est le cas d'Albert O. Hirschman dans *Les Passions et les Intérêts*, ou encore de Louis Dumont dans *Homo æqualis*, I. *Genèse et épanouissement de l'idéologie économique* (Paris, Gallimard, 1977). Bien au contraire, la nécessité de la vertu pour l'activité économique ne se limite pas à la prudence ; l'économie a aussi besoin de la vertu de justice et même de la vertu de bienveillance (sous la forme de l'esprit public du souverain). Sur ce débat voir M. Biziou, *Adam Smith et l'origine du libéralisme économique* (*op. cit.*), p. 124-128 et p. 183-186. Commentant Smith, le grand économiste contemporain A. K. Sen a su voir cette dimension morale de la prudence, ainsi que l'importance des autres vertus, notamment dans son article « La prudence chez Adam Smith » (éd. originale 1986, trad. fr. dans la revue *Mouvements* 23, 2002).

La vanité et l'amour de la réputation

Nous pouvons encore préciser l'analyse de la prudence en remarquant que le désir de richesse peut revêtir deux formes différentes, en fonction de son objet. En effet, la richesse permet d'obtenir à la fois des « nécessités » et des « luxes », pour reprendre une classification exposée dans l'*Enquête* :

> Les biens de consommation sont soit des nécessités soit des luxes. Par nécessités, j'entends non seulement les denrées indispensablement nécessaires pour le soutien de la vie, mais encore tout ce que la coutume du pays rend indécent pour les gens honnêtes, même de l'ordre le plus bas, de ne pas avoir. [...] J'appelle toutes les autres choses, luxes, sans vouloir par cette appellation blâmer le moins du monde leur utilisation modérée[34].

Compte tenu de cette définition assez ouverte du luxe, Smith estime qu'une très grande partie de l'activité économique consiste en la recherche du luxe, souvent même chez les travailleurs les plus humbles :

> Quel est le but de tout le labeur et de tout le remue-ménage de ce monde ? Quelle est la fin de l'avarice et de l'ambition, de la recherche de la richesse, du pouvoir et de la prééminence ? Est-ce pour répondre aux nécessités de la nature ? Le salaire du moindre travailleur peut y répondre. [...] Si nous examinions son économie avec rigueur, nous trouverions qu'il dépense une grande partie de son salaire pour des commodités qui peuvent être considérées comme des superfluités et que, dans des occasions hors de l'ordinaire, il peut même en consacrer en partie à la vanité et à la distinction[35].

On voit avec les derniers mots de cette citation que, dans la recherche du luxe, l'amour de soi présente une nouvelle variation. Il se transforme en « vanité » : dès que « ce grand dessein de la vie humaine que nous appelons amélioration de notre condition »[36] va au-delà des « nécessités de la nature », alors « c'est la vanité, non le bien-être ou le plaisir, qui nous intéresse »[37]. La vanité n'est rien d'autre que l'amour de soi en tant qu'il prend plus en compte le regard d'autrui que les besoins et même les désirs de l'individu :

> La vanité est toujours fondée sur la croyance que nous avons d'être objet d'attention et d'approbation. L'homme riche se glorifie de ses richesses car il sent qu'elles attirent naturellement sur lui l'attention du monde, et que le genre humain est disposé à l'accompagner dans toutes ces émotions agréables que les avantages de sa situation lui inspirent si aisément. À cette pensée, son cœur paraît s'enfler et se dilater en lui-même et il aime plus sa fortune pour cette raison que pour tous les autres avantages qu'elle lui procure[38].

C'est pourquoi la recherche du luxe est moins une affaire de plaisir tiré des choses luxueuses, par exemple le plaisir du confort, qu'un souci de distinction ou de rang social : « Sur cette disposition du genre humain à accompagner toutes les passions des riches et des puissants sont fondés la distinction

---

■ 34. *Wealth*, V, ii, k, p. 869-870/984-985.
■ 35. *Théorie*, I, iii, 2, p. 91-92.
■ 36. *Ibid.*, p. 92.
■ 37. *Ibid.*
■ 38. *Ibid.*, p. 92-93.

des rangs et l'ordre de la société »[39]. La vanité ainsi entendue semble donc s'approcher de ce que l'on nomme, dans le français de l'époque, « l'amour-propre » – terme qui n'a pas de correspondant dans l'anglais qu'écrit Smith[40].

Or, ici encore il convient de distinguer un degré d'intensité passionnelle modéré, donc vertueux, et un degré excessif, donc vicieux. « Vanité » est certes le nom d'un vice[41]. Mais à ce vice correspond une vertu, qui est la recherche modérée de la distinction sociale. Smith oppose les deux lorsqu'il reproche à Mandeville de n'avoir pas vu que toute passion, selon son degré d'intensité, peut être soit vicieuse soit vertueuse : « C'est le grand mensonge du livre du Dr Mandeville que de représenter chaque passion comme entièrement vicieuse, quel que soit son degré ou sa tendance. C'est ainsi qu'il considère comme vanité tout ce qui fait référence à ce que sont ou à ce que devraient être les sentiments des autres »[42]. Contre Mandeville, Smith montre qu'à la vanité vicieuse s'oppose une autre variation de l'amour de soi, à savoir « l'amour bien fondé de la réputation et de l'honneur »[43]. Ce dernier peut motiver une recherche vertueuse du luxe et de la distinction sociale[44]. Une telle recherche relève de la vertu de prudence, c'est-à-dire qu'elle est une variation de l'amour de soi modéré. En ce sens, on peut affirmer que la prudence vise non seulement les nécessités du corps, mais aussi le rang social :

> Quoique les avantages de la fortune extérieure nous soient recommandés à l'origine pour satisfaire les nécessités et les commodités du corps, nous ne pouvons pourtant pas vivre bien longtemps dans le monde sans sous apercevoir que le respect de nos égaux, notre crédit et notre rang dans la société où nous vivons, dépendent pour beaucoup du degré auquel nous possédons, ou sommes supposés posséder, ces avantages. [...] Le soin de la santé, de la fortune, du rang et de la réputation de l'individu [...] est proprement l'affaire de cette vertu communément appelée Prudence[45].

39. *Ibid.*, p. 95.

40. Telle est la raison pour laquelle il ne convient pas, selon nous, de traduire « *self-love* » par « amour-propre », contrairement à ce que fait P. Taïeb dans sa traduction de l'*Enquête*, mais plutôt par « amour de soi ». Dans le français du XVIIIe siècle, voir la distinction entre l'amour de soi et l'amour-propre chez Rousseau : *Discours sur l'origine et les fondements de l'inégalité parmi les hommes* (1755) dans *Œuvres complètes*, Paris, Gallimard, 1964, coll. « Bibliothèque de la Pléiade », vol. III, note XV, p. 219. En anglais, Mandeville oppose à la façon de Rousseau « *self-love* » et « *self-liking* », dans *La Fable des abeilles*, IIe partie (*op. cit.*), 3e dialogue, p. 113.

41. Smith pousse son analyse de ce vice jusqu'à distinguer la vanité et l'orgueil, qui sont « deux modifications de l'estime de soi excessive » (*Théorie*, VI, III, p. 350). L'orgueilleux est « convaincu de sa supériorité », alors que le vaniteux ne l'est pas (*ibid.*).

42. *Ibid.*, VII, II, 4, p. 415.

43. *Ibid.*, p. 412.

44. Dans son article « Adam Smith et la sympathie envieuse » (dans *Le Sacrifice et l'Envie. Le libéralisme aux prises avec la justice sociale*. Paris, Calmann-Lévy, 1992), Jean-Pierre Dupuy nous paraît commettre une erreur en affirmant que, dans la sphère économique, la vanité doit se substituer aux sentiments moraux. La vanité, pas plus qu'aucun autre vice, n'est nécessaire à l'activité économique, et elle peut même lui être nuisible dans la mesure où elle s'oppose à la vertu de prudence. L'interprétation de J.-P. Dupuy convient mieux à Mandeville qu'à Smith.

45. *Théorie*, VI, I, p. 296.

Une illusion au cœur des calculs rationnels

Les calculs d'utilité

Nous venons de montrer que si un homme n'était pas sensible au jugement moral du spectateur impartial, jamais il ne pourrait satisfaire son désir de richesse, c'est-à-dire que jamais il ne trouverait la détermination de faire passer l'utile avant l'agréable. Or, on peut envisager une objection utilitariste à cette thèse : sachant qu'un homme peut calculer que l'utile lui donnera à long terme plus de plaisir que l'agréable, ce calcul ne suffit-il pas à motiver son abstention de la jouissance présente, sans faire intervenir aucune évaluation morale ? Cela reviendrait à faire de la prudence un simple calcul rationnel, et non ce que Smith nomme un « sentiment moral ». Mais l'objection ne tient pas, car un tel utilitarisme inverse la cause et l'effet : pour que quelqu'un puisse calculer ainsi, il faut qu'il garde la tête froide face aux tentations, donc qu'il ait déjà fait taire la passion de la jouissance présente. Et la seule façon de faire taire cette passion est de la contrebalancer par un autre plaisir, qui se trouve être le plaisir de l'approbation morale. Dans le vocabulaire de la théorie smithienne des facultés de l'esprit, on peut dire que la raison (faculté des calculs, notamment des calculs d'utilité) ne peut opérer que si la sensibilité (faculté qui permet d'être sensible, par sympathie, aux jugements du spectateur impartial) lui en offre la possibilité. Avant de pouvoir être « capables de discerner les conséquences éloignées de toutes nos actions et de prévoir l'avantage ou le détriment qui est susceptible d'en résulter », il faut d'abord être « capables de nous abstenir d'un plaisir présent ou d'endurer une douleur présente, pour gagner un plaisir plus grand ou éviter une plus grande douleur à venir »[46]. La raison est subordonnée à la sensibilité, de même que l'utilité est une « pensée seconde »[47] par rapport au jugement moral. Comprenons donc bien que ce n'est pas parce qu'un homme se soucie de son intérêt à long terme qu'il se résoudra à se montrer prudent. C'est l'inverse qui est vrai : c'est parce qu'un homme est prudent, c'est-à-dire parce qu'il est sensible au jugement du spectateur impartial, qu'il trouvera la détermination d'œuvrer à son intérêt à long terme.

Toutefois, si l'objection utilitariste envisagée ci-dessus est erronée, elle n'en contient pas moins une part de vérité. Cette part de vérité est que le calcul d'utilité, sans constituer l'essence de la prudence, lui est quand même nécessaire pour guider le désir de richesse. C'est pourquoi Smith peut écrire que c'est « dans l'union de ces deux qualités », à savoir la capacité de calculer l'avantage découlant de nos actes (raison) et la capacité de s'abstenir d'une jouissance immédiate (sensibilité), que « consiste la vertu de prudence »[48]. Sans la raison, la prudence serait aveugle et inefficace. Une fois modérée l'intensité passionnelle de l'amour de soi grâce au mécanisme sympathique, le rôle qui reste à jouer à la raison est immense : consommer, épargner, investir,

■ 46. *Ibid.*, IV, 2, p. 263.
■ 47. *Ibid.*, I, ı, 4, p. 44.
■ 48. *Ibid.*, IV, 2, p. 263.

tout cela nécessite des calculs parfois très complexes. Nous n'aurons donc pas fini d'analyser le désir de richesse tant que nous n'aurons pas examiné plus précisément ces calculs d'utilité opérés par la raison.

Sur ce point, Smith distingue deux façons d'opérer des calculs d'utilité, qui correspondent à deux façons qu'ont les hommes de concevoir l'utilité. La première façon consiste à concevoir l'utilité comme servant l'intérêt de quelqu'un. Pour prendre un exemple de Smith, si l'on juge qu'une montre est utile à son propriétaire, c'est par référence à l'intérêt de ce dernier : il est de l'intérêt de cette personne d'arriver à l'heure à ses rendez-vous, et la montre sert cet intérêt[49]. La seconde façon est de concevoir l'utilité comme visant une fin, mais sans servir l'intérêt de personne. Par exemple, un « amateur de montres » est prêt à dépenser beaucoup d'argent pour une montre exceptionnellement précise, alors qu'une telle précision ne lui sert à rien :

> La personne si minutieuse à l'égard de cette machine ne se montrera pas forcément plus scrupuleusement ponctuelle qu'une autre, ou plus soucieuse de connaître l'heure précise pour quelque autre raison. Ce qui l'intéresse n'est donc pas tant cette connaissance que la perfection de la machine qui en est le moyen[50].

Ce qui plaît tant à l'amateur dans cette montre est un agencement de moyens (le mécanisme de haute technologie) en vue d'une fin (donner l'heure précise) qui ne sert ni son intérêt ni celui d'une autre personne. Smith exprime cette idée paradoxale en disant que de tels objets ont, plutôt qu'une véritable utilité, une simple « aptitude [...] à être utiles »[51]. On doit donc parler, afin de distinguer clairement les deux façons qu'ont les hommes de concevoir l'utilité, d'utilité proprement dite (utilité à quelque chose pour quelqu'un) et d'aptitude à l'utilité (utilité à quelque chose mais pas pour quelqu'un). Smith nomme « esprit de système »[52] la faculté de prendre plaisir à l'aptitude à l'utilité, dans la mesure où l'objet qui est apprécié forme un « système » de moyens agencé en vue d'une fin qui est comme mise entre parenthèses.

Les calculs qu'opère la raison afin de guider le désir de richesse prennent en compte non seulement l'utilité proprement dite, mais encore l'aptitude à l'utilité. Ainsi, d'une part, quand les hommes cherchent à s'enrichir, ils visent leur intérêt, c'est-à-dire le plaisir procuré par l'usage des biens qu'ils achèteront avec leur richesse. Conformément à la classification évoquée ci-dessus, il peut s'agir soit de la satisfaction des « nécessités », soit de plaisirs du « luxe » (plaisirs du confort et, surtout, de la distinction sociale). D'autre part, les hommes recherchent aussi l'aptitude à l'utilité des biens, c'est-à-dire le plaisir de l'esprit de système. Alors, dans certains cas, les hommes ont en vue l'aptitude à l'utilité indépendamment de toute utilité proprement dite. Ils agissent en « amateurs de babioles »[53] et collectionnent une foule de « bibelots d'utilité

49. *Théorie*, IV, 1, p. 252.
50. *Ibid.*, p. 252-253.
51. *Ibid.*, p. 253.
52. *Ibid.*, p. 259, et *ibid.*, IV, 2, p. 322.
53. *Ibid.*, IV, 1, p. 253.

frivole »[54] semblables à la montre dont nous avons parlé plus haut. Ces biens sont trop frivoles pour véritablement permettre la satisfaction des nécessités et procurer les plaisirs du confort et de la distinction sociale. Mais, dans la plupart des cas, la recherche de l'aptitude à l'utilité se mêle indissolublement à celle de l'utilité proprement dite. Ce ne sont plus les babioles et les bibelots qui sont convoités, mais tous les biens servant réellement l'intérêt des hommes. Ces biens sont alors recherchés à la fois parce qu'ils procurent les plaisirs de la satisfaction des nécessités, du confort et de la distinction sociale, et parce qu'ils plaisent à l'esprit de système :

> Nous sommes alors enchantés par la beauté de l'arrangement qui règne dans les palais et l'économie des grands ; nous admirons la manière dont chaque chose est disposée afin de promouvoir leur bien-être, de prévenir leurs besoins, de satisfaire leurs souhaits, d'amuser et de divertir leurs désirs les plus frivoles[55].

Les hommes souhaitent s'acheter ces biens non seulement parce que l'usage qu'ils en font satisfait leur intérêt, mais aussi parce qu'ils leur apparaissent comme des systèmes de moyens dont l'agencement les fascine :

> Si l'on examine pourquoi le spectateur distingue avec tant d'admiration la condition des riches et des grands, on remarque que ce n'est pas tant à cause du bien-être ou du plaisir plus grands dont ils sont supposés jouir, qu'à cause des innombrables arrangements artificiels et élégants qui procurent ce bien-être ou ce plaisir. [...] Et c'est l'habile et ingénieux ajustement de ces moyens à la fin pour laquelle ils ont été prévus qui est la source principale de son admiration[56].

L'illusion d'« avoir les moyens »

Si Smith tient tant à insister sur le rôle de l'esprit de système pour guider le désir de richesse, c'est afin d'expliquer comment les hommes sont poussés à œuvrer à leur intérêt même lorsqu'ils n'ont pas cet intérêt en vue, ou qu'ils se trompent à son sujet. En effet, l'esprit de système a ceci de remarquable qu'il amène les hommes à agir pour obtenir un arrangement de moyens, quand bien même ils seraient réticents à fournir des efforts pour la fin elle-même – soit que cette fin soit réellement sans intérêt, soit que les hommes se trompent et manquent de comprendre cet intérêt. On le voit déjà dans le cas des amateurs de babioles, objets dont la fin est tellement frivole qu'elle ne mérite aucun effort :

> Toutes leurs poches sont remplies de petites commodités ; ils s'inventent de nouvelles poches, inconnues sur les vêtements des autres gens, afin d'en transporter encore davantage. Ils se promènent ainsi, chargés d'une multitude de bricoles [...], parmi lesquelles certaines servent parfois à quelque chose, mais dont on peut très bien se dispenser, et dont l'utilité ne justifie certainement pas la fatigue du fardeau[57].

■ 54. *Ibid.*
■ 55. *Ibid.*, p. 257.
■ 56. *Ibid.*, p. 255.
■ 57. *Ibid.*, p. 253.

Mais c'est aussi le cas pour la recherche des biens possédant une utilité proprement dite. Du point de vue de l'esprit de système, ces biens sont tellement plaisants que cela justifie l'effort de les acquérir indépendamment même de leur utilité proprement dite :

> Les plaisirs de la richesse et de la grandeur, considérés sous cet aspect complexe [d'un système de moyens], frappent l'imagination comme quelque chose de grand, de beau et de noble, dont l'obtention mérite amplement le labeur et l'angoisse que nous sommes si portés à lui consacrer[58].

Certes, en théorie, considérer l'utilité proprement dite des biens devrait suffire à orienter vers eux le désir de richesse et à motiver l'effort de les acquérir. Mais, en pratique, les hommes se trompent souvent sur leur intérêt, ils font des erreurs dans le calcul de l'utilité proprement dite. Dans ce cas, la considération de l'aptitude à l'utilité vient pallier les erreurs commises au sujet de l'utilité proprement dite. Elle pallie ces erreurs en donnant aux hommes l'envie d'« avoir les moyens », pour reprendre une expression commune : celui qui est guidé par l'esprit de système « n'imagine pas même que les riches et les puissants sont réellement plus heureux que les autres gens ; mais il imagine qu'ils possèdent plus de moyens d'être heureux »[59]. Ainsi les hommes cherchent-ils à « avoir les moyens » sans se préoccuper de la fin, mais puisque les moyens procurent nécessairement la fin, les hommes obtiennent cette fin sans même l'avoir voulu. Ils œuvrent bel et bien à leur intérêt, bien que ce ne soit pas cet intérêt qu'ils aient en vue.

En ce sens, on peut considérer l'esprit de système comme une heureuse illusion :

> Et il est heureux que la nature nous abuse de cette manière. C'est cette illusion qui suscite et entretient le mouvement perpétuel de l'industrie du genre humain. C'est elle qui d'abord incita les hommes à cultiver la terre, à construire des maisons, à fonder des villes et des États, à inventer et à améliorer toutes les sciences et tous les arts qui ennoblissent et embellissent la vie humaine[60].

Ce phénomène est qualifié d'« heureux » parce qu'il est favorable à l'activité économique. Il est en outre favorable à la morale, dans la mesure où nous avons établi que l'activité économique suppose une conduite morale approuvée par le spectateur impartial. Certes, l'esprit de système n'est pas en tant que tel une vertu, mais il constitue un soutien pour la vertu de prudence. Comme toute considération d'utilité, il est une « pensée seconde » élaborée par la raison, venant renforcer et guider la sensibilité. Ce soutien est certes paradoxal, puisqu'il implique une illusion, mais il est bénéfique, puisqu'il repose sur le jugement du spectateur impartial. S'il se laisse aller à l'illusion de l'esprit de système, l'homme prudent ne le fait par définition que dans les limites que lui autorise la vertu : ce qui change est qu'au lieu de rechercher prudemment la fin, il recherche prudemment les moyens.

■ 58. *Théorie*, p. 256.
■ 59. *Ibid.*, p. 255.
■ 60. *Ibid.*, p. 156.

Quand arrive la désillusion

Comment finissent les arrivistes

Malgré ses effets bénéfiques, l'illusion due à l'esprit de système peut aller trop loin. Smith en donne pour exemple le cas du « fils d'un homme pauvre, que le Ciel dans sa colère a affligé d'ambition », et qui « admire la condition des riches »[61]. Cet homme désire s'enrichir afin de pouvoir lui aussi, un jour, « être logé dans un palais » et « transport[é] dans des machines »[62]. Poussé par l'esprit de système, l'ambitieux pauvre fait des efforts dont il peut tout d'abord s'honorer :

> Il fait des études afin de se distinguer dans quelque profession laborieuse. Par une industrie acharnée, il travaille jour et nuit à l'acquisition de talents supérieurs à ceux de tous ses rivaux. Il s'efforce ensuite de porter ces talents au regard du public, et sollicite avec la même assiduité toutes les occasions d'emploi[63].

Mais l'ambitieux pauvre finit par se livrer à des actes dégradants, et le portrait que Smith en trace adopte progressivement un ton réprobateur :

> Dans ce but, il fait sa cour au genre humain tout entier, sert ceux qu'il déteste, se montre obséquieux envers ceux qu'il méprise. Toute sa vie durant, il poursuit l'idée d'un repos factice et élégant qu'il ne connaîtra peut-être jamais, à laquelle il sacrifie une quiétude réelle toujours à sa portée et qui, si jamais il l'atteint à la toute fin de sa vie, ne lui paraîtra en rien préférable à l'humble tranquillité et au contentement qu'il a abandonnés[64].

Qu'il réussisse ou non à s'enrichir, l'ambitieux pauvre finit de toute façon « le corps épuisé par le labeur et les maladies, l'esprit humilié et irrité au souvenir des milliers de préjudices et de déceptions qu'il imagine avoir subis du fait de l'injustice de ses ennemis, ou de la perfidie et de l'ingratitude de ses amis »[65]. Et, comble de malheur, même s'il parvient effectivement à devenir riche, il n'en ressent plus aucun plaisir et devient même plein de regrets et d'amertume : « En son cœur, il maudit l'ambition et regrette en vain le bien-être et l'indolence de la jeunesse, ces plaisirs à jamais enfuis et qu'il a follement sacrifiés à ce qui, maintenant qu'il le possède, ne lui procure aucune réelle satisfaction »[66].

Qu'est-ce qui explique une trajectoire aussi calamiteuse ? Cela vient du fait que l'esprit de système vient ici renforcer une passion dont le degré d'intensité est excessif. Au lieu d'être le soutien de la vertu, comme dans l'heureuse illusion conforme à la prudence, il devient le soutien du vice, en l'occurrence d'une ambition immodérée. S'il s'était montré prudent, l'ambitieux pauvre aurait pu satisfaire son ambition et s'enrichir sans tomber dans l'avilissement

---

■ 61. *Ibid.*, IV, 1, p. 253.
■ 62. *Ibid.*
■ 63. *Ibid.*, p. 253-254.
■ 64. *Ibid.*, p. 254.
■ 65. *Ibid.*
■ 66. *Ibid.*, p. 255.

et l'amertume. Car, en tant que telle, l'ambition ne constitue pas un vice et n'est pas nécessairement promise à ce sort funeste. Elle n'est qu'une variation parmi d'autres de l'amour de soi : « Ces grands objets de l'intérêt personnel, dont la perte ou l'acquisition change complètement le rang de la personne, sont les objets de la passion proprement nommée ambition »[67]. Elle est une passion très proche de la recherche de la distinction sociale dont nous avons déjà parlé ci-dessus. Et c'est à juste titre que l'ambition, « tant qu'elle demeure dans les bornes de la prudence et de la justice, est toujours admirée dans le monde »[68]. Comme toute autre passion, l'ambition est vertueuse quand son degré d'intensité est modéré et approuvé par le spectateur impartial. Elle n'est vicieuse que quand son degré d'intensité est excessif et condamné par le spectateur impartial ; elle est alors très proche de la vanité. Tel est le cas de l'ambitieux pauvre qu'évoque Smith, lequel est ce que l'on peut bien appeler un arriviste. Il choisit d'assouvir son ambition en prenant une route qui, petit à petit, l'éloigne de la vertu :

> Mériter, obtenir et savourer le respect de l'admiration du genre humain sont les grands objets de l'ambition et de l'émulation. Deux routes différentes nous sont présentées, qui mènent également à cet objet tant désiré : l'une par l'étude de la sagesse et la pratique de la vertu, l'autre par l'acquisition de la richesse et de la grandeur. Deux caractères différents sont présentés à notre émulation : l'un est fait d'ambition orgueilleuse et d'avidité ostentatoire, l'autre d'humble modestie et d'équitable justice[69].

Or, une fois la mauvaise route choisie, l'esprit de système pèse de tout son poids à titre de « pensée seconde ». Il accentue les effets néfastes de l'imprudence.

L'imprudence de l'ambitieux pauvre n'est certes pas l'imprudence commune, dont nous avons parlé ci-dessus, qui consiste à privilégier le court terme sur le long terme. L'ambitieux pauvre prend en compte le long terme, mais sa recherche excessive de la richesse fait qu'il estime mal son intérêt sur deux points. D'une part, pour s'enrichir « il s'oblige durant la première année, voire dès le premier mois de son entreprise, à plus de fatigue et de souci que l'absence de ces commodités [procurées par la richesse] aurait pu lui causer toute sa vie durant »[70]. À l'opposé, l'homme prudent ne cherche à améliorer sa condition que par des efforts mesurés et progressifs :

> L'homme [prudent] qui vit dans la limite de son revenu se contente naturellement de sa situation qui, par de continuels quoique maigres ajouts, ne cesse de s'améliorer chaque jour. [...] Il n'est pas soucieux de changer une situation si confortable, et ne se met pas en quête de nouvelles entreprises ou aventures qui pourraient menacer, sans beaucoup l'améliorer, la sûre tranquillité dont il jouit actuellement[71].

D'autre part, la passion qui habite l'ambitieux pauvre est tellement excessive

---

67. *Ibid.*, II, 6, p. 243.
68. *Théorie*, II, 6, p. 243.
69. *Ibid.*, I, III, 3, p. 104.
70. *Ibid.*, IV, 1, p. 253.
71. *Ibid.*, VI, i, p. 299.

qu'il est porté à convoiter des biens n'ayant plus d'utilité proprement dite. Ici la considération de l'aptitude à l'utilité ne pallie pas les erreurs de calcul au sujet de l'utilité proprement dite, au contraire elle les renforce. En effet, au-delà d'un certain point, la richesse devient sans intérêt. Il faut entendre par là qu'elle coûte aussi cher, et parfois plus cher, à entretenir qu'à obtenir. Elle engendre autant, et parfois plus, de douleur et d'angoisse que de plaisir et de joie. Tel est bien ce que comprend l'ambitieux pauvre à la fin de sa vie, et ce qui le rend si amer :

> La puissance et la richesse apparaissent alors telles qu'elles sont, d'énormes machines compliquées composées des ressorts les plus fins et les plus délicats, inventées afin de produire quelques commodités futiles pour le corps. Des machines qui doivent être maintenues en ordre avec la plus soucieuse attention et qui, en dépit de tout notre soin, menacent à chaque instant d'éclater en morceaux et d'écraser dans leur chute leur malheureux propriétaire. Elles sont d'immenses édifices, dont la construction exige le labeur d'une vie entière, qui menacent à chaque instant d'ensevelir celui qui les habite et qui, tant qu'elles sont debout, quoiqu'elles puissent le prémunir contre de petites incommodités, ne peuvent le protéger d'aucune des sévères rigueurs des saisons. Elles le protègent de la pluie de l'été, non de la tempête de l'hiver, et le laissent toujours aussi exposé, et quelquefois davantage encore qu'il ne l'était auparavant, à l'angoisse, à la crainte et au chagrin, ou aux maladies, au danger et à la mort[72].

Pour le dire autrement, au-delà d'un certain point vouloir s'enrichir est parfaitement frivole. Nous retrouvons l'idée qu'à lui seul, quand il est détaché de toute recherche de l'utilité proprement dite, l'esprit de système ne produit qu'un goût frivole pour les babioles. Compte tenu du rapport entre les avantages et les inconvénients, posséder un palais n'a pas plus d'intérêt que posséder un bibelot :

> Il commence enfin à trouver que la richesse et la grandeur ne sont que des bibelots d'utilité frivole ; qu'elles sont aussi peu propres à procurer le bien-être du corps et la tranquillité de l'esprit que les petites trousses de toilette des amateurs de babioles, et qu'elles sont comme elles, plus gênantes pour celui qui les transporte que ne sont commodes tous les avantages qu'elles peuvent lui procurer[73].

Il faut être aveuglé par la vanité ou l'ambition excessive pour ne pas s'apercevoir de la similitude entre les bibelots et la richesse démesurée :

> Il n'y a pas de différence réelle entre elles, si ce n'est que les commodités des unes sont plus manifestes que celles des autres. Les palais, les jardins, l'équipage, la suite des grands sont des objets dont l'évidente commodité frappe tout le monde. [...] Mais la curiosité d'un cure-dent, d'une machine à couper les ongles ou à curer les oreilles, ou de toute autre babiole de cette sorte, n'a rien d'aussi manifeste. Leur commodité est peut-être aussi grande,

■ 72. *Ibid.*, IV, 1, p. 255.
■ 73. *Ibid.*, p. 254.

mais elle n'est pas aussi frappante [... La richesse et la grandeur] satisfont plus efficacement l'amour de la distinction, si naturel à l'homme[74].

C'est ainsi que l'heureuse illusion peut se transformer en désillusion cruelle. La désillusion vient du fait que, poussé à l'excès, le plaisir de l'esprit de système s'affadit et s'épuise tandis qu'il devient de plus en plus évident que les avantages de la richesse démesurée ne parviennent pas à compenser ses inconvénients. L'illusion s'exténue à force de se heurter brutalement à la réalité. On se rend compte que le jeu, joué de façon aussi excessive, n'en valait pas la chandelle.

Smith ajoute que cet épuisement de l'esprit de système peut certes toucher tous les hommes, même les vertueux, en des temps particuliers de mélancolie ou de maladie : « La grandeur apparaît sous ce jour misérable à quiconque, affligé par la mélancolie ou la maladie, en est réduit à examiner sa propre situation avec attention et à considérer ce qui fait réellement défaut à son bonheur »[75]. Sans même avoir atteint une situation où les avantages de la richesse démesurée ne parviennent pas à compenser ses inconvénients, un mélancolique ou un malade peut se dire que la richesse ne lui sert pas à grand-chose, puisque justement celle-ci ne parvient pas à lui assurer un état d'esprit agréable. Mais, d'une part, il peut rester à l'homme vertueux, une fois privé du plaisir de l'esprit de système, le plaisir de l'approbation morale. D'autre part, l'affadissement du plaisir de l'esprit de système n'est pas durable pour qui ne l'a pas poussé à l'excès. Celui qui n'a pas à se reprocher d'imprudence, et qui n'a pas tout sacrifié à une ambition excessive, retrouve vite le plaisir de l'esprit de système une fois la santé revenue :

> Mais si cette philosophie mélancolique, familière à tout homme en temps de maladie ou d'accablement, déprécie ainsi entièrement ces grands objets du désir humain, nous ne manquons jamais de les considérer sous un aspect plus agréable, une fois recouvrées une santé et une humeur meilleures[76].

Dès le moment d'abattement passé, l'esprit de système peut à nouveau servir de soutien au prudent désir de richesse et à la satisfaction vertueuse de l'amour de soi.

Le capitalisme : l'illusion et la désillusion redoublées

Parce qu'il est guidé par l'esprit de système, le désir de richesse oscille donc entre une heureuse illusion et une désillusion cruelle, selon qu'il emprunte la route de la vertu (ambition prudente) ou celle du vice (arrivisme). Or, cette oscillation n'est sans doute nulle part plus forte que dans le capitalisme. Smith lui-même n'utilise pas ce terme, mais il nous semble permis de nous en servir pour désigner ce que notre auteur thématise explicitement : la démarche qui

74. *Ibid.*
75. *Théorie*, p. 255.
76. *Ibid.*, p. 255-256.

consiste à accumuler du capital pour l'investir en vue d'obtenir un profit[77]. Smith insiste d'autant plus sur l'accumulation du capital en vue du profit qu'il y voit le principal ressort du processus d'augmentation de la richesse dans les sociétés commerçantes[78].

Si le capitalisme est ainsi particulièrement capable de satisfaire le désir de richesse, il est aussi le lieu par excellence de l'illusion engendrée par l'esprit de système[79]. Sur ce point non plus Smith n'est pas explicite, mais les perspectives ouvertes par ses analyses nous paraissent autoriser une telle interprétation. En effet, nous avons vu que l'esprit de système se caractérise par une fascination pour un ensemble de moyens, en mettant entre parenthèses la fin que sont censés viser ces moyens. Or, dans le capitalisme, cette mise entre parenthèses est plus forte que dans aucun autre mode d'enrichissement. L'accumulation du capital en vue du profit se distingue de l'enrichissement en vue de la consommation, ou même de l'épargne, dans la mesure où la fin peut y être entièrement perdue de vue. Lorsqu'on s'enrichit pour consommer, ou lorsqu'on épargne, l'objet visé reste très présent à l'esprit : on s'enrichit ou l'on épargne pour pouvoir s'offrir tel ou tel bien dont on prévoit qu'il procurera du plaisir. En revanche, lorsqu'on accumule du capital afin d'en retirer un profit, non seulement le plaisir est différé, mais encore il est indéfiniment reporté et son objet peut être négligé. On peut investir son capital sans avoir une idée de ce qu'on fera du profit ou, ce qui en un sens revient au même, en ayant simplement à l'idée de le réinvestir encore et encore. Pour le dire de façon triviale, un consommateur ou un épargnant est capable de nommer ce qui lui ferait plaisir, même à très long terme (une maison, un programme d'éducation pour ses enfants, une retraite passée à voyager, etc.) ; mais un capitaliste affirme seulement qu'il cherche un bon placement, sans entendre par là rien de plus défini qu'un investissement offrant un taux de profit élevé.

Il y a donc dans le capitalisme un redoublement, une mise au carré de l'esprit de système, si l'on peut dire : l'homme qui s'enrichit pour consommer, ou qui épargne, cherche à « avoir les moyens », mais l'homme qui capitalise cherche à « avoir les moyens » d'« avoir les moyens ». C'est d'ailleurs grâce à cette mise au carré de l'esprit de système que le capitalisme est plus efficace que n'importe quel autre mode d'enrichissement : la richesse y sert à obtenir de la richesse, et seulement de la richesse. Le capitalisme fonctionne comme un circuit clos, où la richesse se reproduit elle-même, sans jamais s'ouvrir sur la jouissance. Plus exactement, il y a bien un plaisir qui motive le capitaliste, sans quoi il n'agirait pas ; mais ce plaisir n'est pas la jouissance des biens achetés par la richesse, c'est le plaisir gratuit de l'esprit de système. Grâce à

---

[77]. Défini de cette façon, le capitalisme ne se confond pas avec le libéralisme économique. Ce dernier terme désigne le fait que l'État intervienne aussi peu qu'il est raisonnablement possible dans l'activité des individus. Il se trouve que Smith est à la fois partisan du libéralisme et du capitalisme, mais il peut exister un capitalisme d'État n'ayant rien de libéral.

[78]. *Wealth*, II, III, p. 335-337/385-387.

[79]. Voir sur ce point l'article subtil de Daniel Diatkine, « L'utilité et l'amour du système dans la *Théorie des sentiments moraux* » (*Revue philosophique de la France et de l'étranger* 4, 2000), qui analyse l'influence de l'esprit de système d'une part sur la recherche de maximisation du salaire, et d'autre part sur la recherche de maximisation du profit. Nous souscrivons aux résultats de cette analyse, sauf sur un point important : D. Diatkine nous semble ne pas donner assez d'importance à la morale dans sa lecture de Smith, et pense que l'esprit de système peut produire des effets bénéfiques indépendamment de la vertu.

ce plaisir gratuit qui ne vient jamais grever ses comptes, le capitaliste peut assurer le triomphe absolu et définitif de l'utile sur l'agréable, alors que chez le consommateur ou chez l'épargnant ce triomphe n'est que relatif (la fin n'est pas perdue de vue) et provisoire (les biens que la richesse sert à acheter finiront par être consommés).

Mais si le capitalisme est le lieu par excellence de l'illusion engendrée par l'esprit de système, alors on peut craindre qu'il ne soit aussi le lieu de la plus grande des désillusions. Smith n'en dit rien puisque, en analysant la dés-illusion, il se contente de prendre pour exemple le cas d'un arriviste accédant à la richesse par un travail acharné – pas le cas d'un capitaliste recherchant le profit. Mais il n'est pas difficile de voir en quoi consiste la désillusion redoublée, portée au carré, à laquelle peut mener le capitalisme. Plus que l'époque de Smith, d'ailleurs, notre siècle donne à voir avec clarté ce risque de désillusion. Car du XVIIIe au XXIe siècle, le capitalisme s'est transformé, il a évolué vers un type d'économie où l'activité des très grandes entreprises privées se trouve déterminée moins par des entrepreneurs proprement dits que par des actionnaires. Qui plus est, les directeurs de ces entreprises sont de plus en plus rémunérés par un intéressement aux profits de leur entreprise plutôt que par un salaire : il s'ensuit que ces directeurs, dont la fonction naturelle serait d'agir en entrepreneurs, ont eux-mêmes tendance à se comporter comme des actionnaires. Or, le passage d'un capitalisme d'entrepreneurs à un capitalisme d'actionnaires offre bien des exemples de situations où l'excès du désir de richesse est dangereusement accentué par un esprit de système porté au carré : les entreprises peuvent être fusionnées, voire liquidées, parce qu'elles ne procurent pas assez de profit aux actionnaires, quand bien même elles pourraient apparaître saines d'un point de vue strictement entrepreneurial (c'est-à-dire du point de vue de leur situation sur le marché par rapport à la demande des consommateurs et à l'offre des concurrents).

On peut alors légitimement se demander si ces excès du capitalisme d'actionnaires ne sont pas particulièrement propres à être suivis de la dés-illusion et de l'amertume si bien décrites par Smith. Car non seulement les mêmes raisons font que la recherche effrénée de la richesse ne mène pas plus au bonheur les actionnaires d'aujourd'hui que l'arriviste de l'époque de Smith ; mais encore, à ces raisons s'ajoute le fait que ces actionnaires d'aujourd'hui peuvent être les salariés mêmes qui ont à souffrir des excès du capitalisme. C'est en effet un paradoxe propre à notre économie contemporaine qu'une seule et même personne, en tant qu'actionnaire, peut pousser à liquider une entreprise dans laquelle elle travaille en tant que salarié. Ce paradoxe n'existait pas dans le capitalisme d'entrepreneurs tel que l'a connu Smith, si bien que notre économiste ne pouvait en parler. Mais à la lueur de sa théorie de la désillusion engendrée par l'excès du désir de richesse et l'esprit de système, un tel paradoxe n'apparaît que plus flagrant, et plus menaçant.

Conclusion

Nous avons montré comment l'analyse de Smith situe le désir de richesse à la fois par rapport à sa source, l'amour de soi, et par rapport à d'autres variations de cet amour de soi. L'amour de soi connaît deux variations excessives, que le spectateur impartial considère comme des vices parce qu'il ne peut sympathiser avec elles, et deux variations modérées, auxquelles le spectateur impartial accorde le statut vertueux de prudence, parce qu'il peut sympathiser avec elles. Les deux variations vicieuses ont pour nom « passion de la jouissance présente » et « vanité » ; les deux variations vertueuses s'appellent désir de richesse en vue des « nécessités » et désir de richesse en vue des « luxes » ou de la « distinction sociale ».

En outre, l'analyse de Smith montre que le désir de richesse, qui relève de la sensibilité, doit s'orienter grâce aux calculs d'utilité opérés par la raison. Ces calculs peuvent prendre la forme soit de la recherche de l'intérêt, soit de la recherche du plaisir de l'esprit de système, qui est le plaisir d'agencer des moyens en vue d'une fin dont on ne se soucie pas. Ce plaisir de l'esprit de système conduit à une heureuse illusion qui profite au désir de richesse, du moins tant que celui-ci se conforme aux exigences de la vertu. Mais Smith voit avec lucidité que l'illusion, aussi heureuse soit-elle, ouvre la possibilité d'une cruelle désillusion frappant ceux qui recherchent la richesse avec excès.

En somme, la justification que donne Smith du désir de richesse est suffisamment complexe et nuancée pour qu'on la tienne pour véritablement philosophique, et non simplement idéologique. Loin de glorifier l'enrichissement sous n'importe quelle forme, Smith lui impose des conditions de légitimité assez strictes. Ce désir n'est justifié que s'il sait éviter plusieurs écueils : le risque de la jouissance présente (primat de l'agréable sur l'utile), le risque de l'excès (vanité ou ambition démesurée) et le risque de la désillusion (esprit de système mis au service de la vanité ou de l'ambition démesurée). Par là, Smith dresse en quelque sorte le portrait du meilleur candidat à l'enrichissement. On ne trouvera pas chez ce dernier la recherche acharnée du profit et l'esprit de compétition vantés par certains idéologues du libéralisme. Il s'agit plutôt d'un homme prudent et modéré, qui ne souhaite s'enrichir que très progressivement pour ne jamais prendre le risque de perdre ce dont il jouit déjà, et qui sait s'arrêter avant d'atteindre le point où la richesse procure autant, voire plus, d'inconvénients que d'avantages. Autrement dit, l'idéal prôné par Smith est de s'enrichir lentement, sûrement, et jamais au-delà d'une certaine limite. Il s'agit plus de l'idéal d'un bourgeois de classe moyenne et d'un entrepreneur raisonnable que de celui d'un grand prédateur du monde des affaires. Et surtout, il s'agit d'un idéal moral plus que d'un idéal économique. Voilà une raison de chercher chez le grand penseur que fut Smith de quoi nourrir une critique du type d'économie dans lequel nous vivons aujourd'hui.

Michaël Biziou

Le désir

L'ÉGALITÉ OU L'ENVIE
Les passions dans la politique selon Walzer [1]

Florent Guénard

Pour Walzer, la tradition libérale, en rejetant les passions hors de la politique au profit de la rationalité des intérêts, n'a pas vu qu'il y avait de mauvaises et de bonnes passions, et qu'on ne pouvait corriger celles-là que par celles-ci. Ainsi, à l'envie susceptible de mettre en question le lien social dans les sociétés modernes industrialisées, il faut opposer le désir d'égalité. Seulement il faut le concevoir non comme la volonté d'une égalisation radicale des conditions, mais comme l'effort pour maintenir séparées les sphères de distribution des différents biens.

Dans *Raison et Passion. Pour une critique du libéralisme*, Michael Walzer développe trois critiques, distinctes mais liées, à l'encontre des théories libérales contemporaines. D'une part, considérant qu'il n'y a d'associations légitimes que celles auxquelles l'individu consent, elles négligent l'étude des associations involontaires, comme la famille ou la nation. D'autre part, elles exagèrent l'importance de la délibération rationnelle dans la vie politique en général, dans la vie démocratique en particulier [2]. Enfin, elles tendent à exclure les passions hors de la politique, au profit du calcul rationnel d'intérêt [3]. Or, ces trois critiques ont un enjeu commun : les erreurs du libéralisme ont « pour effet d'accroître les difficultés de la lutte contre l'inégalité » [4].

En effet, les associations involontaires sont des espaces inégalitaires. Sans qu'on le veuille, on se trouve engagé au sein de communautés (sociales,

---

1. Cet article est paru initialement dans le n° 115 (Octobre 2008) des *Cahiers Philosophiques*
2. « Les délibérations d'individus autonomes ne constituent qu'un moindre aspect du scénario politique en démocratie. », (M. Walzer, *Raison et Passion. Pour une critique du libéralisme*, trad. fr. C. Fort-Cantoni, Paris, Circé, 2003, p. 7).
3. *Ibid.*, p. 8-9.
4. *Ibid.*, p. 8.

religieuses, raciales, sexuelles) dans des rapports hiérarchiques, face à des obligations diverses. Ne pas prêter attention à ces liens, c'est tomber dans l'abstraction et penser que nous sommes des individus autonomes et autarciques. En outre, concevoir la démocratie uniquement comme un espace de délibération entre sujets égaux, respectueux les uns des autres dans l'échange mutuel des idées, tend à occulter la réalité de la politique, notamment que la conquête de l'égalité passe par des conflits où s'investissent des formes non délibératives d'action. Enfin, souligne Walzer, on ne peut s'opposer avec efficacité aux structures qui font perdurer l'inégalité qu'en étant animé par d'intenses passions.

C'est à comprendre cette importance politique des passions pour Walzer que cette réflexion est consacrée. Quel est le rôle qu'il leur attribue dans la vie politique des démocraties industrialisées ? Pourquoi la théorie libérale refuse-t-elle selon lui de les prendre en compte ? Comment l'analyse que développe Walzer des passions politiques s'intègre-t-elle à la théorie de la justice qu'il défend, et comment répond-elle aux objections du libéralisme contemporain ?

En réponse à ces questions, je voudrais montrer que la théorie de l'égalité complexe défendue par Walzer contre les théories libérales contemporaines repose sur une analyse des passions qui poussent à désirer l'égalité. Autrement dit, l'égalité complexe est, pour Walzer, *l'objet naturel de l'amour de l'égalité*[5]. Je voudrais également prouver qu'un tel objet de désir empêche cette passion de se pervertir en *envie*, dont les effets tendent à détruire l'association communautaire – ce que précisément les théories libérales contemporaines ne savent pas voir.

La passion pour l'égalité

Bonnes passions et mauvaises passions

Dans le troisième chapitre de *Raison et Passion*, Walzer s'oppose directement à Albert Hirschman. Dans la conclusion de son ouvrage *Les Passions et les Intérêts*, celui-ci se réfère à Schumpeter, selon lequel l'impérialisme n'est pas un effet nécessaire du capitalisme, mais au contraire le produit de la mentalité pré-capitaliste des classes dirigeantes européennes[6]. Si les passions, selon Schumpeter, peuvent pousser à la guerre, en revanche l'intérêt est pacificateur – ce que lui accorde Hirschman, même si, selon lui, les rapports entre la guerre et l'intérêt sont plus complexes que ne le pense Schumpeter.

C'est l'opposition entre les passions et les intérêts, soit entre l'aristocrate et la guerre d'une part, le bourgeois et le commerce d'autre part, qui intéresse Walzer. Cette distinction est fondatrice de la pensée libérale, qui se construit à partir du XVIIIe siècle dans une disqualification de la passion jugée trop imprévisible, trop violente, constituant ainsi une menace pour l'unité de la communauté. Pour Walzer, la pensée libérale contemporaine a hérité de cette

5. Les termes « désir » ou « amour » sont ici pris dans leur sens le plus courant : ils désignent de manière générale notre tendance à vouloir l'égalité.

6. A. Hirschman, *Les Passions et les Intérêts*, trad. fr. P. Andler, Paris, P.U.F., 1980, p. 121. Voir J. Schumpeter « Contribution à une sociologie des impérialismes » (1919), dans *Impérialisme et Classes sociales*, trad. fr. S. de Segonzac et P. Bresson, revue par J.-C. Passeron, Paris, Minuit, 1972, p. 109-154.

disqualification, qui la pousse à rejeter la passion en dehors de la politique : celle-ci ne doit reposer que sur l'intérêt personnel, sur le calcul, sur la prévision. La conviction morale, et avec elle les passions affiliatives, n'ont pas de place dans un espace où les conflits sont limites aux seuls intérêts, afin précisément qu'ils ne débouchent pas sur la guerre civile[7].

Or, cette disqualification politique de la passion rencontre deux limites selon Walzer.

La première est *historique* : le divorce entre passion et rationalité n'est pas si manifeste. Il se trouve que certains mouvements politiques, animés par de fortes convictions morales et conduits par d'intenses passions, n'en sont pas moins rationnels. Il en est ainsi des mouvements de libération nationale, de défense du droit des femmes ou des minorités ethniques, qui lancent des appels rationnels au monde, « tout en imposant des contraintes morales à leurs propres activistes »[8].

La seconde est *politique*. On ne peut lutter contre l'inégalité qu'en ayant de fortes convictions ; rejeter les passions, les exclure de la politique, c'est bien se condamner à subir l'inégalité. La critique est importante : si le libéralisme n'est nullement par essence inégalitaire, il n'en reste pas moins qu'il se coupe du ressort qui rend possible une politique égalitaire.

La critique du libéralisme, que Walzer entend mener à bien, passe nécessairement par une réhabilitation des passions politiques. Pour cela, il faut changer de paradigme : substituer à l'opposition entre l'intérêt et la passion, soit entre la raison et la passion, une séparation entre les bonnes et les mauvaises passions. L'ambition est « de brouiller la démarcation entre raison et passion, de rationaliser (en partie) les passions, et d'insuffler de la passion dans la raison »[9]. Les passions politiques sont légitimes dans la mesure où elles n'excluent nullement un jugement rationnel. Walzer donne l'exemple de l'agression militaire, que Schumpeter considère comme le type même de la passion intense, violente, sans limites. Si nous la condamnons, ce n'est pas simplement parce que nous jugeons rationnellement que l'agression n'est pas légitime. Nous la rejetons aussi parce qu'il entre dans notre réaction une identification émotionnelle avec ceux que nous voyons attaqués.

Walzer peut ainsi conclure : le rationalisme libéral ne peut pleinement comprendre de quoi la vie politique est faite, le dualisme qui oppose raison et passion est artificiel, il ne correspond pas à la réalité de l'engagement politique. Si l'on veut affronter les hiérarchies que constituent le pouvoir et l'argent, il faut faire appel aux passions affiliatives du peuple. Le rationalisme libéral ne peut être critique ; plus encore, en disqualifiant la passion, il justifie, implicitement, l'ordre établi.

Ces conclusions éveillent un certain nombre d'interrogations. j'en retiendrai deux.

D'abord, s'agit-il seulement pour Walzer, dans cette critique du rationalisme libéral, de dénoncer son formalisme et son artificialisme ? De montrer qu'une

---

7. M. Walzer, *Raison et Passion, op. cit.*, p. 81.
8. *Ibid.*, p. 83.
9. *Ibid.*, p. 84.

telle démarche procède à une réduction arbitraire de la politique, restreinte à la seule délibération ?

Ensuite, ne peut-on pas objecter à Walzer que l'appel aux passions affiliatives enveloppe le danger d'éveiller des passions qui, comme l'envie ou la haine, sont autant d'obstacles à une politique égalitaire ? Plus encore, qui menacent l'unité d'une communauté ?

Ces questions me semblent décisives. Il semble qu'il faille y répondre dans les deux cas par la négative. D'une part, il est vrai que la critique du formalisme libéral est centrale dans l'œuvre de Walzer, qu'elle est au cœur de sa réflexion sur la justice (les théories libérales contemporaines, Rawls notamment, cherchent à inventer des principes de justice, mais cette invention est peu opératoire, parce qu'elle est transculturelle, sans rapport avec les situations historiques des peuples[10]). Mais cette reconnaissance du rôle politique des passions n'a pas seulement une portée critique : elle apporte une justification essentielle à la théorie de l'égalité complexe qu'il veut défendre. D'autre part, lorsque Walzer en appelle aux passions affiliatives, il a pleinement conscience que toutes ces passions n'ont pas nécessairement des conséquences égalitaires : « Les passions ainsi ravivées ne peuvent qu'inclure l'envie, le ressentiment et la haine, qui sont les conséquences ordinaires de la domination hiérarchique. Ce sont aussi les démons émotionnels de la politique »[11]. Le risque est grand d'éveiller de tels démons ; aussi est-il essentiel de comprendre comment, en politique, les bonnes passions peuvent être opposées à celles qui ne font que renforcer les tyrannies.

Désir d'égalité et démocratie

Pour Walzer, la démocratie moderne ne peut se définir seulement comme ce régime du pouvoir que le consentement rend légitime. Une telle définition est à la fois trop formelle et trop restrictive : elle s'en tient aux seules institutions, elle est aveugle à la pluralité des régimes démocratiques. Autrement dit, elle laisse de côté l'essentiel : la démocratie pour Walzer est un état d'esprit, qui motive un engagement actif dans la vie politique de la communauté. Cette participation peut prendre plusieurs formes, comme Walzer le précise dans *Morale maximale, morale minimale* : le vote, mais aussi l'organisation de débats, de rassemblements, de manifestations, de pétitions[12]. Qu'est-ce qui pousse le citoyen démocratique à cette participation ? C'est son désir d'égalité. Walzer suit Tocqueville : la démocratie, ce n'est pas un régime politique, c'est une forme sociale ; ce n'est pas l'amour de la liberté, c'est, dans les cœurs, le désir d'égalité[13].

Si l'amour de l'égalité définit la citoyenneté moderne, il reste à déterminer à la fois la nature de ce désir et celle de son objet : autrement dit, quel désir ?

■ 10. Voir M. Walzer, *Critique et Sens commun*, trad. fr. J. Roman, Paris, La Découverte, 1990, p. 19 *sq.* ; « La justice dans les institutions » (1984), dans *Pluralisme et Démocratie*, trad. fr. collective, Paris, Esprit, 1997, p. 29-51 ; « La critique communautarienne du libéralisme » (*Critique et Sens commun*, *op. cit.*, p. 53-82). Voir également Justine Lacroix, *Michael Walzer. Le Pluralisme et l'Universel*, Paris, Michalon, 2001, p. 52 *sq.*
■ 11. M. Walzer, *Raison et Passion, op. cit.*, p. 89.
■ 12. M. Walzer, *Morale maximale, morale minimale*, trad. fr. C. Fort, Paris, Bayard, 2004, p. 89 *sq.*
■ 13. Voir Tocqueville, *De la démocratie en Amérique*, livre II, partie II, chap. i, dans *Œuvres*, I, Paris, Gallimard, 1992, coll. « Bibliothèque de la Pléiade », p. 609 *sq.*

quelle égalité ? Le problème est complexe : en effet l'exercice de la démocratie s'accompagne nécessairement d'inégalité, et suppose par conséquent que l'on puisse convaincre les citoyens de consentir à l'inégalité. Acquérir un pouvoir, en effet, c'est se rendre supérieur ; si une telle supériorité est jugée illégitime parce qu'elle contredit le désir d'égalité, tout pouvoir doit apparaître nécessairement tyrannique. Est-ce à dire que cet amour de l'égalité est soit insincère soit incompatible avec le fonctionnement d'une démocratie ? Ce serait le cas si l'égalité *simple*, c'est-à-dire arithmétique, était l'objet du désir démocratique. Or, dans l'avant-propos de *Sphère de justice*, Walzer démontre une proposition lourde de conséquence : *on ne peut pas désirer l'égalité simple* ; si on désire l'égalité (et il se trouve qu'on la désire), on ne peut désirer qu'une forme d'égalité qui ne soit pas un nivellement des conditions. En d'autres termes, « l'attrait exercé par l'égalité ne peut s'expliquer par son sens littéral »[14]. Désirer l'égalité simple, c'est penser que le monopole d'un bien dominant est injuste et qu'il faut une politique qui tende à en égaliser la possession. Mais une telle égalisation suppose une concentration radicale du pouvoir politique, donc sa distribution inégale[15]. Les moyens mis en œuvre contredisent radicalement la fin visée. L'égalité pure et simple est un concept *critique* (il permet de dénoncer des inégalités flagrantes) mais il ne saurait être un concept *normatif* (il ne peut pas régir les distributions), parce qu'il est instable. Plus encore, il n'est pas un objet de désir, ou plutôt il nourrit un désir illusoire. On peut le dire autrement : *les hommes ne désirent pas l'égalité simple quand ils pensent la désirer, parce qu'ils refusent les conséquences d'une telle passion.* Ils ne savent pas nécessairement ce qu'ils désirent lorsqu'ils poursuivent l'égalité. Et c'est à éclairer une telle passion que *Sphères de justice* est consacré.

Walzer montre ainsi que l'égalitarisme trouve sa vérité dans le désir d'égalité complexe, et qu'ainsi la tendance à l'égalité consiste à vouloir la fin de la *prédominance* d'un bien social, non la fin du *monopole* de ce bien par une partie de la population. Autrement dit, elle consiste à vouloir une répartition juste des biens sociaux c'est-à-dire une distribution autonome de ces mêmes biens, chacun délimitant ainsi sa propre sphère de distribution[16]. Ce qui est refusé, ce sont les conversions illégitimes de biens d'une sphère à l'autre : l'argent des riches, par exemple, ne doit pas devenir du pouvoir politique. C'est là une tyrannie insupportable[17].

Ces remarques nous mènent ainsi à deux conclusions.

En premier lieu, *l'égalitarisme bien compris mène à la théorie de l'égalité complexe.* Cette théorie n'est pas une invention rationnelle ou procédurale : elle est la conséquence de notre réaction spontanée face aux injustices. En effet, nous réagissons bien avec colère devant les inégalités qui nous paraissent illégitimes. Seulement toutes ne paraissent pas illégitimes :

14. M. Walzer, *Sphères de justice*, trad. fr. P. Engel, Paris, Seuil, 1997, p. 13 (désormais noté *SJ*).
15. M. Walzer, *Morale maximale, morale minimale, op. cit.*, p. 58.
16. M. Walzer, *SJ*, p. 36 *sq.*
17. Walzer cite Pascal (*ibid.*, p. 43), qui inspire l'argument général de *Sphères de justice* : « La tyrannie consiste au désir de domination, universel et hors de son ordre » (*Pensées*, L. 58).

À la racine, la signification de la notion d'égalité est négative ; l'égalitarisme est à l'origine une politique abolitionniste. Son but est d'éliminer non pas toutes les différences, mais un ensemble particulier de différences, et un ensemble différent qui varie selon l'époque et le lieu[18].

Si le rationalisme libéral disqualifie les passions et les exclut de la politique, c'est non seulement parce qu'il se méprend sur la nature de l'action politique (la lutte contre l'inégalité n'a de chance d'aboutir que si elle s'appuie sur les passions des peuples), mais encore parce qu'il ne comprend pas la nature de l'égalitarisme : *il confond notre réaction face aux inégalités illégitimes avec le désir d'un nivellement des conditions*. Je reviendrai plus loin sur les conséquences de cette erreur.

Il reste, en second lieu, que Walzer ne dit pas que l'objet de l'égalitarisme des peuples est transparent à leurs propres yeux. *Les peuples ne savent pas nécessairement qu'ils désirent l'égalité complexe*. Cette précision est essentielle, car elle permet de comprendre comment Walzer entend le rôle de la philosophie en politique, soit de la philosophie politique et morale : il s'agit bien d'une critique interne, immanente, qui interprète les faits moraux existants[19]. Ces faits moraux ont besoin d'être lus : ils ont besoin d'être « traduits, construits, commentés, élucidés et pas simplement décrits »[20]. On peut comprendre alors ce que Walzer entend lorsqu'il dit vouloir « rationaliser (en partie) les passions » : il s'agit bien à la fois de montrer qu'elles sont rationnelles (l'égalitarisme bien compris repose sur une conception adéquate de l'égalité) et de dénoncer les illusions qu'elles peuvent cependant recouvrir (il existe bien une manière fausse de désirer l'égalité).

Envie et théorie libérale

Envie et ressentiment

Cependant, une telle rationalisation de l'amour de l'égalité n'est possible que si l'égalitarisme se distingue nettement de l'envie et du ressentiment. Or, c'est bien ce qu'on objecte aux passions égalitaires : elles ne font que traduire la frustration des pauvres, des faibles, de tous ceux qui ne peuvent supporter que des différences se creusent à leurs dépens. Les passions démocratiques ainsi comprises sont hypocrites, et nullement préoccupées par le bien commun. C'est là une objection majeure, que Walzer mentionne explicitement : « Les gens qui s'opposent à [l'égalitarisme] soutiennent souvent que les passions qui animent la politique égalitariste sont l'envie et le ressentiment »[21].

Il faut bien comprendre ce qu'engage une telle assimilation de l'amour de l'égalité et de l'envie, et en conséquence ce que requiert leur distinction. Jean-Pierre Dupuy a montré que la question de l'envie est déterminante dans les théories libérales de la justice parce que l'envie est une passion sociale, qui produit nécessairement une altération de la rationalité et de l'autonomie

■ 18. *SJ*, p. 15.
■ 19. M. Walzer, *Morale maximale, morale minimale, op. cit.*, p. 71 *sq.*
■ 20. M. Walzer, *Critique et Sens commun, op. cit.*, p. 42.
■ 21. M. Walzer, *SJ*, p. 15-16.

de l'individu[22]. L'envie est cette passion qui pousse à rabaisser la condition de celui qu'on envie, quitte pour cela à rabaisser sa propre condition. Kant en donne une définition dans la *Doctrine de la vertu*, à laquelle Rawls se réfère dans la *Théorie de la justice* :

> *L'envie* (*livor*), comme penchant à percevoir avec douleur le bien qui arrive aux autres, quoique le sien n'en soit nullement affecté et qui, s'il aboutit à l'acte (qui consiste à diminuer le bien d'autrui), est de l'envie *qualifiée*, et autrement seulement de la jalousie (*invidentia*), n'est cependant qu'une intention indirectement mauvaise, je veux dire le déplaisir de voir notre propre bien mis dans l'ombre par celui d'autrui, parce que nous ne savons pas estimer celui-là dans sa valeur intrinsèque, mais seulement en comparaison avec le bien des autres et que c'est ainsi seulement que nous pouvons nous en rendre sensible l'estimation[23].

L'envie n'est pas la jalousie : la première est suivie d'effet, alors que la seconde ne l'est pas. Robert Nozick affine la distinction : on est envieux lorsqu'on préfère ne pas posséder un bien si c'est la condition pour que l'autre ne le possède pas, tout en préférant évidemment le posséder si l'autre n'a aucune chance de l'avoir. Mais nous sommes jaloux seulement si nous préférons la situation où nous possédons tous deux un bien, à la situation où lui le possède, et moi non, tout en restant indifférents à la situation où l'un et l'autre ne le possèdent pas[24].

Or, selon Nozick, l'égalitarisme n'est pas autre chose que de l'envie et du ressentiment. Son raisonnement tient au fond en trois propositions. En premier lieu, la justice découle des droits de possession. Or, le droit à la possession n'enveloppe nullement avec lui l'idée que l'égalité est légitime. Autrement dit, l'égalité n'est pas une valeur en soi[25]. En second lieu, on considère que, puisque les principes égalitaires sont justifiables séparément, il n'est nul besoin de les faire dépendre d'une psychologie de l'envie. Or, l'argument aux yeux de Nozick n'a pas de valeur, puisque nous constatons tous, sans discussion, que nous avons une grande propension à ériger nos désirs en principes rationnels[26]. Enfin, à supposer même que l'égalitarisme ne naisse pas de l'envie, il faut bien comprendre que l'égalisation radicale des conditions et des situations ne peut qu'engendrer une envie encore plus vive. L'argument est simple : si l'on élimine un grand nombre de dimensions différenciatives, il est fortement probable que la plupart des individus considéreront qu'ils n'obtiennent pas de bons résultats sur aucune de celles qui restent. Autrement dit, n'ayant pas une bonne image d'eux-mêmes, leur envie qui procède des comparaisons

---

■ 22. J.-P. Dupuy, *Libéralisme et Justice sociale*, Paris, Hachette, 1992, p. 60 *sq*. Voir également sur cette question Pierre Rosanvallon, *La Crise de l'État-providence*, Paris, Seuil, 1992, p. 97 *sq*.

■ 23. E. Kant, *Doctrine de la vertu*, trad. fr. A. Philonenko, Paris, Vrin, 1996, § 36, p. 136. Voir J. Rawls, *Théorie de la justice*, trad. fr. C. Audard, Paris, Seuil, 1987, p. 575.

■ 24. Voir R. Nozick, *Anarchie, État et utopie*, trad. fr. E. d'Auzac de Lamartine, revu par P. E. Dauzat, Paris, P.U.F., 2003, p. 294.

■ 25. « La conception de la justice fondée sur les droits de possession ne donne aucune présomption en faveur de l'égalité, ni de tout autre modèle d'ensemble ou d'état final » (R. Nozick, *Anarchie, État, utopie, op. cit.*, p. 287).

■ 26. « Compte tenu de la grande ingéniosité avec laquelle les gens érigent leur rêve en principe afin de rationaliser leurs émotions, et étant donné la grande difficulté qu'il y a à découvrir des *arguments* en faveur de l'égalité en tant que valeur en soi, cette objection manque pour le moins de fondements » (*ibid.*, p. 295).

interpersonnelles ne peut que s'en trouver augmentée. Je reviendrai plus loin sur cet argument.

Face à de telles objections, la position de Walzer va consister à distinguer, dans un premier temps, l'envie et le ressentiment ; et dans un deuxième temps, à montrer que l'égalitarisme n'est nullement lié à l'envie, qu'au contraire celui-ci est une tentative consciente pour échapper à la condition qui la produit. L'envie ne peut pas disparaître absolument dans nos sociétés industrielles : seulement elle peut être limitée de telle sorte qu'elle soit sans effet sur la justice distributive et sur le lien social[27]. Walzer reprend implicitement sur ce point la distinction de Rawls entre envie générale et envie particulière[28] : l'envie *particulière* consiste à envier les succès de ses rivaux, à convoiter ce qu'ils ont obtenu alors que l'envie *générale* est l'envie des plus défavorisés à l'égard des plus favorisés. La première peut être considérée comme émulative, alors que la deuxième est une forme de rancœur. C'est l'envie générale qui menace l'égalitarisme, aux yeux de ses critiques.

La distinction entre envie et ressentiment est elle aussi empruntée à Rawls. Celui-ci montre, dans la section 80 de *Théorie de la justice*, que le ressentiment est un sentiment moral, qui naît d'une réaction devant une injustice, devant une différence illégitime. Mais l'envie n'est pas un sentiment moral : elle n'est pas naturelle, elle n'invoque pas, à son principe, un concept moral[29].

Dans l'avant-propos de *Sphères de justice*, Walzer associe l'envie et le ressentiment : ce sont toutes les deux des passions inconfortables, on peut penser qu'il n'existe aucun plaisir à les éprouver, et par conséquent qu'on cherche collectivement à y échapper[30]. Cependant, il les distingue nettement dans le premier chapitre : le ressentiment exprime une résistance face aux conversions illégitimes de biens, c'est-à-dire à la forme de tyrannie que définit l'égalité complexe. On refuse, de manière spontanée, que le monopole d'un bien social se convertisse, dans un autre ordre, en un autre bien social. Par exemple, on s'insurge lorsque l'argent devient du pouvoir politique. Notre réaction dans ce cas est passionnelle avant d'être réfléchie : nous refusons naturellement la tyrannie.

Égalité complexe et envie

Si la distinction entre envie et ressentiment est claire, il est plus difficile de comprendre pourquoi la tendance à l'égalité ne se confond pas avec l'envie, plus encore lui résiste. Une telle question, qui exige un plus long développement, suppose en fait de ressaisir ce que peut être une conception communautarienne de l'amour de l'égalité.

■ 27. M. Walzer, *SJ*, p. 16.
■ 28. J. Rawls, *Théorie de la justice, op. cit.*, section 80, p. 574.
■ 29. « Il faut dire de plus que l'envie n'est pas un sentiment moral. Pour en rendre compte, il n'est besoin de citer nul principe moral. Il suffit de dire que la meilleure situation des autres attire notre attention. Nous prenons ombrage de leur chance et ne donnons plus autant de valeur à ce que nous possédons ; ce sentiment de souffrance et de perte suscite notre rancœur et notre hostilité » (J. Rawls, *Théorie de la justice, op. cit.*, p. 576).
■ 30. M. Walzer, *SJ*, p. 16.

L'individu envieux n'est pas rationnel. Dans une société où règnerait l'envie, les critères de Pareto-optimalité ne seraient pas applicables[31]. Faut-il alors considérer que le rationalisme libéral, que dénonce Walzer, ne peut que nier l'existence de l'envie, et reposer sur la fiction d'une indifférence absolue des individus les uns à l'égard des autres? Le problème est complexe.

Pour Rawls, les tendances à l'envie existent, il n'est pas question de les nier. Mais elles ne constituent pas une objection à la théorie de la justice comme équité, ou un obstacle à son application. Il faut distinguer deux situations. En premier lieu, on peut faire raisonnablement l'hypothèse que les partenaires, dans la position originelle, ne connaissent pas l'envie. Les individus sont supposés rationnels, et l'être rationnel « ne considère pas qu'une perte n'est acceptable pour lui-même qu'à condition que les autres perdent aussi »[32]. On considère les partenaires comme seulement soucieux de maximiser « l'indice le plus élevé de biens sociaux premiers »[33] : ils souhaitent réaliser un score absolu aussi élevé que possible, sans se préoccuper de leur sort relatif.

Cependant, une telle hypothèse n'est pas pertinente lorsqu'on examine la situation des individus qui vivent dans une société bien ordonnée, c'est-à-dire selon les principes de justice adoptés dans la position originelle. Rawls l'énonce clairement : cet examen requiert une réflexion d'ordre psychologique. C'est l'objet des sections 80 et 81. L'envie, souligne Rawls, est un vice qui vient d'un manque de confiance en soi, combiné à un sentiment d'impuissance[34]. Pour que l'envie générale domine dans les rapports sociaux, il faut trois conditions. La première est *psychologique* : il faut que les individus connaissent une crise de confiance en leur propre valeur. Les deux autres sont *sociales* : les différences entre les individus doivent être visibles d'une part, la supériorité des uns ne doit pas apparaître aux autres comme une possibilité d'améliorer leur propre sort d'autre part. Or, dans la société bien ordonnée, ces conditions sont largement atténuées pour trois raisons : les principes de justice garantissent l'estime de soi parce que chacun est traité également; le principe de différence autorise les inégalités, mais la multiplicité des groupes tend à réduire la visibilité des différences; enfin, ces inégalités doivent permettre des possibilités constructives pour chacun. L'argument principal de Rawls est sans doute le second : il faut travailler sur la visibilité des différences et ainsi empêcher que des passions envieuses se développent.

Nozick s'oppose à Rawls sur ce point. Il considère qu'on ne peut empêcher l'envie de croître que par des moyens inverses : non pas rendre les différences invisibles, mais au contraire chercher, d'une certaine manière, à les multiplier. L'envie selon lui est une « étrangeté » qu'il est vain de vouloir éliminer. Car

■ 31. Un état est Pareto-supérieur, si aucun des individus qui le composent n'en préfère un autre, alors qu'un au moins le préfère à tous les autres états possibles; et une situation est Pareto-optimale si aucune autre situation n'est possible qui soit unanimement préférée. Ces critères supposent, comme l'a montré Jean-Pierre Dupuy, que l'on fasse abstraction des passions sociales : les hommes coexistent sur le mode de l'indifférence absolue les uns à l'égard des autres, ils se déterminent en fonction de leur seul intérêt particulier (J.-P. Dupuy, *Libéralisme et Justice sociale, op. cit.*, p. 47 *sq*. Voir également Philippe Van Parijs. *Qu'est-ce qu'une société juste? Introduction à la pratique de la philosophie politique*, Paris, Seuil, 1991, chap. 2).
■ 32. J. Rawls, *Théorie de la justice, op. cit.*, section 25, p. 175.
■ 33. *Ibid.*, p. 176.
■ 34. *Ibid.*, p. 577.

l'estime de soi ne peut venir que des comparaisons interpersonnelles : on compare ses propres résultats à ceux des autres. Égaliser les positions, on l'a vu, n'est d'aucun effet. Au contraire, l'envie n'en est que plus intense. Dès lors, il faut s'appliquer non à éteindre les passions d'amour-propre, mais à les transformer : en laissant se multiplier les dimensions sur lesquelles peuvent s'appliquer des comparaisons interpersonnelles, on renforce les chances de chacun de trouver un domaine où il obtiendra des résultats comparativement bons. L'envie est ainsi transformée en un dynamisme de rivalité, par la pluralité des différences.

Or, Walzer reprend à son compte l'argument de Nozick, ou du moins une partie de son argument : on ne peut, comme le fait Rawls, penser que l'envie disparaît dans les situations d'équité. Il faut au contraire jouer sur la pluralité des biens, mais aussi sur la différenciation des personnes. Il y a, pour chacun, un domaine, une sphère, où il peut exceller :

> Tel mathématicien génial est un piètre politicien. Tel musicien talentueux est tout à fait incapable de communiquer avec son prochain. Tel parent attentif et affectueux n'a aucun sens des affaires. Tel entrepreneur ambitieux et brillant est moralement lâche. Tel clochard dans la rue ou tel criminel en prison est un habile artisan, un poète ignoré ou un orateur hors pair[35].

Il ne s'agit donc pas de réduire la visibilité des différences, mais au contraire de les rendre visibles tout en les maintenant séparées.

L'argument de Walzer semble ainsi obtenir une vraisemblance psychologique dont la théorie de Rawls, plus abstraite, est peut-être dépourvue : celui-ci joue sur l'ignorance des différences, qu'on pourrait croire peu crédible, sauf à réduire la société à une agrégation d'individus extérieurs les uns aux autres. *Il paraît vraisemblable au contraire de penser que chacun aime un système d'égalité complexe où l'estime de soi reste possible pour tous et qui, de ce fait, protège de l'envie.* Mais si Walzer reprend à son compte l'argument de Nozick, il en modifie radicalement le mode d'application : *car l'égalité complexe ne tient que si l'État veille à maintenir les sphères séparées,* alors que pour Nozick, l'État ne peut que gêner la transformation de l'envie en rivalité, en ne laissant pas les domaines de comparaison se multiplier.

Communauté et amour de l'égalité

Cependant, la position de Walzer peut rencontrer deux objections. D'abord, à multiplier les différences, ne risque-t-on pas l'éclatement de la société en espaces de rivalité où chacun peut obtenir l'estime de soi ? Ensuite, n'est-il pas abstrait de penser que l'estime de soi est générale si les sphères sont séparées ? Comment éviter que les comparaisons interpersonnelles à l'intérieur des sphères ne tournent pour certains à la mésestime de soi et aux passions malveillantes d'amour-propre ? Comment éviter de devenir un tyran, qui cherche à compenser la mésestime de soi par des conversions illégitimes de biens ?

■ 35. M. Walzer, « Exclusion, injustice et État démocratique », *Pluralisme et Démocratie, op. cit.,* p. 200.

Walzer se défend, implicitement, contre ces deux objections. D'une part, on ne peut pas multiplier arbitrairement les sphères, parce que celles-ci dépendent des significations sociales communes, des valeurs partagées, bref du social-historique[36]. C'est sur ce point que Walzer se distingue nettement de Nozick. Pour ce dernier, les biens sur lesquels la comparaison est possible sont en grand nombre : « Pensez aux différents attributs que l'on peut *envier* chez un autre, et vous vous rendrez compte des immenses possibilités d'amour-propre différencié »[37]. Mais il privilégie les associations volontaires et n'est pas attentif à la manière dont se constituent les significations sociales. D'autre part, il ne faut pas confondre *estime de soi* et *respect de soi*. La distinction échappe aux libéraux, parce qu'ils ne comprennent pas, comme Rawls et Nozick, ce qu'est une communauté.

Estime de soi et respect de soi

Les libéraux pensent les individus comme séparés, s'associant seulement volontairement. Une telle analyse, aux yeux de Walzer, empêche de comprendre les liens qui nous unissent et, par conséquent, de saisir les résistances des individus modernes aux tendances dissociatives de nos sociétés – ce que Walzer appelle les quatre mobilités : géographique, sociale, matrimoniale, politique[38]. Plus largement encore, elle nous empêche de saisir comment le soi se constitue dans son appartenance à la communauté. C'est pour cette raison que les théories libérales en viennent à disqualifier les passions et à les rejeter hors de la politique.

Ce défaut se cristallise autour d'une distinction pour Walzer fondamentale entre *estime de soi* et *respect de soi*, à laquelle selon lui peu de philosophes contemporains ont prêté attention[39]. Rawls les confond en effet explicitement :

> Nous pouvons définir le respect (ou l'estime) de soi-même [*self-respect (or self-esteem)*] par deux aspects. Tout d'abord [...], il comporte le sens qu'un individu a de sa propre valeur, la conviction profonde qu'il a que sa conception du bien, son projet de vie valent la peine d'être réalisés. Ensuite, le respect de soi-même implique la confiance en sa propre capacité à réaliser ses intentions, dans la limite de ses moyens[40].

Le sentiment de notre propre valeur (le premier aspect) a deux origines : avoir un projet rationnel de vie et être valorisé par d'autres personnes. Cette seconde condition est indispensable : « Sans l'appréciation de nos concitoyens, il nous est impossible de rester convaincus que nos entreprises ont de la valeur »[41]. Le deuxième aspect (la confiance en soi) dépend évidemment des réussites et des échecs que l'on peut rencontrer dans la

---

■ 36. « Tous les biens sur lesquels porte la justice distributive sont des biens sociaux. Ils ne sont pas évaluables de manière idiosyncrasique et ne peuvent pas l'être » (M. Walzer, *SJ, op. cit.*, p. 28).

■ 37. R. Nozick, *Anarchie, État et utopie, op. cit.*, p. 301.

■ 38. Nous ne nous sentons plus appartenir à un lieu déterminé ; les transmissions sociales sont de plus en plus incertaines ; la famille traditionnelle n'existe plus ; les citoyens se sentent détachés à l'égard des organisations politiques (M. Walzer, « La critique communautarienne du libéralisme », *Pluralisme et Démocratie, op. cit.*, p. 61 *sq.*).

■ 39. M. Walzer, *SJ, op. cit.*, p. 381.

■ 40. J. Rawls, *Théorie de la justice, op. cit.*, section 67, p. 479-480.

■ 41. *Ibid.*, p. 480.

réalisation de ses projets.

Si Rawls se trompe, c'est parce qu'il ne voit pas que la valorisation de soi-même comporte deux dimensions distinctes. L'*estime de soi* naît certes des comparaisons interpersonnelles : les individus se valorisent eux-mêmes en se mesurant aux autres. Mais elle ne naît pas nécessairement de l'estime des autres : je peux m'estimer sans que les autres ne m'estiment, et même si les autres ne m'estiment pas. Walzer considère en effet que le cercle de la reconnaissance est plus problématique qu'il n'y paraît. Certes, nous nous voyons tels que les autres nous voient : nous intériorisons des jugements sociaux. C'est indéniable, mais cela n'est peut-être pas suffisant pour comprendre les ressorts de l'estime de soi :

> Considérons quelqu'un qui est vaniteux et plein de lui-même : il s'admire lui-même plus que le reste des gens. Considérons quelqu'un qui est affecté d'un profond complexe d'infériorité : il se croit lui-même inférieur, alors que les autres ne le considèrent pas comme tel. Peut-être que quelqu'un d'autre a un jour idolâtré la première personne ou humilié la seconde. Pourtant, ce sont des brèches dans le cercle et elles devraient nous alerter sur les difficultés de la forme réflexive[42].

On s'estime ainsi non en fonction des jugements sociaux, mais en fonction du rang que l'on occupe ou des biens dont on dispose.

Cependant, la valeur que l'on s'accorde ne dépend pas exclusivement de la comparaison avec les autres : elle provient également du *respect de soi-même*. Or celui-ci ne se rattache ni à la compétition ni au rang. Nous avons connaissance d'une norme, nous nous mesurons par rapport à elle : quiconque a une conception de sa propre dignité, eu égard à cette norme, se respecte lui-même. Il n'est pas question ici de se comparer aux autres, mais de se juger soi-même en fonction d'un critère. Mais quel critère ? Comment se constitue-t-il ? Les normes sont multiples, elles reposent sur des codes implicites. Un instituteur se respecte lui-même s'il juge que son attitude correspond à ce que doit être, selon la conception commune, un instituteur.

Il faut ajouter que la citoyenneté démocratique, selon Walzer, offre une autre voie au respect de soi, qui se forme indépendamment de la hiérarchie des rangs. On se respecte soi-même parce qu'on se sent correspondre à ce que doit être un citoyen en démocratie – non pas à ce qu'on croit personnellement devoir être un citoyen, mais à ce qu'on sait être pour tous la conception de la citoyenneté. La précision est importante : « Le respect de soi ne peut pas être une idiosyncrasie ; ce n'est pas une affaire de volonté »[43]. Il requiert donc un lien substantiel au groupe. C'est notre conscience qui juge si nous pouvons, eu égard à la norme de considération, nous respecter nous-mêmes ; mais la conscience se construit dans un savoir partagé et dans une acceptation intériorisée des critères communautaires[44].

Or, entre respect de soi et amour de l'égalité complexe, le lien est réciproque.

■ 42. M. Walzer, *SJ, op. cit.*, p. 379-380.
■ 43. *Ibid.*, p. 386.
■ 44. *Ibid.*, p. 387.

D'une part, *le respect de soi mène à vouloir l'égalité complexe* : le citoyen qui se respecte ne cherche pas à obtenir ce qu'il ne peut pas honorablement avoir. Le respect de soi conduit à ne vouloir que la reconnaissance de ses pairs – à rester dans son ordre. Il préserve en ce sens du désir tyrannique. Car le tyran, qui sort de sa sphère (qui veut acheter, par exemple, du pouvoir ou de la beauté) s'estimera s'il peut penser que, par là, il gagne en supériorité ; mais il s'éloigne d'autant du respect de soi-même.

D'autre part, il est permis de penser que *l'expérience de l'égalité renforce le respect de soi.* Walzer suggère cette réciproque plus qu'il ne la construit[45]. Dans une société dont les principes de justice assurent l'égalité complexe, les individus sont davantage portés à se respecter eux-mêmes – à ne pas envier les biens auxquels ils ne peuvent prétendre qu'en usurpant des qualités ou des compétences qu'ils n'ont pas.

Égalité et communauté

Il est en conséquence raisonnable de considérer que dans une société où règnent l'égalité et le respect de soi, l'envie n'est pas réellement une menace. D'abord, parce qu'on peut penser que l'envie est déclenchée moins par la supériorité d'un ou plusieurs individus dans un domaine que par l'extension illégitime de cette supériorité à d'autres domaines. Autrement dit, elle est motivée par les comparaisons interpersonnelles dans un contexte tyrannique. J'envie moins le talent, dont je peux être admiratif, que la conversion de ce talent en pouvoir, en richesse, en beauté.

Ensuite, la distinction entre respect de soi et estime de soi montre que la valeur de soi ne provient pas seulement des comparaisons interpersonnelles. C'est ce qui incite à penser que l'envie n'est pas inévitable, si elle naît, comme le souligne Rawls, d'un déficit de confiance en soi. Le respect de soi, particulièrement lorsqu'il dépend de l'investissement citoyen en démocratie, permet à chacun de se considérer indépendamment des autres. Il s'établit en dehors de la *compétition*. Bien plus, il suppose une certaine *coopération*, car il est fonction de l'appartenance :

> Ce qui est nécessaire est que l'idée de citoyenneté soit partagée au sein d'un groupe de gens qui reconnaissent mutuellement leurs titres et qui fournissent un espace social quelconque à l'intérieur duquel le titre peut être rendu effectif. De même, l'idée d'être médecin comme profession et celle d'être syndicaliste comme engagement doivent être partagées par un groupe de gens avant qu'ils ne soient des médecins ou des syndicalistes qui se respectent eux-mêmes[46].

Ces deux raisons sont plausibles, et elles échappent aux théories libérales contemporaines. Pourquoi ? Parce que les théories libérales méconnaissent le social, elles ignorent comment se construit un individu, elles considèrent que le moi est présocial, alors qu'il est socialement construit[47]. On peut le dire autrement : elles pensent les individus comme séparés, autonomes, agissant

■ 45. *Ibid.*, p. 388-389.
■ 46. *Ibid.*, p. 386.
■ 47. Voir M. Walzer, « La critique communautarienne du libéralisme », *Critique et Sens commun, op. cit.*, p. 53 *sq.*

par choix rationnel. Du coup, elles prêtent attention davantage aux passions dissociatives (les « démons émotionnels de la politique ») et négligent les passions communes, affiliatives.

Dans cette perspective, l'erreur de Rawls est double. D'abord, parce qu'il ne comprend pas la nature communautaire de l'individu, il se méprend sur les fondements du respect de soi. Celui-ci, selon lui, n'est fonction que de la compatibilité entre mon projet rationnel de vie et celui des autres. Il est également fonction des possibilités qui me sont offertes de conquérir l'estime des autres. Ensuite, parce qu'il ne voit pas que l'amour de l'égalité ne se réduit pas à l'égalitarisme strict, il est amené à penser que l'envie est une menace réelle dans une société où les inégalités sont justifiées[48], sauf si le respect de soi reste largement partagé (ce qui est possible, selon Rawls, parce que chacun jouit des mêmes droits).

Mais, si les solutions qu'il apporte à la question de l'envie peuvent paraître manquer de profondeur (notamment, on l'a vu, celle qui consiste à travailler simplement sur la visibilité des différences[49]) c'est parce que le problème est mal posé. C'est bien ce que montre Walzer : l'amour de l'égalité, dans sa vérité, est désir de séparation des sphères – désir sans lequel le respect de soi ne peut s'entendre.

La tradition libérale disqualifie les passions parce qu'elles troublent la rationalité des choix, parce qu'elles empêchent de percevoir que certaines inégalités sont légitimes et parce que leur violence est une menace constante contre la stabilité du système social. C'est là, établit Walzer, faire une double erreur. Une erreur politique : sans colère contre l'inégalité, sans ressentiment contre l'injustice, sans désir intense d'une société plus équitable, le combat contre l'ordre établi ne peut être que vain. Une erreur théorique : l'amour de l'égalité ne doit pas être confondu avec l'égalitarisme radical qui aspire à un nivellement des conditions et qui peine à se distinguer de l'envie générale.

Si au contraire l'amour de l'égalité apparaît à Walzer à la fois comme la meilleure garantie contre l'envie et comme la condition d'une société juste, c'est parce qu'il le comprend comme désir d'une égalité complexe : comme la volonté de maintenir séparées les sphères de justice au sein desquelles se distribuent les biens sociaux, comme le désir d'empêcher qu'un bien ne serve à une domination tyrannique. Walzer réhabilite ainsi l'égalitarisme, parce qu'il le rationalise ; plus encore, il le saisit comme une possibilité, latente, de nos sociétés démocratiques – comme le fond des compréhensions partagées qui en déterminent les conditions.

Florent Guénard
Département de philosophie, École normale supérieure (Paris)

■ 48. Le deuxième principe de justice, selon Rawls, légitime les inégalités, dans la mesure où celles-ci profitent aux plus défavorisés. Voir *Théorie de la justice, op. cit.*, sections 11 et 12.
■ 49. J.-P. Dupuy considère, à juste titre, que la réponse donnée par Rawls au problème de l'envie est proche du *wishful thinking*. Voir « John Rawls. Le refus de l'arbitraire et ses limites », *Libéralisme et Justice sociale, op. cit.*, p. 178.

Le désir

KANT AVEC KLEIST
Les figures du désir pur[1]

Nuria Sánchez Madrid

Les personnages tragiques de Heinrich von Kleist composent toute une théorie de la *conscience totale*, installée simultanément dans l'ambivalence du jugement et la quête de l'inconditionné, qui devient le véritable objet d'une critique de la raison pratique cohérente. Dans ce contexte, les figures du Prince de Hombourg et de Michael Kohlhaas représentent deux voies vers la découverte de cette vérité pratique difficile à supporter par le sujet, qu'on pourrait considérer comme la sortie que Kleist trouve pour sa célèbre *Kantkrise*. Les deux exemples encouragent à conclure que l'exploration de la raison pratique conduit chez Kleist à une théorie du *désir pur*, propulsé par une *pulsion de réalité pure*, dont la densité ontologique renvoie plus au monde (sans restrictions pragmatiques) des songes qu'au territoire fini des phénomènes.

> « Être heureux est en effet le premier de tous nos désirs, c'est lui qui se manifeste avec force et vivacité dans toutes les fibres de notre être, c'est lui qui nous accompagne tout au long de notre vie, c'est lui qui pointait déjà dans les premières pensées de notre âme d'enfant et c'est lui qu'à la fin, une fois devenus vieux, nous emporterons dans la tombe. »
>
> Lettre de Heinrich von Kleist à Otto August Rühle.

1. Cet article a été rédigé avec l'appui du projet de recherche *Poetics of Selfhood : Memory, Imagination and Narrativity* (PTDC/MHC-FIL/4203/2012), octroyé par la FCT du gouvernement du Portugal. Je remercie les utiles suggestions reçues pendant le procès de révision de cet article procédant des divers membres du comité de rédaction de la revue *Cahiers Philosophiques*. J'adresse un remerciement spécial à Michèle Cohen-Halimi, pour son inlassable soutien dans la révision linguistique de mon texte et pour sa complicité théorique toujours féconde. Il est paru initialement dans le n° 139 (4ᵉ trimestre 2014) des *Cahiers Philosophiques*.

L'œuvre de Heinrich von Kleist introduit le lecteur dans un laboratoire philosophique qui permet d'explorer les limites véritables de la condition langagière de l'homme en développant une phénoménologie de la conscience morale, laquelle se tient dans un accord discordant avec la philosophie pratique kantienne. La présente étude se propose de suivre ce chemin d'enquête en s'appuyant sur la pièce de théâtre *Le Prince de Hombourg*, et sur un des récits les plus longs de Kleist, l'atroce histoire du marchand de chevaux Michael Kohlhaas. La portée que Kleist a conférée, dans ses lettres, à sa lecture de l'œuvre de Kant est bien connue. Le scepticisme était, à ses yeux, la conséquence majeure de l'avènement de la révolution copernicienne, tout particulièrement celle filtrée par la réception de Fichte, avec la scission entre l'entendement et la raison qu'entraînait le criticisme. Il serait difficile de recourir à la chronologie pour expliciter le rapport entre le maître philosophe et l'écrivain obsédé par l'idée de la critique[2]. Moins célèbre que la lettre du 21 mars 1801, dans laquelle Kleist compare la critique avec des lunettes aux verres de couleur verte (*grüne Gläser*) donnant un ton chromatique à tout ce que les hommes contemplent, une lettre postérieure, datée de juillet 1801, écrite à Paris et adressée à Adolphine von Werdeck, déclare la perte d'intérêt qu'éprouve l'écrivain pour les fruits de la science :

> [L]e savoir ne nous rend pas meilleurs ni plus heureux. Ah si nous étions capables de comprendre la cohérence de toutes choses ! Mais le commencement et la fin de toute science ne sont-ils pas enveloppés d'obscurité ? Ou bien dois-je utiliser toutes ces facultés, ces forces, cette vie entière, à connaître telle espèce d'insectes, à savoir classer telle plante dans la série des règnes ? Ah ! Cette spécialisation étroite me répugne[3] !

---

2. Parmi tous les spécialistes qui se sont préoccupés de l'influence de Kant sur Kleist, je considère l'étude de G. Schulz comme la plus éclairante : *Kleist : Eine Biographie*, Munich, Beck, 2007, p. 209 : « [Eine Kant-Krise] hat Kleist nicht durchgemacht, krisenhaft war sein ganzes Leben bisher verlaufen und verlief auch weiterhin bis an sein Lebensende ». Le lecteur trouvera un bilan de cette question chez K. Fink, *Die sogenannte «Kantkrise" Heinrich von Kleists : Ein altes Problem aus neuer Sicht*, Wurtzbourg, Königshausen & Neumann, 2012. Voir aussi sur ce sujet l'excellent et novateur article de Laura Anna Macor, publié dans le numéro 139 (4ᵉ trimestre 2014) des *Cahiers Philosophiques*, qui fait du concept de la *Bestimmung des Menschen* l'axe de la *Kantkrise* de Kleist, aussi célèbre que mystérieuse.

3. H. von Kleist, *Correspondance (1793-1811)*, dans *Œuvres complètes*, t. V, Paris, Gallimard, 2000, p. 244 ; *cf.* H. von Kleist, *Sämmtliche Werke und Briefe* (désormais abrégé *SWB*), vol. II, Munich, DTV, 1993, p. 679 : « [D]as Wissen macht uns weder besser, noch glücklicher. Ja, wenn wir den ganzen Zusammenhang der Dinge einsehen könnten ! Aber ist nicht der Anfang und das Ende jeder Wissenschaft in Dunkel gehüllt ? Oder soll ich alle diese Fähigkeiten, und alle diese Kräfte und dieses ganze Leben nur dazu anwenden, eine Insektengattung kennen zu lernen oder wo eine Pflanze ihren Platz in der Reihe der Dinge anzuweisen ? Ach, mich ekelt vor dieser Einseitigkeit ». Voir les commentaires que B. Greiner donne à propos de cette lettre de Kleist : « "Die neueste Philosophie in dieses … Land verpflanzen" : Kleists literarische Experimente mit Kant », *Kleist-Jahrbuch* 1998, voir surtout p. 182 *sq.* L'expression « *grüne Gläser* » pourrait se référer au roman de Klinger, *Der Kettenträger* (1796), où l'on parle des systèmes de croyances comme de lunettes de différentes couleurs, qui modifient le jugement qu'on a sur le même monde, mais aussi l'écrit de Fichte, *Gerichtliche Verantwortungsschrift gegen die Anklage des Atheismus* (1799), où on lit l'exposition suivante des principes métaphysiques : « Was wir erblicken, ist immer das erste [spontanes Handeln] ; das Instrument, gleichsam das gefärbte Glas durch welches hindurch wir unter gewissen Bedingungen es allein erblicken können, ist die Einbildungskraft ; und in diesem gefärbten Glase verändert er seine Gestalt, und wird zum zweiten [zum ausgedehnten Stoff] » (J.G. Fichte, *Sämmtliche Werke*, vol. V, Berlin, Veit und Comp., 1845-1846, p. 260). Sur ces sources hypothétiques de l'expression, on trouvera des informations utiles dans M. Mandelartz, « Von der Tugendlehre zur Lasterschule : Die sogenannte "Kantkrise" und Fichtes "Wissenschaftslehre" », *Kleist-Jahrbuch*, 2006, p. 120-136.

L'idéal de la conscience totale : la lucidité de l'excès ?

Surpassant l'unilatéralité de la science, la conviction que la vérité de l'homme requiert une totalité rassemblant la conscience et l'inconscience, le poids et la grâce, le sens et le non-sens, parcourt toute l'œuvre de Kleist. Au-delà de l'influence de Kant, il faudrait prêter attention à celle exercée par Fichte et par le tournant de ce dernier vers la *foi*, après *Die Bestimmung des Menschen*[4], tournant qui transmue la connaissance en une apparence dont le sujet se libère, dès lors qu'il comprend que la connaissance se limite à n'être qu'un produit de la liberté humaine : « L'illusion est surmontée, une fois qu'elle est traversée par la vue ; – Une fois que nous avons compris comment elle surgit et doit surgir, selon les lois de la conscience pensante »[5].

C'est justement cette conviction qui éloigne Kleist de la morale kantienne, laquelle divise la réalité humaine en deux dimensions, sensible et phénoménale, intelligible et nouménale, au nom d'une conscience qui ne parvient pas à épuiser la totalité de l'expérience pratique humaine. Il ne faut pas négliger l'influence qu'un autre écrit de Fichte, le *Sonnenblätter Bericht*, qui présentait la *neueste Philosophie* (c'est-à-dire la philosophie kantienne) comme une pensée coïncidant avec les positions fichtéennes, a pu exercer sur l'écriture de Kleist. Là s'affirmait en effet une thèse catégorique, qui disait que rien ne possède une valeur inconditionnée ni une signification en dehors de la vie[6], thèse qui a sûrement frappé les fondements de l'existence de notre auteur.

Les personnages du Prince de Hombourg et de Michael Kohlhaas ouvrent des voies différentes pour maîtriser la scission de la conscience et la scission de la vertu expérimentée dans la passion, voies qui prennent l'aspect de l'obédience à la loi[7] et de la vengeance. En effet, les deux personnages résistent au dédoublement que l'écoute de la loi morale, cette « ombre vocale »[8] de la nature humaine, ouvre à l'intérieur de l'homme, en marquant « la plénitude d'une incorporation »[9]. La division entre le soi le plus intime et l'autoprésentation du soi n'est pas faite pour nos deux héros de la vertu, qui cherchent à dessiner des cercles où se signale une continuité entre l'obédience et la transgression, entre la justice et la vengeance. Ils ont en commun avec les automates un certain aspect antigravitationnel, que Kleist analyse avec force admiration dans son écrit *Sur le théâtre de marionnettes*. En effet, ces derniers ne semblent pas expérimenter l'inertie de la matière parce que la force du sentiment, qui les soulève, surpasse celle qui les attache à la terre. Ils n'agissent pas de façon réfléchie, mais en suivant un élan qui se trouve au-dessus

---

4. Ernst Cassirer a consacré des pages indispensables sur ce sujet dans son article « Heinrich von Kleist und die kantische Philosophie », *Kant-Studien*, 1919, p. 14. *Cf.* aussi sur ce point M. Mandelarzt, *op. cit., passim*.

5. E. Cassirer, « Heinrich von Kleist und die kantische Philosophie », *op. cit.*, p. 14 ; trad. fr. Nuria Sánchez Madrid (désormais abrégé NSM) : « Der Trug ist bewältigt, sobald er einmal durchschaut ist ; – sobald wir eingesehen haben, wie er entsteht und nach den Gesetzen des denkenden Bewußtseins entstehen muß. ».

6. Le meilleur essai de défense de cette origine de la *Kantkrise* est l'article de D.F.S. Scott, « Heinrich von Kleist's Kant Crisis », *The Modern Language Review*, vol. 42, n° 1, 1947, p. 474-484.

7. J'userai souvent, dans cet article, de cette traduction en français du terme allemand « *Achtung* » introduite par J.-F. Lyotard, dans *L'Inhumain*, Paris, Galilée, 1988, p. 177-192.

8. J'emprunte le terme à M. Cohen-Halimi, « L'aphasie de Kant ? (… et si l'être de la loi morale n'était que littérature…) », *Revue de métaphysique et de morale*, vol. 44, 2004, p. 590.

9. *Ibid.*

ou au-dessous de la réflexion humaine : quand on meut un organe en ligne droite, il dessine une ligne courbe. À la différence de l'approche de Schiller, selon lequel la *grâce (Anmut)* serait une faveur *(Gunst)* que la moralité ferait au sensible[10], Kleist fait d'elle *une faveur que la sensibilité fait à l'intelligible*, de sorte que le sujet oublie qu'il a une image, parce qu'il devient une image innocente, libérée de sa propre conscience. Dans une telle situation, il n'a plus besoin d'intermédiaires pour le conduire à la vertu, et il peut affirmer avec force : « Ombre, efface-toi ! ». Il s'agit d'une harmonisation de l'intelligible et du sensible, qui fait découvrir, dans le mouvement mécanique, le paradis perdu et, dans le manque de la conscience regardant sa propre image, la plus grande libération. Comme le soutenait judicieusement Françoise Proust, le détachement de l'automate par rapport à toute révélation confirme que « le savoir est moins affaire de vision que de manière de voir : il s'agit d'ouvrir les yeux sur les artifices et les machinations d'illusions, il s'agit d'ajuster son regard pour ne pas être dupe des réflexions dans le miroir, étant bien évident que, par définition, nul ne peut voir le miroir de lui-même »[11]. Les deux rôles que nous essaierons de décomposer trouvent dans le sommeil, le rêve et la folie passagère leur cheminement vers la grâce, cet état que le sujet gagne quand il perd sa conscience ou quand il atteint une conscience infinie. Dans l'infinitude de la conscience ouverte par la transgression du Prince de Hombourg émerge la figure d'une obédience à la loi *(erhoben)* ; et dans la conscience qu'a Kohlhaas de la restitution juste apparaît le prix de la subversion d'un monde.

Hombourg ou l'*hamartia* nécessaire

Commençons par étudier le Prince de Hombourg, un militaire aristocrate qui se montre incapable, à son insu, d'accomplir les ordres reçus et qui se trouve souvent dans des états somnambuliques, où il bascule entre le sommeil et la veille, et dans lesquels des figures d'objets impossibles prennent forme devant lui. Dans ces instants de funeste lucidité, il identifie l'exercice de sa liberté et sa spontanéité, et s'abandonne au principe de la transgression, quand le principe de réalité suscite l'effroi des spectateurs devant ses gestes et ses décisions. En effet, son péché – son *hamartia* – consiste à prétendre introduire l'impossible de l'exception et de la liberté au cœur d'une réalité militaire et sociale prussienne extrêmement rigide, quasi féodale, où tout élément est soumis à des ordres et à des hiérarchies rigides. Mais malgré sa solitude et l'incompréhension à laquelle est vouée sa conduite aux yeux de ceux qui l'entourent, Hombourg se sent curieusement partie prenante de la faculté de juger du Prince électeur, comme le montre le fait que, pendant sa conversation interrompue avec la princesse Nathalie, il déclare comprendre les raisons qu'a son supérieur de maintenir la sentence de mort. Kleist montre dans cette pièce de théâtre sa forte propension pour l'univocité ontologique, qui fait de ces deux acteurs les parties d'un même être. Le Prince électeur et son subordonné, le maître et l'esclave, s'appartiennent mutuellement

■ 10. Voir F. Schiller, « Über Anmut und Würde », dans *Sämmtliche Werke, op. cit.*, vol. V, p. 460 *sq.*
■ 11. F. Proust, *L'Histoire à contretemps*, Paris, Cerf, 1994, p. 123.

jusqu'à former un seul homme, qui ne peut mettre en évidence son double caractère qu'en se dédoublant *réellement* en deux personnes, de sorte que l'ancienne identité éclate en deux parts non congruentes : celle qui occupe le côté droit – la veille – et celle qui occupe le côté gauche – le rêve. La conscience morale se trouve ainsi brisée dans un hémisphère droit et un hémisphère gauche, qui connaissent réciproquement leur existence, mais ne pourront plus se réunir selon la topologie kantienne de l'obéissance. Elles occupent des régions différentes de l'espace, qui, pour être intelligibles, sont déterminées par Kleist à partir d'indices intuitifs. L'apparente coïncidence entre le fondement de la loi et l'action n'implique donc absolument aucun plaisir parce que son mouvement appartient au « droit à la jouissance »[12] et manifeste que c'est toujours l'Autre que Hombourg soupçonne dans ses épisodes de somnambulisme, c'est-à-dire cette force qui attend derrière toute volonté d'obédience et de justice. Le rapport entre l'Autre/Prince électeur et Hombourg/Kohlhaas requiert également tout un parcours de connaissance, de sorte qu'au début du procès Hombourg arrive à se représenter le Prince électeur, son parent, comme une sorte de sosie de lui-même, destiné à sauver l'accusé comme le fait la force divine, qui apparaît généralement à la fin des drames baroques allemands, admirés par Walter Benjamin. Le jeune homme croit que son oncle et lui-même occupent des régions isomorphes dans le domaine de la morale, de telle sorte que leurs modes respectifs de sentir leur communiquent le même message :

> S'il n'avait l'intention de faire interruption, tel un dieu, / Et de proclamer sa clémence de souverain ? / Non, mon ami, s'il amasse tous ces nuages noirs / Au-dessus de ma tête, c'est pour m'apparaître comme le soleil / Qui se lève, rayonnant, et transperce leurs brumes : / Et ce plaisir, en vérité, je peux bien le lui accorder[13].

Françoise Proust considérait que les pièces de Kleist parlaient de situations « où l'exception est devenue la règle et qui exige[nt] donc de ruser avec la règle pour lui extorquer des exceptions »[14]. La conduite de Hombourg à l'égard de son action semble revendiquer comme situation normale dans la morale le paradigme socratique suivant, mis au rebut par la critique kantienne : « [...] ne serait-il pas plus sage de s'en tenir, en matière morale, au jugement commun de la raison et de ne faire intervenir la philosophie tout au plus que pour présenter le système des mœurs[...] ? »[15]

Le jugement commun de la raison ne serait pas, selon Kleist, victime d'une dialectique enracinée et difficile à défaire. La seule logique de l'illusion provient du fait qu'on considère que celui qui doit obéir et celui qui doit commander peuvent coïncider avec succès. C'est l'approche philosophique qui conduit

▓ 12. Voir J. Lacan, « Kant avec Sade », *Critique* 19, 1963, p. 309.
▓ 13. H. von Kleist, *Le Prince de Hombourg*, v. 855-860, dans *Théâtre II, Œuvres complètes*, vol. IV, Paris, Gallimard, 2002, p. 468 ; *SWB*, p. 669 : « Dächt er, mit einem heitern Herrscherspruch, / Nicht, als ein Gott, in ihren Kreis zu treten ? / Nein Freund, er sammelt diese Nacht von Wolken / Nur um mein Haupt, um wie die Sonne mir, / Durch ihren Dunstkreis, strahlend aufzugehen ! / Und die Lust, fürwahr, kann ich ihm gönnen ! »
▓ 14. F. Proust, *L'Histoire à contretemps, op. cit.*, p. 270.
▓ 15. E. Kant, *Fondements de la métaphysique des mœurs* [*Grundlegung zur Metaphysik der Sitten*, Akademie Ausgabe (désormais abrégé AA), IV, 404].

au soupçon et au scepticisme, tandis que le *Gefühl* de chacun possède une certitude indéniable. Néanmoins, le sujet pratique récupère dans l'état du rêve, ou même dans la folie, un rapport avec sa propre image qu'on pourrait nommer pure parce que l'identité avec l'impératif catégorique de la loi n'est absolument pas réfléchie. C'est sur le seuil du tribunal que Hombourg reprend confiance, c'est-à-dire précisément dans le lieu où les juges, ces chouettes sans cœur (v. 853), semblent entonner un chant pour le mort. Il éprouve le profond sentiment que le Prince électeur, après avoir suivi la voix de la loi, écoutera aussi son propre cœur (v. 821) et lui accordera son pardon. Mais finalement, Hombourg reconnaîtra que le *Kurfürst* ne peut pas modifier son avis – car il possède aussi son propre *ethos*, sa propre position morale – et que lui-même doit donc se soumettre à la sentence et comprendre finalement, comme une Antigone romantique, que la mort est la seule manière d'effacer la dette et de la surmonter, c'est-à-dire de changer la situation :

> Du calme ! C'est ma volonté inébranlable ! / Cette loi sacrée de la guerre que j'ai enfreinte, / Je veux, devant l'armée, / La glorifier par une mort librement choisie ! [...] / Pardonne-moi si, au jour décisif, / J'ai mis un zèle précipité à te servir : / La mort à présent me lave de toutes mes fautes[16].

Les amis et protecteurs de Hombourg ne sont pas capables de percer le contenu et la portée de cette formidable figure (narcissique), qui se conforme parfaitement, dans son incongruité « congrue », à celle du Prince électeur, de sorte qu'ils souffrent tous d'erreurs de jugement analogues à celles commises par les amis de Job dans le récit biblique. Nathalie, de son côté, recourt au discours de la pitié, pitié qu'elle cherche à susciter chez son père, quand il soutient avec efficacité que ce sentiment n'appartient pas au domaine de la justice légale sur lequel porte toute leur discussion[17]. Kottwitz parle, lui, au nom de la raison d'État et rappelle que la protection de la patrie doit être la loi suprême au-dessus de l'honneur militaire, loi à laquelle le Prince électeur devrait lui aussi se soumettre sans hésitation. Finalement, Hohenzollern tente de protéger Hombourg en soulignant les épisodes de somnambulisme expérimentés par ce dernier, mais ses motifs le conduisent à courir le risque d'être accusé lui-même par le Prince électeur d'avoir provoqué la chute fatale de son ami[18], d'avoir joué à la légère avec sa fragilité psychique. Par son

---

16. H. von Kleist, *Le Prince de Hombourg*, v. 1749-1752 et v. 1768-1770, p. 510-511 ; *SWB*, vol. IV, p. 704 : « Ruhig ! Es ist mein unbeugsamer Wille ! / Ich will das heilige Gesetz des Kriegs, / Das ich verletzt', im Angesicht des Heers, / Durch einen freien Tod verherrlichen ! [...] / Vergieb, wenn ich, am Tage der Entscheidung, / Mit übereiltem Eifer Dir gedient ! / Der Tod wäscht jetzt von jeder Schuld mich rein ».

17. *Ibid.*, v. 1183-1186, p. 483 : « Un très grand respect pour ses sentiments : / S'il peut estimer que le verdict est injuste, / Je casse le jugement : il est libre ! » ; *SWB*, vol. IV, p. 682 : « Die höchste Achtung, wie Dir wohl bekannt, / Träg' ich im Innersten für sein Gefühl : / Wenn er den Spruch für ungerecht kann halten / Cassir' ich die Artikel : er ist frei ! ».

18. *Ibid.*, v. 1715-1720, p. 508-509 : « Si tu n'avais pas appelé à descendre dans le parc, / Je n'aurais pas, obéissant à ma curiosité, / innocemment plaisanté avec ce rêveur. / Par conséquent, j'affirme avec le même droit / que celui qui a occasionné sa faute, c'est toi ! – / Ah ! la sagesse pythienne de mes officiers » ; *SWB*, vol. 1, p. 702 : « Hättest Du/Nicht in den Garten mich hinabgerufen, / So hätt' ich, einem Trieb der Neugier folgend, / Mit diesem Träumer harmlos nicht gescherzt. / Mithin behaupt' ich, ganz mit gleichem Recht, / Der sein Versehn veranlaßt hat, warst Du. / Die delphische Weisheit meiner Officiere ! » *cf.* W.C. Reeve, « An Unsung Villain : The Role of Hohenzollern in Kleist's *Prinz Friedrich von Hombourg* », *Germanic Review*, vol. 56, 1981, p. 95-110.

discours, Kottwitz parvient à montrer que Hombourg s'est rendu coupable d'avoir obéi à une loi supérieure, c'est-à-dire au salut de la patrie : « Seigneur, la loi la plus haute, la plus suprême, / Celle qui doit agir dans le cœur de tes généraux, / Ce n'est pas la lettre de ta volonté ; / C'est la patrie, c'est la couronne, / C'est toi-même, ta tête qui la porte »[19].

Il insiste sur le fait que Hombourg s'est soumis à une loi profondément enracinée dans son cœur, dont la signification doit être partagée par le Prince électeur comme par tous les sujets de l'État. Le salut de la patrie est évidemment le contenu du précepte militaire que Hombourg n'a pas respecté parce qu'il a conçu des moyens plus adéquats que ceux recommandés pour atteindre cette même cible. Mais la reconnaissance que Hombourg rend manifeste au Prince électeur protège leur rapport de tout ce *Räsonieren*, aussi inutile que dépourvu de sens moral. Ils personnifient l'un et l'autre, de la manière la plus efficace, le mécanisme du tribunal de la conscience chez Kant. Tout *Le Prince de Hombourg* semble confirmer que Kleist a évité d'interpréter de façon unilatérale le passage suivant de la *Doctrine de la vertu* :

> Cette disposition intellectuelle originaire et (puisqu'elle est représentation du devoir) morale, qu'on appelle *conscience*, a en elle-même ceci de particulier que, bien qu'en cette sienne affaire l'homme n'ait affaire qu'à lui-même, il se voit pourtant contraint par sa raison de la mener comme sur l'ordre d'*une autre personne*. Car l'affaire consiste ici à conduire une *cause judiciaire* (*causa*) devant un tribunal. Mais concevoir comme ne faisant qu'une *seule et même personne* avec le juge celui qui est accusé par sa conscience est une manière absurde de se représenter une cour de justice car, s'il en était ainsi, l'accusateur perdrait toujours. C'est pourquoi pour ne pas être en contradiction avec elle-même, la conscience de l'homme, en tous ses devoirs, doit concevoir un *autre* (qui est l'homme en général) qu'elle-même, comme juge de ses actions[20].

Kleist prend peut-être trop au sérieux ce principe kantien, quand il crée un personnage comparable à un Janus doté de deux parties non congruentes, formées par Hombourg et le Prince électeur. L'identité commune des deux se trouve continuellement brisée parce que l'un est toujours la vérité de l'autre sans qu'ils puissent jamais coïncider dans l'espace moral. Tous les deux sont conscients de l'obstacle qui les empêche d'accéder à l'autre, comme si toute communication était condamnée à accepter préalablement son propre échec. À mon avis, Derrida a construit une image puissante d'un obstacle similaire dans « Préjugés : devant la loi » pour approfondir l'idée d'une distance irréductible entre les deux points de vue qui coexistent dans le phénomène de la soumission à l'impératif moral :

> Derrière le premier gardien il y en a d'autres, en nombre indéterminé ; peut-être sont-ils innombrables, [...] forts de pouvoir différer. [...] Différance jusqu'à

■ 19. H. von Kleist, *Le Prince de Hombourg*, v. 1570-1574, p. 504 ; *SWB*, vol. IV, p. 698 : « Hert, das Gesetz, das höchste, oberste, / Das wirken soll, in Deiner Feldherrn Brust, / Das ist der Buchstab Deines Willens nicht ; / Das ist das Vaterland, das ist die Krone / Das bist Du selber, dessen Haupt sie trägt ».

■ 20. E. Kant, *Métaphysique des mœurs II, Doctrine de la vertu*, [AA, VI, 438].

la mort, pour la mort, sans fin parce que finie. Représenté par le gardien, le discours de la loi ne dit pas « non » mais « pas encore », indéfiniment[21].

Le texte est porteur d'un message non équivoque : entrer dans la loi donne lieu à une *différance* continuelle. L'image dominante du texte pourrait se lire comme un commentaire du passage précédent de Kant sur la structure de la conscience, qu'on identifiera avec une sorte de ruban de Möbius, que la finitude n'est pas en mesure de couvrir. Le texte de Derrida soutient qu'il se cache dans le bien une pulsion profondément sadique, qui expulse durement le sujet de son domaine, comme si le seul geste de pénétrer dans son règne était en soi-même une *hybris*. Donc, la *différance* perpétuelle de la loi – le somnambulisme inconscient de Hombourg et la colère têtue de Kohlhaas – serait la seule manière de se rapprocher d'elle. Le bien, comme la loi ou la conscience, ne se trouve jamais en possession du sujet. Et qui ose transgresser cette règle se livre au chaos ontologique et au désordre moral. Hombourg et Kohlhaas se conduisent, chacun dans son style, comme des rebelles en face du « pas encore » dicté par la loi, mais leur rébellion ne fait que manifester l'échec de toute volonté dans la tentative d'imposer une position réglée, justifiée, harmonieuse avec le contenu de la loi. Leur insistance à vouloir avoir raison par rapport à l'impératif catégorique les transforme en des sujets *préjugés*. L'extemporanéité du pardon (reçu par l'un) et de l'exécution (subie par l'autre) expose ce régime d'existence. Les personnages de Kleist, jetés hors de la loi du monde et condamnés à n'expérimenter aucune réconciliation avec l'ordre de la nature, fortifient leur être au fur et à mesure qu'ils accusent la contradiction entre leur âme et le cours du monde, opération qu'Ernst Cassirer a soulignée avec lucidité dans sa lecture de Kleist :

> [Kleist] oppose clairement et nettement les deux mondes [interne et externe] et il fait donc sentir leur incompatibilité et inconciliabilité de la manière la plus profonde et la plus douloureuse. [...] À cet égard, toutes les formes poétiques de Kleist exposent la lutte que lui-même a constamment menée contre le monde et le destin[22].

Quand le Prince électeur décide de satisfaire la demande de pardon de Nathalie à condition que Hombourg avoue la justice ou l'injustice de la sentence, il refuse un accomplissement purement physique de la loi. De ce fait, il comprend que satisfaire le plus parfaitement à la loi peut seulement procéder de la conscience, de sorte que la reconnaissance par Hombourg du sens de la sentence devient la condition ultime de l'exécution de celle-ci et finalement de sa suppression comme ordre[23]. Finalement, et tout particulièrement à la lumière des mots de Kottwitz, la transgression, que Hombourg considère lui-même comme une injustice et un acte de désobéissance, prend l'aspect du

■ 21. Voir J. Derrida, « Préjugés : devant la loi », dans J. Derrida, V. Descombes, G. Kortian, P. Lacoue-Labarthe, J.-F. Lyotard, J. L. Nancy, *La Faculté de juger*, Paris, Minuit, 1985, p. 122.
■ 22. E. Cassirer, « Heinrich von Kleist und die kantische Philosophie », *op. cit.*, p. 34 ; trad. fr. NSM : « [Kleist] stellt beide Welten [äußere und innere] in klarem und scharfen Umriß gegeneinander, und darin freilich ihre Unvereinbarkeit und Unversöhnlichkeit umso tiefer und leidvoller zu empfinden. [...] In dieser Hinsicht stellen alle dichterischen Gestalten Kleists den Kamp dar, den er selbst unablässig gegen Welt und Schicksal geführt hat ».
■ 23. Voir *ibid.*, p. 51.

seul accomplissement possible de l'ordre du Prince électeur, dès lors qu'on considère son vrai contenu au-delà de sa littérarité[24] – « *der Buchstab deines Willens* » (*Le Prince de Hombourg*, v. 1572). Mais, comme le soulignait la lecture de Cassirer, le seul espace où Hombourg pourrait réaliser son idée de l'obéissance serait l'immortalité ou le rêve, ce substitut de la totalité du temps ; ce point a conduit certains interprètes à rapprocher notre personnage du Sigismond caldéronien de *La vie est un songe*. L'impossibilité d'interrompre la *différance* continuelle entre la loi et son accomplissement dans ce monde conduit Hombourg à souhaiter l'entrée dans l'éternité, dès lors que l'ordre du monde, dont la *différance* constitutive aime à produire des antinomies, ne le permet pas :

> À présent, ô Immortalité, tu m'appartiens tout entière ! / Rayonnante à travers le bandeau de mes yeux, / Tu m'apportes l'éclat de mille soleils ! / Il me pousse des ailes sur les deux épaules, / Mon esprit s'envole à travers le silence de l'espace éthéré ; / Voit disparaître au loin le port et son joyeux tumulte, / Pour moi toute vie sombre dans le crépuscule : / Je discerne encore les couleurs et les formes, / Et tout n'est plus à présent que brouillard sous mes pieds[25].

L'*Unsterblichkeit* à laquelle aspire le Prince inaugure une certaine « éthique du réel » – selon l'expression de Alenka Zupančič – qui, comme un décalage perpétuel, confirme que « la réalité en tant que telle ne coïncide pas tout à fait avec elle-même »[26], et fait de la logique de l'illusion un état naturel propre au domaine moral. Il ne sera pas difficile d'esquisser des liens avec le postulat kantien de l'immortalité, que la péripétie de Hombourg semble incarner, comme une sorte de réconciliation de la finitude avec le progrès à l'infini de l'entière conformation de la volonté avec la loi morale :

> Or ce progrès indéfini n'est possible que dans la supposition d'une *existence* et d'une personnalité indéfiniment persistantes du même être raisonnable (ce que l'on nomme immortalité de l'âme). Donc le souverain Bien n'est pratiquement possible que dans la supposition de l'immortalité de l'âme ; par conséquent celle-ci, comme inséparablement liée à la loi morale, est un *postulat* de la raison pure pratique[27].

Par sa renonciation à la vie, Hombourg avoue que la forme de tout impératif dépend toujours des déclarations du désir pur, qui requiert un sacrifice procédant d'une jouissance et d'un idéal de sainteté, mais demeure inapte à exposer aux sujets les véritables motifs de leur désir. Comme Bernard Baas

---

■ 24. Sur ce sujet voir l'article de N. Nobile, « "Der Buchstab deines Willens" : Kleist's *Prinz Friedrich von Hombourg* and the Letter of the Law », *The Germanic Review*, vol. 72, n° 4, 1997, p. 317-341.

■ 25. H. von Kleist, *Le Prince de Hombourg*, *op. cit.*, v. 1830-1839, p. 514-515 ; *SWB*, p. 707 : « Nun, o Unsterblichkeit, bist Du ganz mein ! / Du strahlst mir durch die Binde meiner Augen, / Mit Glanz der tausendfachen Sonne zu ! / Er wachsen Flügel mir an beiden Schultern, / Durch stille Ätherräume schwingt mein Geist ; / Und wie ein Schiff, vom Hauch des Winds entführt, / Die muntre Hafenstadt versinken sieht, / So geht mir dämmernd alles Leben unter : / Jetzt' unterscheid'ich Farben noch und Formen, / Und jetzt liegt Nebel Alles unter mir ».

■ 26. Voir A. Zupančič, *L'Éthique du réel : Kant avec Lacan*, Caen, Nous, 2009, p. 147.

■ 27. E. Kant, *Critique de la raison pratique*, Paris, Gallimard, 1989 [*Kritik der praktischen Vernunft* (désormais abrégé *KpV*), AA, 05, 122]. Voir les remarques de A. Zupančič sur la logique interne des postulats kantiens (*L'Éthique du réel : Kant avec Lacan*, *op. cit.*, p. 82 *sq.*).

nous permet de le comprendre[28], sans le sillage du désir analysé par Lacan, la « logique de l'extimité » semble parcourir la conduite de Hombourg dont le sacrifice ultime ne produit pas une réconciliation finale avec l'orthodoxie pratique, mais confirme, au contraire, que l'ordre et la loi restent toujours l'Autre qui commande dans la distance. La reconnaissance qu'il concède à la justice et à la justesse de l'ordre reçu indique au sujet que son désir doit suivre une direction unique et qu'il ne reste pas d'autre voie que de se consacrer au destin, mais il n'y a aucune raison véritable pour cette offrande. Le devoir souffre de cet évidement de son contenu relativement à son accessibilité pour les êtres humains et il devient ainsi sacré et divin. Le sujet doit donc accepter que la dystéléologie et le hasard gouvernent les affaires humaines, en provoquant des tremblements dans l'existence. Il faut éduquer le genre humain à une théologie invertie, non pas régie par le sens, mais par le manque de sens. Dans une lettre adressée à Wilhelmine von Zenge de Wurtzbourg, le 16 septembre de 1800, et qui a pour titre *Über die Aufklärung des Weibes*, Kleist se demande si la croyance, que toute action morale met à l'épreuve, implique la nécessité de s'interroger sur le fondement des fins de notre vie, et notamment de la vie des femmes :

> Est-ce que tu ne ferais plus ce qui est juste, si l'idée de Dieu et de l'immortalité n'était qu'un rêve ? Pas moi. C'est pourquoi je n'ai certes pas *besoin* de ces principes pour être un homme de bien : mais parfois, *quand j'ai accompli mon devoir*, animé d'une secrète espérance, je me laisse aller à imaginer un dieu qui me voit et une joyeuse vie éternelle qui m'attend : car je me sens malgré tout attiré vers l'un et vers l'autre par ma croyance, dont m'assure pleinement mon cœur et que mon entendement confirme plus qu'il ne la conteste. Mais que cette croyance soit erronée ou pas, qu'importe ! Qu'un avenir m'attende ou pas, qu'importe ! J'accomplis mon devoir ici-bas, et si tu me demandes : pourquoi ? la réponse est simple : justement parce que c'est mon devoir[29].

▨ 28. Voir J. Lacan, *Le Séminaire*, Livre XI : *Les Quatre Concepts fondamentaux de la psychanalyse*, Paris, Seuil, 1973, p. 247 ; *cf.* B. Baas, *Le Désir pur : parcours philosophiques dans les parages de J. Lacan*, Louvain, Peeters, 1992, p. 151-152 : « Le sacrifice est ainsi un passage à la limite de cette chose impossible qui le commande : la sainteté, la souveraineté, la jouissance. Cette chose impossible qui, dans l'expérience humaine, commande le sacrifice est, pour cette expérience humaine, tout à la fois sa ressource, sa limite et sa menace. [...] Le sacrifice confère à l'objet sacrifié le statut d'objet extime, c'est-à-dire présent dans l'expérience humaine, mais toujours rattaché à ce qui excède cette expérience. La logique du sacrifice est la logique de l'excès, la logique de l'extimité ».

▨ 29. H. von Kleist, *Petits Écrits*, dans *Œuvres complètes*, vol. I, Paris, Gallimard, 1999, p. xx ; *SWB*, vol. II, p. 317 : « Würdest Du nicht mehr tun, was recht ist, wenn der Gedanke an Gott und Unsterblichkeit nur ein Traum wäre ? Ich nicht. Daher *bedarf* ich zwar zu meiner Rechtschaffenheit dieser Sätze nicht ; aber zuweilen, *wenn ich meine Pflicht erfullt habe*, erlaube ich mich, mit stiller Hoffnung an einen Gott zu denken, der mich sieht, und an eine frohe Ewigkeit, die meiner wartet ; denn zu beiden fühle ich mich doch mit meinem Glauben hingezogen, den mein Herz mir ganz zusichert und mein Verstand mehr bestätigt als widerspricht. Aber dieser Glaube sei irrig oder nicht – gleichviel ? Ich erfülle für dieses Leben meine Pflicht, und wenn Du mich fragst. *Warum* ? So ist die Antwort leicht : eben *weil* es meine Pflicht ist. », *cf.* lettre de Kleist à sa sœur Ulrike du 23 mars 1801, *Correspondance (1793-1811) op. cit.*, p. 197 : « La pensée que nous ne savons rien ici-bas de la vérité, absolument rien, que ce que nous appelons ici vérité porte après la mort un tout autre nom, et que par conséquent notre aspiration à acquérir un bien capable de nous suivre dans la tombe est stérile et vaine, cette pensée m'a ébranlé jusque dans le sanctuaire de mon âme » ; *SWB*, vol. II, p. 636 : « Der Gedanke, daß wir hienieden von der Wahrheit nichts, gar nichts wissen, daß das was wir hier Wahrheit nennen nach dem Tode ganz anders heißt, und daß folglich das Bestreben, sich ein Eigentum zu erwerben, das uns auch in das Grab folgt ganz vergeblich und fruchtlos ist, dieser Gedanke hat mich in dem Heiligtum meiner Seele erschüttert ».

La conscience de la détermination de l'être humain, affirme Kleist, consiste dans la compréhension de l'intention impénétrable de la divinité, quand elle nous a déposés sur la Terre. La découverte de la voix et de la raison de l'Autre serait la clé pour développer et accomplir notre propre destination. Après la déception ressentie à l'égard de la *neueste Philosophie*, Kleist, à l'occasion de ses promenades à Dresde, dévoile comme présente en lui une certaine admiration envieuse pour la clairvoyance et l'assurance que les artistes éprouvent dans le travail de leurs œuvres :

> Combien de fois, apercevant au cours de mes promenades de jeunes artistes, leur carton sur les genoux, le crayon à la main, en train de copier la belle nature, oh ! Combien de fois j'ai envié ces êtres heureux que ne tourmente aucun doute au sujet de cette vérité qu'on ne trouve nulle part, et qui vivent uniquement dans le beau, lequel beau parfois se montre à eux, au moins sous la forme d'un idéal[30].

Hombourg fait l'expérience d'un deuxième rêve avant la mort attendue : il s'agit d'un espace où il retrouve la grâce perdue, il s'agit proprement d'une scénographie orchestrée par le Prince électeur[31] et qui débouche sur une fin rappelant fortement le début de l'intrigue, quand la déroute et son effet ambivalent s'installaient dans son cœur. L'histoire de la réconciliation de Hombourg avec son Autre/Prince électeur peut être considérée comme l'antithèse du jugement sur la discipline militaire, exprimée par Kleist dans une lettre à son maître Christian Ernst Martini pendant son séjour chez la garnison de Potsdam, en mars 1799 :

> Les fameux miracles de la discipline militaire, qui faisaient l'étonnement de tous les connaisseurs, sont devenus l'objet de mon plus cordial mépris [...]. [Je] ne savais jamais si je devais agir en être humain ou en officier ; quant à concilier les devoirs propres à ces deux fonctions, je pensais cela impossible dans l'état actuel de l'armée[32].

Le Kleist militaire défendait encore sa position de *denkender Mensch*, qui jugeait indigne et aliénante la soumission aveugle à l'autorité. Il se trouvait prisonnier d'une antinomie proche de celle qu'expérimente Hombourg, antinomie exprimée par la scission entre l'obéissance aveugle à la *Parole* du supérieur et la voix délivrée par sa propre faculté de juger. Il serait impossible

30. H. von Kleist, *Correspondance (1793-1811)*, *op. cit.*, p. 213 ; *SWB*, vol. II, p. 651 : « Wie oft, wenn ich auf meinen Spaziergängen junge Künstler sitzen fand, mit dem Brett auf dem Schoß, den Stift in der Hand, beschäftigt die schöne Natur zu kopieren, ô wie oft hab ich diese glücklichen Menschen beneidet, welche kein Zweifel um das Wahre, das sich nirgends findet, bekümmert, die nur in dem Schönen leben, das sich doch zuweilen, wenn auch nur als ideal, ihnen zeigt ».

31. Voir B. Greiner, « Gewalt und Recht : Kleists juridische Genealogie der Gewalt » dans R. Schmidt, S. Allan, S. Howe (éd.), *Heinrich von Kleist : Konstruktive und destruktive Funktionen von Gewalt*, Wrutzbourg, Königshausen & Neumann, 2012, p. 50 : « Generiert hat der Kurfürst die reine Gewalt, indem er die Begnadigung des Prinzen aus allen Zweck-Mittel Relationen des Rechts herausgelöst und in einem Spiel im Spiel, dem grausamen Todesspiel mit dem Prinzen, vollzogen hat. Das weist auf eine Affinität der reinen, absoluten Gewalt zum Ästhetischen Rechtsetzung und Rechtserhaltung binden Gewalt in der Zweck-Mittel Relation des Rechts ».

32. H. von Kleist, *Correspondance (1793-1811)*, *op. cit.*, p. 29 ; *SWB*, vol. II, p. 479 : « Die größten Wunder militärischer Disciplin, die der Gegenstand des Erstaunens aller Kenner waren, wurden der Gegenstand meiner herzlichsten Verachtung [...]. [I]ch [...] immer zweifelhaft war, ob ich als Mensch oder als Offizier handeln mußte ; denn die Pflichten beider zu vereinen halte ich bei dem jetzigen Zustande der Armeen für unmöglich ».

de concilier les messages contraires qui transmettent ces deux sources d'autorité, situation qui donne force au doute – *immer zweifelhaft* – et donc à l'indétermination, au « encore pas », propre à la loi.

Kohlhaas et la double fascination pratique : désir de justice ou désir de vengeance ?

La narration consacrée à l'aventure du marchand de chevaux Michael Kohlhaas a suscité une ample bibliographie sur la prédominance de l'exigence de justice ou de la passion de vengeance. Kleist se fonde avec une certaine liberté sur l'histoire réelle de Hans Kohlhaas, recueillie dans la *Märkische Chronik* de Peter Hafftiz et publiée par Christian Schöttgen et Georg Christian Kreysig en 1731. La première partie de cette histoire fut publiée dans la revue fondée par Kleist et d'autres écrivains, *Phöbus : Ein Journal für die Kunst* (en 1808) et la version longue, remaniée, vit le jour dans le volume des *Erzählungen* livré en 1810. Il s'agit d'une histoire de rébellion contre un système de justice corrompu, d'une recherche des responsables et d'une quête vaine de restitution. Kleist caractérise à dessein le marchand de chevaux par des notations qui rappellent l'archange saint Michel, le patron des Allemands qui jeta Lucifer dans l'abîme, tua le dragon de l'Apocalypse et l'emporta vers l'Antéchrist, et il confère ainsi à Kohlhaas un aspect quasi messianique[33]. L'action a lieu le jour de la Saint-Michel et le même Kohlhaas est reconnu comme un « lieutenant de l'archange Michel »[34], qui adopte la perspective de la justice divine et endosse la mission suivante : « Châtier [...] la perfidie où le monde entier avait sombré »[35]. Plusieurs écrits antinapoléoniens de Kleist, publiés dans le journal pro-autrichien *Germania*, contiennent souvent des images bibliques. Malgré l'esprit rebelle du marchand, il faut ajouter que son idéal de justice n'a rien de révolutionnaire au sens des Lumières parce que l'idée de justice continue à être profondément féodale et à appartenir à un monde antérieur à la monopolisation de la violence par l'État[36]. Quelques spécialistes ont souligné la familiarité de Kleist avec le *Landrecht* prussien, promulgué en 1794 et appliqué quand l'auteur travaillait pour l'État de Prusse[37]. Le même récit déclare clairement que « [d']un point de vue légal, la cause était effectivement claire. Le fait que les chevaux aient été retenus au mépris de toutes les règles du droit jetait une lumière sans équivoque sur

33. Voir E. Krimmer, « Between Terror and Transcendence : A Reading of Kleist's Michael Kohlhaas », *German Life and Letters*, vol. 64, n° 3, p. 405-420.

34. H. von Kleist, *Récits*, dans *Œuvres complètes*, vol. II, Paris, Gallimard, 2000, p. 53 ; *SWB*, vol. II, p. 41.

35. *Ibid.*, p. 53 ; *SWB*, vol. II, p. 41 : « [D]ie Arglist, in welcher die ganze Welt versunken sei, zu bestrafen ». *Cf.* D. Hückmann, « Unrechtes und Ungerechtes : Rache bei Kleist », dans R. Schmidt, S. Allan, S. Howe (éd.), *Heinrich von Kleist : Konstruktive und destruktive Funktionen von Gewalt, op. cit.*, p. 241.

36. Sur cette question on consultera avec profit le travail de H. Boockmann, « Mittelalterliches Recht bei Kant. Ein Beitrag zum Verständnis des "Michael Kohlhaas" », *Kleist-Jahrbuch*, 1985, p. 84-108. Sur la probable évolution du même Kleist à l'égard de son idée de l'État, voir J. Schmidt, « Kleists Michael Kohlhaas zwischen französischer Revolution und preußischen Reformen », dans Gonthier-Louis Fink (éd.), *Les Romantiques allemands et la Révolution française/Die deutsche Romantik und die französische Revolution*, Strasbourg, Université des sciences humaines de Strasbourg, 1989, p. 239-251.

37. E. Krimmer, « Between Terror and Transcendence : A Reading of Kleist's Michael Kohlhaas », *op. cit.*, p. 407, remarque que spécialement le paragraphe 19 du *Landrecht*, regardant les accords de préservation – *Vom Verwahrungsvertrage* –, justifiait la réclamation que Kohlhaas fait à von Tronka : « Hat jemand eine Sache unter dem Vorwande, sie zu verwahren, unredlicher Weise in Besitz genommen : so haftet er auch wegen zufälligen Verlustes und Schadens, gleich jedem unredlichen Besitzer ».

tout le reste »[38]. Carl Schmitt semble négliger la réclamation que les actions du marchand prussien élèvent par rapport au droit privé et donc adopter un point de vue proche du premier avis de Luther sur le rebelle. Dans la *Théorie du partisan*, on lit les remarques sévères suivantes sur la portée de la démarche de Kohlhaas :

> Michael Kohlhaas, qui appliqua son sentiment du droit aux vols et aux meurtres, n'était pas un partisan, parce qu'il n'était pas politique, et il combattit exclusivement pour son propre droit privé lésé, et non pas contre un occupant étranger ni pour une cause révolutionnaire. Dans de tels cas, l'irrégularité n'est pas politique et elle se renverse simplement en irrégularité criminelle[39].

Schmitt méprise profondément le manque de conscience étatique de Kohlhaas, mais il ne nous semble pas percer les motifs derniers de son action, dotée d'une portée quasi sacrée, religieuse. Le sens de la justice, propre au personnage de Kleist, est une surenchère sur toute forme d'État, sans devoir être condamnée pour cette raison à un manque de signification politique : il désire une union des esprits purs, une république des cœurs transparents, comme le souhaita Rousseau dans ses *Dialogues*. En effet, Schmitt, conformément à l'anthropologie kantienne, considère l'esprit de vengeance comme opposé à la justice. Mais le dur jugement de Schmitt pourrait plutôt cibler le prétendu « Statthalter Kohlhaas » qui est le délinquant Johann Nagelschmidt, incendiaire et pillard, dont les excès sont condamnés par son prétendu inspirateur. L'avis sévère du juriste Schmitt peut se voir nuancé avec l'aide de ce que nous savons sur la connexion entre polémique et loi dans la vision organique de l'État d'Adam Müller, ami et collaborateur de Kleist, auteur de l'ouvrage *Die Elemente der Staatskunst* (1809), où on lit que la guerre donne un nouvel élan à l'État et évite sa décadence, au fur et à mesure qu'est favorisée la connaissance des institutions et de leurs limites. En prenant cette nouvelle perspective, on pourrait affirmer que Kohlhaas vise à redonner au système légal des *Länder* allemands leur énergie perdue. Le Prince électeur représente, dans le récit, la justice personnifiée parce qu'une administration technique de la justice n'aurait pas de sens pour le marchand allemand. La procédure judiciaire repose toujours sur une décision personnelle[40]. Le Junker Wenzel von Tronka est coupable d'avoir abandonné son exercice du pouvoir dans les mains d'administrateurs corrompus. À mon avis, il serait erroné de concentrer l'analyse de cette figure contradictoire

■ 38. H. von Kleist, *Récits, op. cit.*, p. 31 ; *SWB*, vol. II, p. 21 : « Die Rechtssache war in der Tat klar. Der Umstand, daß die Pferde gesetzwidriger Weise festgehalten worden waren, warf ein entscheidendes Licht auf alles Übrige ».

■ 39. C. Schmitt, *Theorie des Partisanen : Zwischenbemerkung zum Begriff des Politischen*, Berlin, Duncker & Humblot, 2006, p. 92 : trad. fr. NSM : « Michael Kohlhaas, den das Rechtsgefühl zum Räuber und Mörder machte, war kein Partisan, weil er nicht politisch wurde und ausschließlich für sein eigenes verletztes privates Recht kämpfte, nicht gegen einen fremden Eroberer und nicht für eine revolutionäe Sache. In solchen Fällen ist die Irregularität unpolitisch und wird rein kriminell ».

■ 40. Sur la distinction entre « *Herrschgewalt* » et « *Verwaltung* » chez Kleist, voir W. Kittler, « Gewalt bei Kleist », dans R. Schmidt, S. Allan, S. Howe (éd.), *Heinrich von Kleist : Konstruktive und destruktive Funktionen von Gewalt, op. cit.*, p. 90 et 92. Cf. J. Bohnert, « Positivität des Rechts und Konflikt bei Kleist », *Kleist-Jahrbuch*, 1985, p. 50 : « Kleists Werke beschreiben Rechtsverfahren, ihr Schwergewicht liegt auf der formellen Seite des Rechts, der unpopulären übrigens, die Nichtjuristen kaum beschäftigt; und wahr ist, daß auch Kleist das Faktische daran meinte ».

et ambiguë sur la défense de l'honnêteté de Kohlhaas face aux accusations qui voudraient le considérer en proie à la vengeance. On peut discuter, par exemple, pour savoir si le fait que, devant l'échafaud, il avale le médaillon que la Tzigane lui a donné doit être attribué au sentiment de la vengeance ou au désintéressement que Kohlhaas éprouve pour son propre destin[41]. Luther, connaisseur expérimenté des sources populaires de la révolte et du changement social, comprend bien que la masse séduite par les campagnes de Kohlhaas représente un sérieux risque pour le succès de son propos. La réforme religieuse, qu'entame une négociation avec le rebelle, considère Kohlhaas comme une force étrangère qui menace la sécurité nationale et préfère lui permettre de continuer son chemin jusqu'à Dresde. Il n'y a pas d'autre voie ouverte, une fois que le peuple voit dans le marchand prussien un « ange exterminateur [...] celui qui, par le fer et par le feu, poursuivait les oppresseurs du peuple »[42]. C'est la raison d'État qui parle dans la lettre qu'un Luther effrayé adresse à la cour de Saxe :

> [L']opinion publique était du côté de cet homme, situation hautement dangereuse et que, même dans Wittenberg déjà incendiée à trois reprises, il y avait des voix pour prendre son parti [...]. [D]ans ce cas qui sortait de l'ordinaire, il fallait passer outre les scrupules d'engager des pourparlers avec un sujet qui avait pris les armes[43].

Jusqu'ici les textes soutiennent que le marchand saxon envisage de retourner à la normalité, qu'il cherche seulement à réagir d'une façon prudente dans un état d'exception. Aux yeux de Kohlhaas, son action apparaît comme l'appel adressé au peuple « pour instaurer un ordre de choses qui fût meilleur »[44]. Lui n'essaie pas de satisfaire son propre droit, mais de réinstaurer le droit positif sans lequel la vie sur la terre perd tout son sens[45]. Quand le Prince électeur saxon réunit ses conseillers pour réagir aux désordres provoqués sur leur territoire, la seule voix qui appelle à résoudre efficacement le problème provient du comte Wrede :

■ 41. L'article de S. Allan est de ce point de vue exemplaire : « "Der Herr aber, dessen Leib Du begehrst, vergab seinem Feind" : The Problem of Revenge in Kleist's *Michael Kohlhaas* », *The Modern Language Review*, vol. 92, n° 3, 1997, p. 630-642. *Cf.* P. Horn, « Was geht uns eigentlich der Gerechtigkeitsbegriff in Kleists Erzählung *Michael Kohlhaas* noch an ? », *Acta Germanica*, vol. 8, 1973, p. 59-92.

■ 42. H. von Kleist, *Récits, op. cit.*, p. 67 ; *SWB*, vol. II, p. 54 : « Würgeengel [...] er die Volksbedrückter mit Feuer und Schwert verfolge ».

■ 43. *Ibid.*, p. 61-62 ; *SWB*, vol. II, p. 49 : « Die öffentliche Meinung [...] sei auf eine höchst gefährliche Weise, auf dieses Mannes Seite, dergestalt, daß selbst in dem dreimal von ihm eingeäscherten Wittenberg, eine Stimme zu seinem Vorteil spreche [...]. Er schloß, daß man, in diesem außerordentlichen Fall, über die Bendenklichkeit, mit einem Staatsbürger, der die Waffen ergriffen, in Unterhandlung zu treten, hinweggehen müsse », *cf.* sur la lecture de l'intervention de Luther dans le différend l'article de S. Allan cité n. 41, p. 634.

■ 44. H. von Kleist, *Récits, op. cit.*, p. 53 ; *SWB*, vol. II, p. 41 : « Zur Errichtung einer besseren Ordnung der Dinge ».

■ 45. Voir B. Greiner, dans R. Schmidt, S. Allan, S. Howe (éd.), *Heinrich von Kleist : Konstruktive und destruktive Funktionen von Gewalt, op. cit.*, p. 53. *Cf.* J. Rückert, « ... der Welt in der Pflicht verfallen : Kleists Kohlhaas als moral- und rechtsphilosophische Stellungnahme », *Kleist-Jahrbuch* (1988), p. 386. La première réponse que Kohlhaas donne aux reproches de Luther insiste sur ce point d'exposition de l'homme dépourvu de lois, qui ainsi reste expulsé [*verstoßen*] de la communauté humaine, voir *SWB*, vol. II, p. 45 : « Vertoßen, antwortete Kohlhaas, indem er die Hand zusammendrückte, nenne ich den, dem der Schutz der Gesetze versagt ist ! Denn dieses Schutzes, zum Gedeihen meines friedlichen Gewerbes, bedarf ich ; ja, er ist es, dessenhalb ich mich, mit dem Kreis dessen, was ich erworben, in diese Gemeinschaft flüchte ; und wer mir ihn versagt, der stößt mich zu den Wilden der Einöde hinaus ; er gibt mir, wie wollt Ihr das leugnen, die Keule, die mich selbst schütz, in die Hand ».

[L]e grand chancelier du tribunal, le comte Wrede [...] fit remarquer que le fil des exactions risquait ainsi de se dérouler à l'infini et déclara que seule une pure et simple réhabilitation, visant à rattraper immédiatement et sans autre considération l'erreur dont on s'était rendu coupable, pourrait rompre ce fil et sortir avec bonheur le gouvernement de ce guêpier[46].

Mais cette procédure serait trop simple dans une ambiance obsédée par les représentations obscures, que Kant avait inventoriées dans l'*Anthropologie d'un point de vue pragmatique* et que Schiller considérait comme des éléments de développement d'une nouvelle science, attentive aux causes profondes de toutes les actions humaines, justes et criminelles. Kleist ne présente pas Kohlhaas comme une figure unilatérale de justice, mais comme une figure révélatrice de l'excès qui habite cette vertu, de façon à ce que le désir de vengeance esquisse une sorte de complément nécessaire pour obtenir une perspective complète sur cet habitus. Le cœur de Kohlhaas est un organe mixte, comme Schiller le décrivait magistralement dans son récit *Der Verbrecher aus verlorener Ehre* de 1786 :

> Le cœur humain est quelque chose de très uniforme, mais en même temps de très composé. La même aptitude ou appétition peut se déplier en mille formes et directions, elle peut générer mille phénomènes contradictoires [...]. Si surgissait un Linné pour le genre humain, comme pour le reste de règnes de la nature, et qu'il classifiait ce genre selon les pulsions et les inclinations, on s'étonnerait grandement de trouver quelques sujets, dont les vices sont maintenant étouffés par un étroit rempart bourgeois et par la faible protection des lois, dans la même classe de l'affreux Borgia[47].

Au début du récit, Kohlhaas émerge comme « un des hommes à la fois les plus intègres et les plus effroyables de son temps »[48], c'est-à-dire comme une personnalité ambiguë. Quand Luther l'accuse de n'avoir pas réfléchi suffisamment avant de se révolter contre le seigneur von Tronka, Kohlhaas répond énigmatiquement : « Peut-être ! [...] Peut-être aussi que non ! »[49]. Mais au moment de leur conversation, les choses sont allées trop loin, il n'y a pas de retour en arrière possible : « Alors que les choses suivent leur cours, tel est mon avis : Faites rendre le verdict que je suis en droit d'attendre, et

■ 46. H. von Kleist, *Récits, op. cit.*, p. 63 ; *SWB*, vol. II, p. 50 : « Der Großkanzler des Tribunals, Graf Wrede [...] bemerkte, [...] daß der Faden der Freveltaten sich auf diese Weise ins Unendliche fortzuspielen drohe, und erklärte, daß nur ein schlichtes Rechttun, indem man unmittelbar und rücksichtlos den Fehltritt, den man sich zu Schulden kommen lassen, wieder gut machte, ihn abreißen und die Regierung glücklich aus diesem häßlichen Handel herausziehen könne ».

■ 47. F. Schiller, *Sämmtliche Werke : Erzählungen, Theoretische Schriften*, W. Riedel (éd.), Munich, C. Hanser, 2004, p. 13 ; trad. fr. NSM : « Es ist etwas so Einförmiges und doch wieder so Zusammengesetzes, das menschliche Herz. Eine und eben dieselbe Fertigkeit oder Begierde kann in tausenderlei Formen und Richtungen spielen, kann tausend widersprechende Phänomene bewirken [...]. Stünde einmal, wie für die übrigen Reiche der Natur, auch für das Menschengeschlecht ein Linnäus auf, welcher nach Trieben und Neigungen klassifizierte, wie sehr würde man erstaunen, wenn man so manchen, dessen Laster in einer engen burgerlichen Sphare und in der schmalen Unzäunung der Gesetze jetzt ersticken muss, mit dem Ungeheuer Borgia in einer Ordnung beisammen fände ».

■ 48. H. von Kleist, *Récits, op. cit.*, p. 17 ; *SWB*, vol. II, p. 9 : « Einer der rechtschaffensten zugleich und entsetzlichsten Menschen seiner Zeit. », *cf.* l'article de S. Allan de 1997, *op. cit.*, p. 630) et M. Landwehr, « The Mysterious Gypsy in Kleist's *Michael Kohlhaas* : The Disintegration of Legal and Linguistic Boundaries », *Monatshefte*, vol. 84, n° 4, 1992, p. 431-446.

■ 49. H. von Kleist, *Récits, op. cit.*, p. 59 : *SWB*, vol. II, p. 47 : « [Klann sein ! [...] kann sein auch nicht] ».

faites en sorte que le châtelain nourrisse mes moreaux jusqu'à leur complet rétablissement »[50]. Peut-être que l'interprétation de Cassirer est la plus proche du fondement de la contradiction interne des personnages de Kleist, et que l'ambiguïté de la personnalité de Kohlhaas procède de la collision de son projet de justice avec l'ordre pervers du monde, qui fait échouer toute restitution juste :

> Quand *Kohlhaas* reçoit la dernière confirmation de l'injustice, il s'élève en lui « après qu'il a contemplé avec tristesse le monde tombé dans un désordre si gigantesque, la satisfaction intérieure de voir son propre esprit de nouveau en ordre ». Mais l'inversion tragique consiste dans le fait qu'au moment où il essaie de conférer une valeur à cet ordre intérieur, il se livre à la violence, à l'injustice et à l'incompréhensible ordre séquencé de faits extérieurs. Au lieu de sauver et régler le monde, il confond et détruit ainsi son propre être intérieur. Son sentiment du droit, « qui était sa balance d'or », se tourne en un « esprit visionnaire pathologique et désorienté », qui le détruit lui-même ainsi que le monde qui l'entoure[51].

Kohlhaas fait l'expérience de la métamorphose d'une sensibilité commune pour la justice et le droit dans une sensibilité exacerbée relativement à ces vertus essentielles pour la communauté humaine. Une telle transformation confirme que son sens du juste contient un excès qui répand le désordre et menace la normalité politique et sociale. L'anthropologie kantienne donnait des matériaux précieux pour comprendre qu'on pourrait aisément confondre le désir de vengeance et le désir légitime de justice. En effet, les deux appétits se ressemblent considérablement, mais Kant remarque qu'un observateur avisé ne devrait pas se laisser tromper par cette fausse ressemblance. Le paragraphe 83 de l'*Anthropologie* pragmatique kantienne offre une généalogie de ces deux faux jumeaux de l'esprit :

> [L]e *désir* d'être avec son prochain dans une situation et dans une relation telle qu'à chacun peut revenir ce que veut le droit n'est certes pas une passion, mais au contraire un facteur fondamental de détermination du libre arbitre par une raison pure pratique. Cependant, le fait que ce désir puisse être stimulé par le simple amour de soi-même, c'est-à-dire uniquement pour son avantage, et non pas en vue d'une législation destinée à chacun, correspond

▓ 50. H. von Kleist, *Récits*, *op. cit.* : « So habe es denn, meine ich, seinen Lauf : laßt das Erkenntnis, wie es mir zukömmt, sprechen, und dem Junker mir die Rappen auffüttern ».

▓ 51. E. Cassirer, « Heinrich von Kleist und die kantische Philosophie », *op. cit.*, p. 34-35 ; trad. fr. NSM : « Als *Kohlhaas* die letzte Bestätigung des Unrechts, das ihm widerfahren ist, erhalten hat, da zuckt in ihm "mitten durch den Schmerz die Welt in einer so ungeheuren Unordnung zu erblicken, die innerliche Zufriedenheit empor, seine eigene Brust nunmehr in Ordnung zu sehen". Die tragische Rückwendung aber liegt darin, daß er in dem Augenblick, da er dieser inneren Ordnung äußere Geltung zu verschaffen sucht, wieder der Gewalt, dem Unrecht und der unbegreiflichen Verkettung des Aeußeren verfällt. Statt die Welt zu retten und einzurenken, vewirrt und vernichtet er das eigene innere Sein. Sein Rechtgefühl, "da seiner Goldwage glich" wird jetzt zu einer "Schwärmerei krankhaftester und mißgeschaffener Art", die ihn und die Welt um ihn her zerstört. ». Voir aussi J. Ellis, *Heinrich von Kleist : Studies in the Character and Meaning of his Writings*, Chapter Hill, University of North Carolina Press, 1979, p. 81 : « The tragedy of Kohlhaas at the end of the story is not that he falls from being a model of perfect justice, or that he is sacrificed in the name of justice. It is that the world is too inconsistent, too disorganized, and too much influenced by whims and foolishness to be able to find a place for Kohlhaas's grandiose sense of mission ».

à une motivation sensible relevant de la haine, non pas vis-à-vis de l'injustice, mais à l'endroit de celui qui a été injuste envers nous[52].

La personnalité de Kohlhaas apparaît dans sa complétude seulement quand, après la mort de sa femme, qui le prie de pardonner les fautes du prochain, il prononce les mots suivants : « Puisse Dieu ne jamais me pardonner comme je pardonne au châtelain ! »[53]. Si on lit avec attention le récit de Kleist, on voit que le marchand de chevaux correspond assez exactement au portrait donné du vengeur dans le passage kantien. En effet, c'est la haine produite par les effets indirects de l'injustice (en rapport aux chevaux laissés dans les écuries du Junker saxon) qui le pousse vers une escalade d'incendies et de destructions, de Wittenberg à Leipzig. Kohlhaas maintient un rapport difficile avec la communauté, qu'il n'unit pas à un but d'émancipation. Il se sert de la force brutale de la masse insatisfaite et cherche ainsi à se procurer le soutien populaire. Mais cela n'implique pas qu'il approuve un projet de rénovation juridique et social. Tout au contraire, Kohlhaas rêve d'un retour au passé et lutte pour laisser dans le territoire allemand la marque et le sillage de ce désir mélancolique.

Si la transgression du Prince de Hombourg tâchait de donner un exemple suprême et peut-être sublime d'obéissance et d'autonomie, la vengeance de Kohlhaas surgit comme le côté obscur de l'imposition du bien. Tous les deux prennent la vie pour un rêve, qui déploie les fantômes sages de la loi et du juste. Tous les deux résistent à l'obstacle qui déclare les « pas encore » perpétuellement émis par la loi et attestent par leur péripétie une volonté de vivre directement dans un universel inhumain, qui entraîne une immédiateté impossible pour la raison pratique kantienne. Leur funeste désir de vérité les conduit à chercher sans relâche une totalité qui expulse à l'extérieur la conscience humaine, toujours clivée et ouverte par ses propres fêlures, par sa propre *dynamis*. Hombourg et Kohlhaas exemplifient ainsi à la perfection la *pulsion de réalité pure* de la poétique de Kleist, qu'il oppose à l'ontologie critique et à la scission kantienne entre phénomène et noumène, qu'il juge comme étant un renoncement au fondement véritable, et comme un recul intolérable de la théorie. Les deux personnages fuient l'expérience de la scission, puisqu'ils reconnaissent comme seule source de sens une unité aussi parfaite que fatale pour la condition humaine. Tous deux acceptent que le seul chemin qui reste ouvert pour le sujet soit celui de la démolition de son être unilatéral et de l'épuisement de ses facultés. L'itinéraire biographique de Kleist donne un exemple puissant de ce désir inconditionné de théorie, mais ces caractéristiques expliquent aussi une paradoxale « victoire du réalisme » attribuée par Georg Lukács à cette œuvre, qui, selon Goethe, souffrait d'une

---

■ 52. E. Kant, *Anthropologie du point de vue pragmatique*, § 83, AA 07, p. 270-271 ; trad. fr. A. Renaut, Paris, Flammarion, 1993, p. 243. Sur le mécanisme des passions chez Kant, je me permets de renvoyer à un travail antérieur, « Las pasiones y sus destinos. El examen de las emociones en las *Lecciones de Antropología* de Kant », *Ideas y Valores*, LXII, suplemento 1, 2013, p. 109-132.

■ 53. H. von Kleist, *Récits, op. cit.*, p. 41 ; *SWB*, vol. II, p. 30 : « So möge mir Gott nie vergeben, wie ich dem Junker vergebel ».

« pathologie incurable »[54], incurable comme les tensions croissantes entre l'aristocratie militaire et la bourgeoisie à l'intérieur de sa propre patrie.

Nuria Sánchez Madrid
Professeur Titulaire, Faculté de Philosophie,
Département Philosophie et Société de l'Université Complutense de Madrid
Directeur du Groupe de Recherche UCM GINEDIS

54. Voir G. Lukács, « Die Tragödie Heinrich von Kleist », *Internationale Literatur*, vol. 8, 1937, p. 105-106.

Le désir

LES CORPS DE MICHEL FOUCAULT [1]

Mathieu Potte-Bonneville

Quel statut conférer chez Michel Foucault à l'invocation du corps, si ce dernier apparaît à la fois comme foyer d'expérience et comme objet d'analyse, comme l'effet et comme le support d'une construction historique, discursive ou sociale, comme rétif à toute définition d'essence et comme point d'appui de la résistance ? Sous cette circularité apparente, dont les analyses de Foucault tirent une part de leur fécondité, s'articulent en réalité divers registres d'appréhension du corps : ceux-ci visent à mettre en question tant l'approche phénoménologique du corps propre que la naturalité du corps individuel, au profit d'une affirmation « des corps » dans leur irréductible pluralité, en excès sur toute tentative de caractériser le corps en vérité.

L a cause semble entendue : dans le champ des sciences sociales comme du côté des discours qui accompagnent diverses mobilisations politiques contemporaines, l'héritage de Michel Foucault serait essentiellement celui d'une irruption des corps, à deux titres au moins. Au titre d'objet de recherches d'une part : on ne compte plus les travaux qui empruntent, de manière revendiquée ou plus discrète, au programme énoncé dans *Surveiller et Punir* et prolongé dans *La Volonté de savoir*, programme dont ils ne critiquent à l'occasion des catégories que pour mieux en assumer l'horizon fondamental. Ce programme est celui d'une « histoire politique des corps » attentive à reverser la constitution de ces derniers de la nature vers l'histoire, et à souligner combien la définition de leur identité comme de leurs relations réciproques (qu'elles soient de classe, de race ou de genre) est traversée par diverses formes de domination[2]. Une telle démarche, d'autre part, est fréquemment présentée par ses initiateurs non simplement comme le résultat d'une inflexion interne à la recherche

1. Cet article est paru initialement dans le n° 130 (3ᵉ trimestre 2012) des *Cahiers Philosophiques*.
2. Le récent ouvrage d'Elsa Dorlin, *La Matrice de la race, généalogie sexuelle et coloniale de la nation française* (Paris, La Découverte, 2006), fournirait dans la bibliographie française un excellent exemple de cette postérité des problématiques foucaldiennes.

académique, comme la quête d'un paradigme à même de prendre en charge tel ou tel point d'histoire ou de philosophie, mais comme un écho et une contribution, à l'intérieur du champ clos de la théorie, aux bouleversements survenus dans ce qu'il faudrait nommer le régime culturel, social et politique des corps eux-mêmes. Ainsi Judith Butler, dans la seconde introduction qu'elle rédige en 1999 à son ouvrage classique *Trouble dans le genre*[3], peut-elle situer celui-ci à l'intersection de deux mouvements, qui reconduisent l'un et l'autre hors du monde académique : en amont, explique-t-elle, le livre est né d'une expérience biographique, marquée par une participation de quatorze ans à la culture gaie et lesbienne de la côte est des États-Unis, dont l'ouvrage est le « produit intérieur »[4]. En aval, et du côté de la réception, elle se félicite d'avoir trouvé des lecteurs, et son livre des effets, hors de la sphère universitaire, à travers des mouvements tels que Queer Nation ou Act Up. Ainsi, le « trouble dans le genre » dont le titre fait mention n'est pas à comprendre simplement comme l'objet de l'enquête ou comme l'introduction, dans la conception traditionnelle du genre, de bouleversements dont Butler serait, du seul fait de ses positions intellectuelles, l'instigatrice ; si la théorie jette le trouble, c'est parce que, d'abord, le registre sur lequel celle-ci se déploie et le surplomb qu'elle revendique d'habitude vis-à-vis du monde social sont eux-mêmes troublés par le surgissement d'une instance ordinairement tenue à distance – savoir, le corps même de son auteure, ses émotions et ses frayages.

> Même si *Trouble dans le genre* est un ouvrage universitaire, tout a commencé pour moi par un chassé-croisé, alors que j'étais assise sur la plage de Rehoboth à me demander si je pouvais relier les différents aspects de ma vie[5].

La mention, au seuil du livre, de ce corps en position assise dans une station balnéaire, qui est aussi l'un des hauts lieux de la sociabilité gay et lesbienne nord-américaine, ne relève pas simplement de l'incise autobiographique mais assume à sa façon un héritage foucaldien. Dans sa manière d'adosser la démarche intellectuelle à une expérience immédiatement physique, expérience dont la théorie procède et qu'elle vise à rejoindre, Butler décalque silencieusement la manière dont Foucault, en 1972, faisait des corps mutinés des prisonniers à la fois les aiguillons de la rédaction de *Surveiller et Punir*, les inspirateurs de l'ébranlement que cet ouvrage prétendait introduire dans la réflexion sur la prison et les destinataires privilégiés de ce renouvellement de perspective. Ainsi pouvait-il écrire, à propos des mutineries survenues dans les prisons françaises en 1971 :

> Que les punitions en général et que la prison relèvent d'une technologie politique du corps, c'est peut-être moins l'histoire qui me l'a enseigné que le présent. [...] Il s'agissait bien d'une révolte, au niveau des corps, contre le corps même de la prison. Ce qui était en jeu, ce n'était pas le cadre trop fruste ou trop aseptique, trop rudimentaire ou trop perfectionné de la prison, c'était sa matérialité dans la mesure où elle est instrument et vecteur de pouvoir.

3. Judith Butler, *Trouble dans le genre*, 1990, trad. fr. Cynthia Kraus, Paris, La Découverte, 2005.
4. *Ibid.*, p. 38.
5. *Ibid.*, p. 39.

[...] C'est de cette prison, avec tous les investissements politiques du corps qu'elle rassemble dans son architecture fermée, que je voudrais faire l'histoire[6].

De *Surveiller et Punir* à *Trouble dans le genre*, du toit de la prison de Toul à la plage de Rehoboth : comme l'exemple de Butler le montre, une part de la postérité contemporaine de Foucault tient d'abord à ce couplage revendiqué, à ce lien entre le renouvellement de la compréhension théorique des corps et la façon dont ces derniers font valoir, au-dehors, leur présence, leurs requisits et leur irréductibilité aux cadres imposés.

Reste alors à rendre raison de la cohérence d'un tel couplage. Non que la circularité de cette « histoire du présent »[7] soit en elle-même fautive : que les catégories censées rendre compte des transformations du monde contemporain doivent leur renouvellement à ces transformations mêmes, qu'en d'autres termes les crises suscitent l'ébranlement conceptuel depuis lequel il devient possible de les « penser autrement », c'est le pari assumé par l'ensemble de la démarche archéologique de Foucault. Si difficulté il y a, elle tient plutôt à la manière différente dont la référence au corps trouve à s'articuler sur chacun des versants d'un tel dispositif, ou disons entre le point de départ et le point d'arrivée de l'enquête. D'un côté, en amont de l'analyse, Foucault accorde à ces corps qui insistent à se faire entendre, à ces ombres des prisonniers sur le toit, une présence à la fois immédiate et constituante ; il leur attribue le pouvoir de se frayer un passage dans la théorie, les crédite d'une puissance disruptive propre à ouvrir dans la pensée l'espace de nouvelles investigations. De l'autre côté, au terme d'un parcours dont tout l'enjeu aura été de montrer combien ce que nous croyons être les données immédiates de notre présence au monde relève en réalité d'une généalogie conflictuelle, le corps sera devenu le simple produit d'une conjoncture, effet dont la consistance précaire se dissout dans l'histoire. De l'impulsion initiale au tableau final, la référence au corps oscille ainsi entre la prise en compte d'une instance dont les exigences s'imposent impérieusement, et la décomposition d'une construction historique dotée d'une unité artificielle et transitoire : si, par exemple, les révoltes de prisonniers interpellent Foucault par l'immédiateté de leur refus (révoltes « contre le froid, contre l'étouffement et l'entassement, contre les murs vétustes... »[8]), l'analyse qui s'engrène sur elles tend plutôt à multiplier les médiations, et à montrer comment « l'individu [...] est une réalité fabriquée par cette technologie spécifique de pouvoir qu'on appelle la discipline »[9]. Comme le notait déjà Michel de Certeau, « on a chez Foucault une théorie du corps comme condition illisible des fictions, et une théorie des fictions de corps »[10].

■ 6. Michel Foucault, *Surveiller et Punir*, Paris, Gallimard, 1972, p. 35.
■ 7. *Ibid.*
■ 8. *Ibid.*, p. 34.
■ 9. *Ibid.*, p. 195-196.
■ 10. Michel de Certeau, « L'histoire une passion nouvelle », *Le Magazine littéraire* 123, avril 1977, p. 22-23. Cité dans Jean-François Bert, *Michel Foucault, regards croisés sur le corps. Histoire, ethnologie, sociologie*, Strasbourg, Le Portique, 2007.

Le corps et ses doubles

On ne se hâtera pas, pour autant, de crier au double jeu. D'abord parce que tout l'intérêt de la démarche tient, on le pressent, à cette tension même, à cette complémentarité paradoxale en dehors de laquelle chaque versant s'appauvrit : c'est l'aspect le moins intéressant de l'héritage foucaldien que de voir, parfois, ces deux modes de référence au corps s'éloigner l'un de l'autre jusqu'à engendrer, chacun à part soi, deux séries d'affirmations également improductives – d'un côté, l'invocation monotone de la résistance du corps à l'ordre politique, de son opposition têtue et muette à toutes les formes d'oppression ; de l'autre, la litanie des monographies établissant, sans autre bénéfice, la dimension culturelle de déterminations physiques jusque-là indûment attribuées à la nature. Mais le problème est alors de savoir comment cette double position du corps (comme soubassement et résultat de l'histoire, comme condition et horizon de la théorie qui s'en empare) peut éviter de reconduire deux travers justement dénoncés par Foucault lui-même.

1) Éviter, tout d'abord, d'entrer dans ce que *Les Mots et les Choses* nommaient « le doublet empirico-transcendantal », disposition dont l'ouvrage de 1966 faisait à la fois le principe de l'*épistémè* moderne et le signe de sa clôture. Dès lors, écrivait alors Foucault, que les contenus positifs offerts à la connaissance, et qui présentent l'homme comme un être vivant, parlant et travaillant, se révèlent tout autant être les conditions de possibilité de cette connaissance même, la réflexion est commise à piétiner indéfiniment d'un de ces pôles à l'autre, devenant au passage d'autant moins certaine de ses opérations qu'elle les découvre plus profondément enracinées dans les coordonnées mondaines de l'expérience humaine. Il faut souligner que, dans la typologie proposée par Foucault pour décrire ce jeu de miroirs entre « l'homme et ses doubles », la première des « formes positives où l'homme peut apprendre qu'il est fini », c'était bel et bien le corps : « À l'expérience de l'homme, un corps est donné qui est son propre corps – fragment d'espace ambigu, dont la spatialité propre et irréductible s'articule cependant sur l'espace des choses »[11]. Or, la généalogie semble justement reconduire cette stratégie intellectuelle : à son tour, elle prend appui ici sur les transformations qu'entraîne l'irruption des corps dans le champ social pour retracer là les étapes et les formes de leur constitution historique. Peut-elle, dès lors, éviter de reproduire le geste qui, décalquant les conditions de possibilité de la connaissance sur les faits qui lui sont offerts, condamne selon Foucault les sciences humaines à la répétition indéfinie du Même ?

2) À ce problème épistémologique s'ajoute une difficulté d'ordre normatif. Comment, en effet, faire de l'immédiateté des corps, de leurs protestations et de leurs exigences, le fil conducteur d'une critique en acte, sans reconduire à travers elle la fiction d'une instance jusque-là réprimée et tenue en lisière de l'histoire ? Et comment dans ce cas éviter de renforcer l'idée, suspecte pour Foucault, selon laquelle l'émancipation consisterait à redécouvrir ce qui a été trop longtemps tu ? C'est dans *La Volonté de savoir*, cette fois, que

11. M. Foucault, *Les Mots et les Choses*, Paris, Gallimard, 1990, p. 325.

le problème se fait le plus sensible tant ce livre porte à un haut degré de radicalité d'une part l'idée d'une constitution historico-politique du corps, d'autre part l'affirmation de ce que les appels à la libération contribuent efficacement à maintenir le dispositif moderne de pouvoir. Refusant l'horizon d'une « libération sexuelle », Foucault affirme qu'il convient au contraire de comprendre comment l'instance du sexe et son occultation supposée sont activement produites par l'agencement de savoir-pouvoir qu'il nomme « dispositif de sexualité » : ce qui qualifiait en propre les aspirations profondes du corps se voit ainsi déplacé du côté des effets d'un montage social. Dans le même mouvement toutefois, à la question de savoir ce qu'il conviendrait d'opposer à un tel dispositif, c'est bien aux corps que le texte fait appel :

> C'est de l'instance du sexe qu'il faut s'affranchir si, par un retournement tactique des divers mécanismes de la sexualité, on veut faire valoir contre les prises du pouvoir les corps, les plaisirs, les savoirs, dans leur multiplicité et leur possibilité de résistance. Contre le dispositif de sexualité, le point d'appui de la contre-attaque ne doit pas être le sexe-désir, mais les corps et les plaisirs[12].

Que le sexe procède des mécanismes de sexualité, qu'à ces mécanismes, par ailleurs, il convienne d'opposer les corps et les plaisirs oblige à se demander d'une part comment éviter de naturaliser ces derniers, d'autre part comment éviter de faire jouer à leur propos « l'hypothèse répressive » dont Foucault appelle en outre, tout au long de ce premier tome de l'*Histoire de la sexualité*, à se départir.

Il faut, pour répondre à cette question, être attentif aux détails. Car « les corps » que Foucault invoque ici à titre de points d'appui ne sont pas exactement « le sexe » qu'il désigne, au singulier, comme une construction ; des uns à l'autre intervient une différence de nombre dont on comprend qu'elle ne joue pas un rôle seulement quantitatif, mais bien opératoire en ce qu'elle participe à distinguer les différents registres de l'analyse. Unité, diversité, multiplicité s'étagent dans ce passage, et viennent caractériser respectivement le phénomène dont il s'agit de rendre raison (« l'instance du sexe »), les mécanismes qui concourent à le produire (« les divers mécanismes de la sexualité »), les éléments constitutifs enfin de cette opération, à la fois surfaces d'inscription pour la « fabrique du sexe » et principes de sa déstabilisation éventuelle : « la multiplicité des corps, des plaisirs, des savoirs », « les corps et les plaisirs ». On n'a donc pas affaire à une argumentation circulaire dont le même corps constituerait à la fois le point de départ et d'arrivée, mais à une analyse feuilletée, où Foucault distribue sur plusieurs registres distincts les acceptions ordinairement confondues dans la notion générale de corps. Sans doute toute philosophie soucieuse d'aborder rigoureusement cet objet se voit-elle contrainte à une telle mise en ordre : quiconque prétend traiter du corps est bientôt amené à distinguer et à articuler au moins la question du corps propre, celle du corps vivant, celle enfin du corps matériel. Si la démarche de Foucault se distingue, c'est toutefois, comme on va le voir, par sa manière de mener cette analyse à contre-pente, et d'y opérer deux inversions

---

■ 12. M. Foucault, *La Volonté de savoir*, Paris, Gallimard, 1976, p. 208.

décisives. Pour le dire vite : à rebours de toute phénoménologie, il donne d'abord pour soubassement à la conscience vécue de mon corps l'objectivité anonyme que constitue le corps ; à rebours de toute recherche d'essence, il dérive ensuite cette unité même de la multiplicité des corps et de leurs interactions sociopolitiques. Parcourons successivement ces différents feuillets.

Mon corps : une archéologie du corps propre

Une interprétation souvent reçue voudrait que Foucault n'ait fait intervenir la référence au corps qu'au début des années 1970, sous la double impulsion d'une lecture attentive de la généalogie nietzschéenne[13] et de l'impasse dans laquelle se serait engagée une archéologie trop exclusivement discursive, incapable à la fois de donner un soubassement aux énoncés et d'expliquer le passage d'une *épistémè* à l'autre[14]. Une telle lecture a ses raisons, on y reviendra ; mais on ne saurait oublier que les recherches développées dans les années 1960, loin d'ignorer le corps, en avaient déjà fait l'un de leurs objets centraux à travers *Naissance de la clinique*, paru en 1964. L'enjeu de cet ouvrage est d'abord de montrer comment il est possible de rapporter la naissance de la médecine moderne, plutôt qu'à la découverte d'une vérité de la maladie déjà déposée dans les choses, à la réorganisation des conditions sociales, discursives et épistémiques de l'expérience médicale elle-même. Comme le résume la conclusion du livre :

> Pour que l'expérience clinique fût possible comme forme de connaissance, il a fallu toute une réorganisation du champ hospitalier, une définition nouvelle du statut du malade dans la société et l'instauration d'un certain rapport entre l'assistance et l'expérience, le secours et le savoir […] il a fallu ouvrir le langage à tout un domaine nouveau ; celui d'une corrélation perpétuelle et objectivement fondée du visible et de l'énonçable[15].

En choisissant de procéder ainsi, Foucault s'oblige toutefois à faire un sort à une autre façon de rechercher les « conditions de possibilité de l'expérience médicale » ; cette autre stratégie, partant du constat selon lequel la saisie strictement objective du corps est impuissante à se fonder elle-même, consisterait à enraciner celle-ci dans l'expérience originaire du corps vécu, comprise non comme appréhension sensible préludant à une connaissance rigoureuse, mais comme condition de toute présence du sujet au monde et à soi-même. On aura reconnu, dans cette voie alternative, la démarche développée dans la phénoménologie française par Maurice Merleau-Ponty dont *La Structure du comportement* (1942) et *La Phénoménologie de la perception* (1945) forment l'arrière-plan sur lequel l'ouvrage de Foucault entend se détacher. De cette sorte de rivalité entre archéologie historique et phénoménologie découle un curieux mélange de proximité et de distance vis-à-vis de la caractérisation merleau-pontienne du corps. Ainsi peut-on

13. Lecture dont le texte « Nietzsche, la généalogie, l'histoire » porte témoignage, *cf.* M. Foucault, *Dits et Écrits*, t. II, Paris, Gallimard, coll. « Bibliothèque des sciences humaines », 1994, texte n° 84.
14. C'est l'interprétation proposée, en particulier, par Hubert Dreyfus et Paul Rabinow, *Michel Foucault, un parcours philosophique*, Paris, Gallimard, coll. « Bibliothèque des sciences humaines », 1984, chap. v.
15. M. Foucault, *Naissance de la clinique*, rééd. Paris, P.U.F., coll. « Quadrige », 1993, p. 199-200.

entendre Foucault, dans une conférence radiophonique réalisée en 1966, adopter une position fort proche de celle de Merleau-Ponty :

> [Mon corps] est lié à tous les « ailleurs » du monde, et à vrai dire, il est ailleurs que dans le monde ; car c'est autour de lui que les choses sont disposées, et c'est par rapport à lui, comme par rapport à un souverain, qu'il y a un dessus, un dessous, une droite, une gauche, un avant, un arrière, un proche, un lointain... Le corps est au cœur du monde ce petit noyau utopique à partir duquel je rêve, je parle, j'avance, j'imagine, je perçois les choses en leur place[16].

Dans *Naissance de la clinique*, il s'agit au contraire de faire un pas en arrière vis-à-vis de cette souveraineté prêtée au corps vécu sur l'organisation du monde. Le propos de Foucault consiste en effet à soutenir ceci : s'il y a, comme l'affirme Merleau-Ponty, dépendance de la connaissance objective moderne à l'égard d'une corporéité plus fondamentale, il ne faut pas y voir une donnée d'essence, renvoyant à l'enracinement du *cogito* dans l'expérience du corps propre, mais un fait d'histoire, lié à un changement dans des « dispositions fondamentales du savoir »[17], dispositions dont le sujet n'occupe pas le centre. C'est en tout cas la thèse qu'énoncent avec netteté les derniers paragraphes de l'ouvrage : Foucault y fait du positivisme, qui appréhende le corps en extériorité, et de la phénoménologie, qui prétend au contraire l'installer au foyer de l'expérience, les versants adverses et jumeaux d'une même configuration historique :

> Ce que la phénoménologie opposera [au positivisme] avec le plus d'obstination était présent déjà dans le système de ses conditions : les pouvoirs signifiants du perçu et sa corrélation avec le langage dans les formes originaires de l'expérience, l'organisation de l'objectivité à partir des valeurs du signe, la structure secrètement linguistique du donné, *le caractère constituant de la spatialité corporelle*, l'importance de la finitude dans le rapport de l'homme à la vérité et dans le fondement de ce rapport, tout cela était déjà mis en jeu dans la genèse du positivisme [...] si bien que la pensée contemporaine, croyant lui avoir échappé depuis la fin du xixᵉ siècle, n'a fait que redécouvrir peu à peu ce qui l'avait rendu possible[18].

Pour ce qui nous concerne, ce passage peut être lu ainsi : si la phénoménologie a raison de rapporter la connaissance du corps – celle, en particulier, que développe la médecine – à un système de conditions qui ne relèvent pas de la seule autorité des faits tels qu'ils s'imposeraient et prendraient sens d'eux-mêmes sous un regard soucieux d'objectivité, elle s'illusionne à son tour lorsqu'elle met ces conditions au compte d'une expérience anhistorique, lorsqu'elle prétend les déduire de la manière dont, de toute éternité, mon corps m'est donné (et me donne comme son vis-à-vis le monde extérieur, faisant de ce dernier un système organisé, spatialisé et signifiant). Si l'on suit Foucault, il faut au contraire ressaisir « le corps », tel que la médecine moderne le saisit,

---

■ 16. M. Foucault, « Le corps utopique », conférence radiophonique du 21 décembre 1966, disponible en CD France-Culture, coll. « INA-Mémoire vive ».
■ 17. M. Foucault, *Naissance de la clinique, op. cit.*, p. 202.
■ 18. *Ibid.*, p. 203. Souligné par nous.

et « mon corps », tel que la phénoménologie tente d'en déployer l'expérience, comme l'avers et l'envers d'une même transformation historique, initiant le double développement d'un corps offert au regard et d'un corps parlant de lui-même, mais les dérivant ensemble d'une rencontre entre déterminations extérieures – formes sociales, codes de la perception, structures du discours.

Cette dérivation est au cœur du propos dès le premier chapitre de l'ouvrage. Intitulé « Espaces et classes », celui-ci est caractéristique du double mouvement selon lequel Foucault parcourt alors la question du corps. Notant que « pour nos yeux déjà usés, le corps humain constitue, par droit de nature, l'espace d'origine et de répartition de la maladie »[19], il se propose d'établir au contraire que

> la coïncidence exacte du « corps » de la maladie et du corps de l'homme malade n'est sans doute qu'une donnée historique et transitoire [...]. L'espace de configuration de la maladie et l'espace de localisation du mal dans le corps n'ont été superposés, dans l'expérience médicale, que pendant une courte période[20].

Pour la médecine classificatrice du XVIIIe siècle en effet, la maladie se définit d'abord dans l'espace taxinomique qui la relie aux autres affections selon des relations de genre et d'espèce ; vis-à-vis de cette distribution première, la localisation du mal dans le corps du malade joue un rôle latéral, « spatialisation secondaire » qui infléchit les symptômes à la manière dont, en botanique, la répartition géographique d'une espèce, les sols et les reliefs sur lesquels elle pousse peuvent en modifier certaines caractéristiques sans en faire varier la définition essentielle.

> Une seule et même affection spasmodique peut se déplacer du bas-ventre où elle provoquera des dyspepsies, des engorgements viscéraux, des interruptions du flux menstruel ou hémorroïdal, vers la poitrine avec étouffements, palpitations, sensation de boule dans la gorge, quintes de toux et finalement gagner la tête...[21].

On voit ce qui intéresse Foucault dans le vacillement du regard qu'induit l'exhibition de cette médecine d'un autre âge. Sa démarche se laisse analyser ainsi : 1. Au point de départ, il conteste la réduction positiviste du corps à un objet sur lequel, de toute éternité, la maladie aurait été lisible, pour peu qu'on veuille bien voir : que la maladie se déploie dans l'espace du corps est un événement qui, comme le soutient la phénoménologie, requiert un déplacement en amont du regard objectif. 2. La plongée dans les archives médicales va toutefois permettre de situer ce « caractère constituant de la spatialité corporelle » là où le phénoménologue ne l'attendait pas : non dans l'intimité de l'expérience que le sujet fait de son corps, et par son corps, mais dans le recouvrement de deux espaces d'abord mutuellement extérieurs, espace nosologique et espace organique, « espace plat, homogène des classes »

■ 19. M. Foucault, *Naissance de la clinique, op. cit.*, p. 1.
■ 20. *Ibid.*
■ 21. *Ibid.*, p. 8-9.

et « système géographique de masses différenciées par leur volume et leur distance »[22]. 3. Au terme de ce parcours, il s'agit bien de rendre raison de la manière dont le sujet moderne acquiert un corps qui soit « son corps » – en l'espèce, une maladie qui soit véritablement la sienne, puisqu'il ne sera plus indifférent pour la définition de celle-ci qu'elle apparaisse en tel ou tel point de l'organisme. Mais cette transformation ne signe pas, comme le voudrait la phénoménologie, la reconquête d'un rapport à soi plus ancien que toute objectivation possible ; l'intimité profonde de la maladie et du malade y découle d'une extériorité première et comme d'un chevauchement entre les espaces où se distribuait jusque-là le savoir. On pourrait dire que, là où Merleau-Ponty remonte du corps-objet vers le corps propre qui lui donne sens et en permet la compréhension, Foucault fait valoir que ce « propre » est d'abord le plus impropre, tant il résulte d'événements historiques contingents et divers et tant, en définitive, le fondement de cette saisie de soi échappe radicalement au sujet. De cette dépossession, de cette expropriation dont procède pourtant la saisie en propre de l'homme par soi-même, Foucault trouve le symbole dans l'injonction de Bichat : « Ouvrez quelques cadavres », mot d'ordre à partir duquel la dissection va suturer l'un à l'autre le relevé des symptômes et l'observation anatomique – et signe, du même coup, que « le premier discours scientifique tenu par [notre culture] sur l'individu a dû passer par ce moment de la mort »[23].

Paraître emprunter ainsi la démarche régressive de la phénoménologie pour la faire bifurquer brusquement vers l'histoire a un enjeu précis, au-delà du désaccord quant au type de fondement dont relève la connaissance. Cet enjeu, on pourrait déjà le dire éthico-politique, même si cette terminologie n'apparaît que plus tard dans l'œuvre : il s'agit en effet pour Foucault de s'interroger sur la solidarité profonde unissant, dans la modernité, le regard objectif qui installe le corps dans le rôle d'une chose offerte à l'observation, et le discours qui fait valoir, au contraire, la dignité de l'expérience du corps propre, son irréductibilité à toute saisie en extériorité. Est-il vraiment possible d'opposer, au corps-machine et aux sciences qui s'en emparent, l'éminence et l'authenticité du corps vécu, au prétexte que celui-ci serait à la fois fondement et limite de tout savoir du corps ? En filigrane d'un ouvrage portant sur la « naissance de la clinique », sur les raisons donc qui poussent la science à se porter au chevet du malade, la question est évidemment posée. Or, les indications données par Foucault ne laissent guère de doute sur sa position. D'une part, la fiction d'un rapport immédiat et sensible entre le médecin et son malade, l'invocation de leur compréhension mutuelle, est incapable de rendre raison de l'apparition de la médecine moderne comme science de l'individu :

> Cet accès à l'individu, nos contemporains y voient l'instauration d'un « colloque singulier » et la formulation la plus serrée d'un vieil humanisme médical, aussi vieux que la pitié des hommes. [...] le vocabulaire faiblement érotisé de la

■ 22. *Ibid.*, p. 8.
■ 23. *Ibid.*, p. 200-201.

« rencontre » et du « couple médecin-malade » s'exténue à vouloir communiquer à tant de non-pensée les pâles pouvoirs d'une rêverie matrimoniale[24].

D'autre part, si Foucault est aussi virulent, c'est que de telles approches occultent le véritable événement historique, en quoi consiste selon lui l'apparition de la médecine moderne :

> Cette nouvelle structure est signalée, mais n'est pas épuisée bien sûr, par le changement infime et décisif qui a substitué à la question : « Qu'avez-vous ? », par quoi s'inaugurait au xviiie siècle le dialogue du médecin et du malade avec sa grammaire et son style propres, cette autre où nous reconnaissons le jeu de la clinique et le principe de tout son discours : « Où avez-vous mal ? »[25]

On touche ici au lien qui unit, dès les travaux de la période dite « archéologique », les dimensions « historique et critique »[26] de la réflexion de Foucault. La tentative pour remonter en deçà de l'opposition entre positivisme et phénoménologie, l'effort pour mettre au jour leur surface d'apparition historique commune ne sont pas étrangers à cette énigme : dans la modernité, l'accès renouvelé de l'homme à soi-même, qu'il s'articule dans le discours objectif de la science ou dans les formes réflexives d'une analyse du vécu, est solidaire d'une dépossession où le corps, somme toute, n'est parlant que pour l'autre, ou à travers l'autre, sous son œil scrutateur ou son oreille attentive, dans une structure en tout cas où l'interprétation des signes se double de l'instauration d'une relation asymétrique que Foucault appellera, plus tard, relation de pouvoir. Si l'accès à l'individu, événement sur lequel s'ouvre et se clôt *Naissance de la clinique*, ne peut être compris à partir de la seule exploration du corps propre, c'est aussi que cette dernière est impuissante à rendre compte de la solidarité entre la compréhension de soi et le surgissement de la petite question « Où avez-vous mal ? », question qui réorganise entièrement les rapports entre le médecin et son malade et donne au premier barre sur le second. Si *Histoire de la folie* se voulait « l'archéologie d'un silence »[27], *Naissance de la clinique* fait une place, discrète mais décisive, au mutisme des patients.

Le corps : une généalogie du corps individuel

Si nous nous sommes arrêtés longuement sur *Naissance de la clinique*, c'est qu'il est possible à notre sens d'y reconnaître quelques éléments matriciels à même d'éclairer cette prolifération des corps qui marquera les travaux de Foucault durant la décennie suivante. Où situer alors la rupture, s'il est vrai que la référence au corps introduit bel et bien une transformation, entre « l'archéologie » des années 1960 et la « généalogie » pratiquée dans *Surveiller et Punir* et *La Volonté de savoir* ? En fait, il faut ici distinguer : si, dès 1964, le corps est un objet et un enjeu de la critique, il devient au seuil des années

■ 24. M. Foucault, *Naissance de la clinique, op. cit.*, p. X-XI.
■ 25. *Ibid.*, p. XIV.
■ 26. *Ibid.*, p. XV.
■ 27. « Préface » (première préface à *Folie et Déraison. Histoire de la folie à l'âge classique*), *Dits et Écrits, op. cit.*, t. I, p. 160.

1970 un instrument, un opérateur de la démarche elle-même, Foucault s'appuyant désormais sur la référence au corps pour clarifier ce que ses catégories critiques pouvaient avoir, auparavant, d'ambigu et d'insatisfaisant.

De cet usage nouveau, Foucault s'explique dans un cours tenu au début de l'année 1973, dont la publication posthume jette un éclairage précieux sur l'ensemble de la période[28]. Expliquant pourquoi il compte revenir cette année-là sur la psychiatrie, étudiée quinze ans plus tôt dans *Histoire de la folie*, il se fait reproche d'avoir à l'époque recouru trop souvent à la notion de « violence » pour qualifier l'usage qu'Esquirol ou Pinel pouvaient faire de la force physique dans leurs traitements asilaires ; du même coup, la tonalité critique du livre s'adossait implicitement sur une opposition ininterrogée entre un pouvoir « violent » et un autre qui ne le serait pas. Une telle supposition présentait, ajoute-t-il en 1973, deux défauts. Premièrement, elle laisse supposer l'existence et la légitimité d'un pouvoir qui, d'être non physique, serait par là même non violent ; secondement, elle tend à identifier toute expression physique du pouvoir avec l'exercice irrégulier d'une force déréglée, rendant illisible la part de rationalité investie dans le recours à la force et la pluralité des manières dont celui-ci peut être organisé. Contre ces deux travers, Foucault entend désormais introduire deux correctifs, lisibles à travers deux thèses énoncées dans ce cours :

... ce qu'il y a d'essentiel dans tout pouvoir, c'est que son point d'application, c'est toujours, en dernière instance, le corps. Tout pouvoir est physique, et il y a entre le corps et le pouvoir politique un branchement direct[29].

... le pouvoir est physique [...] non pas au sens où il est déchaîné, mais au sens, au contraire, où il obéit à toutes les dispositions d'une espèce de microphysique des corps[30].

Le lecteur de *Surveiller et Punir* reconnaîtra, dans ces deux préceptes énoncés en forme de repentirs, les fondements de la « microphysique du pouvoir » mise en jeu dans l'étude des disciplines. Désormais, la prise en compte de ce qu'il advient des corps jouera un double rôle. Premièrement, elle visera à démystifier toute approche des phénomènes sociaux limitée à la seule considération des discours de légitimation qui les soutiennent ou des formes juridiques qui les organisent : rappeler que « tout pouvoir est physique », c'est en particulier interdire la compréhension et l'évaluation de la modernité à l'aune de l'humanisme dont elle se revendique lorsqu'elle prétend avoir substitué à la contrainte par corps un ensemble de relations contrôlées et sanctionnées par le droit. Secondement, l'attention minutieuse aux corps aura charge de montrer qu'au plan physique, justement, la différence historique dans l'exercice de l'autorité ne passe pas entre violence brutale et obligations désincarnées, mais entre différents modes d'organisation du pouvoir, chacun d'entre eux constituant « un jeu rationnel, calculé, géré »[31].

■ 28. M. Foucault, « Leçon du 7 novembre 1973 », *Le Pouvoir psychiatrique. Cours au Collège de France, 1973-1974*, Paris, Gallimard-Seuil, 2003, p. 8 *sq.*
■ 29. *Ibid.*, p. 15.
■ 30. *Ibid.*, p. 16.
■ 31. M. Foucault, « Leçon du 7 novembre 1973 », *op. cit.*, p. 16.

Il s'agit donc à la fois de contester tout idéalisme juridico-politique au nom de la matérialité des corps et de mettre au jour les diverses formes de rationalité, voire d'« idéalité »[32] immanentes à ceux-ci. Toute l'économie de *Surveiller et Punir* se situe entre ces deux gestes, mis au service d'un même objectif : affoler l'opposition reçue entre une pénalité d'Ancien Régime fondée sur la violence et la prison moderne, institution dont l'obéissance aux principes de l'État de droit suffirait à garantir l'humanité. À cette alternative, Foucault répond : 1. L'instauration de l'égalité juridique entre les citoyens, la codification des procédures ou l'établissement d'une échelle des peines ne font nullement disparaître la nécessité pour le pouvoir d'avoir prise sur les corps. Davantage : ils requièrent comme leurs conditions d'exercice une mise en ordre préalable de la société par le truchement de mécanismes qui permettent l'application des formes juridiques mais en biaisent continuellement les effets[33]. 2. Cette critique qui décèle le corps sous la raison ne va pas cependant sans cet autre mouvement, qui exhibe et différencie les modes de rationalisation des corps : dès la section intitulée « Supplice », Foucault montre ainsi que l'apparente barbarie des châtiments d'Ancien Régime obéit en fait à une économie précise, qui en règle le déroulement et relie son cérémonial à la logique même du pouvoir royal :

> Le supplice pénal ne recouvre pas n'importe quelle punition corporelle : c'est une production différenciée de souffrances, un rituel organisé pour le marquage des victimes et la manifestation du pouvoir qui punit[34].

Non que Foucault cherche à réhabiliter l'écartèlement, la roue ou la tenaille : il s'agit plutôt de désamorcer le discours qui, renvoyant les supplices anciens à une sauvagerie sans âge, prétend par contraste disculper la pénalité moderne en la situant du côté d'une intervention incorporelle, seulement soucieuse de « l'âme » des condamnés. Il s'agit en somme de dire : une rationalité précise était déjà à l'œuvre dans le châtiment le plus brutal infligé au corps, les corps sont encore mis à contribution dans un régime qui se voudrait pure incarnation de la raison ; la question n'est pas alors de tout confondre mais d'appréhender, dans leur spécificité, les technologies politiques à travers lesquelles les corps sont mis en ordre.

Récuser que la politique moderne transcende le plan des relations physiques entre individus, mais récuser aussi que ces relations se résument à l'exercice déréglé de la force brutale : c'est à l'intérieur de ce programme renouvelé que les questions déjà présentes dans *Naissance de la clinique* vont faire retour. Reprenons les trois affirmations alors avancées par Foucault : 1. Une intime solidarité lie le corps comme objet offert à une connaissance objective et « mon corps » comme expérience vécue appelant une élucidation réflexive : par-delà leur opposition apparente, l'un et l'autre sont redevables

---

32. Sur « l'idéalité » de la rationalité disciplinaire, *cf.* les remarques de Foucault dans la « Table ronde du 20 mai 1978 », *Dits et Écrits, op. cit.*, t. IV, p. 28. Le double statut, matériel et idéal, de ce que Foucault nomme « discipline » pose évidemment des problèmes particuliers ; sur ce point, *cf.* Philippe Artières et Mathieu Potte-Bonneville, *D'après Foucault*, Paris, Les Prairies ordinaires, 2007, chap. IV.

33. Sur ce double rapport d'opposition et de complémentarité, *cf.* notamment le rapport entre droit juridique et contre-droits disciplinaires, *Surveiller et Punir, op. cit.*, p. 224 *sq.*

34. *Ibid.*, p. 39.

d'une matrice commune. 2. De ce fait, *a parte subjecti*, le rapport que chacun entretient avec son propre corps s'entretisse d'une extériorité où la dépossession menace, depuis le « Où avez-vous mal ? » du médecin où la parole devient symptôme jusqu'aux dissections de Bichat. 3. Faire la critique de cette disposition moderne du corps doit passer, non par une expérience fondamentale où le sujet, s'autoaffectant, pourrait reconquérir son intégrité, mais par une histoire de l'individu où l'on établirait comment ce dernier, loin d'être un donné infrangible, résulte d'un entrecroisement tout extérieur de déterminations historiques et d'opérations politiques. Ce sont ces trois affirmations qui vont trouver leur plein développement à travers la généalogie du pouvoir, telle qu'elle se donne en particulier dans *Surveiller et Punir* et *La Volonté de savoir*. Faute de pouvoir rappeler ici l'ensemble des remarques que Foucault y consacre au corps, on se limitera à indiquer ce qui, selon nous, en règle l'économie.

1) Une fausse alternative. La manière particulière dont les ouvrages semblent former diptyque est instructive. Il semble, au premier abord, qu'ils se distinguent par l'expérience du corps qu'ils mettent en exergue : en 1975, *Surveiller et Punir* traite essentiellement du corps observé, c'est-à-dire exposé à une caractérisation scientifique et à une réorganisation technique qui en maximisent l'utilité et l'obéissance.

Le moment historique des disciplines, c'est le moment où naît un art du corps humain qui ne vise pas seulement la croissance de ses habiletés, ni non plus l'alourdissement de sa sujétion, mais la formation d'un rapport qui dans le même mécanisme le rend d'autant plus obéissant qu'il est plus utile, et inversement[35].

En 1976, dans *La Volonté de savoir*, c'est le corps parlant et parlé qui est mis en question, corps dont chaque manifestation appelle non la description extérieure et objective, mais un déchiffrement dont le sujet lui-même soit à la fois la source et la règle, le texte et le lecteur, dans une proximité dont la fable du sexe qui parle inventée par Diderot dans *Les Bijoux indiscrets* constituerait le blason.

> Nous vivons tous depuis bien des années au royaume du prince Mangobul : en proie à une immense curiosité pour le sexe, obstinés à le questionner, insatiables à l'entendre et à en entendre parler, prompts à inventer tous les anneaux magiques qui pourraient forcer sa discrétion[36].

Il est ainsi frappant de voir Foucault, à un an de distance, thématiser la présence du corps dans la modernité sous deux figures non seulement différentes, mais qui paraissent au premier abord s'exclure réciproquement. D'un côté, les opérations disciplinaires se caractérisent par l'éviction des éléments signifiants de la conduite au profit de la seule prise en compte de ses déterminations et de ses effets physiques : « La contrainte porte sur les forces plutôt que sur les signes ; la seule cérémonie qui importe vraiment,

---

■ 35. *Ibid.*, p. 139.
■ 36. M. Foucault, *La Volonté de savoir, op. cit.*, p. 101.

c'est celle de l'exercice »[37]. Sur cette mise à l'écart du sens dans la gestion des corps, Foucault s'arrête longuement, en montrant dans le chapitre « La douceur des peines » comment l'incarcération muette l'a emporté à la fin du XVIIIe siècle sur une pénalité « sémiotechnique » fondée sur la cérémonie et la représentation[38]. De son côté, l'enquête sur la sexualité aboutit à des conclusions exactement inverses : « Nous nous sommes placés nous-mêmes sous le signe du sexe, mais d'une Logique du sexe, plutôt que d'une Physique »[39]. Multiplication, cette fois, des signes et du sens. Or, ces formes a priori incompatibles d'attention au corps se trouvent finalement réintégrées dans une seule et même histoire, puisque le dernier chapitre de *La Volonté de savoir* en fait deux pôles principaux du pouvoir sur la vie, pôles « reliés par tout un faisceau intermédiaire de relations »; ce que Foucault nomme l'« anatomo-politique du corps humain », et ce qu'il appelle la « bio-politique des populations »[40]. Nulle prééminence, donc, de l'intimité que l'homme moderne entretient vis-à-vis de son corps, et de l'interprétation qui la prolonge, sur les opérations qui dénient au contraire à la corporéité toute valeur significative, prétendent l'expliquer objectivement et la modifier techniquement. Au contraire, du point de vue méthodologique, il est sans doute essentiel que l'enquête menée dans *Surveiller et Punir* précède les analyses de *La Volonté de savoir* : le principe anti-herméneutique qui gouverne le premier livre (« sous les moindres figures, chercher non pas un sens, mais une précaution »[41]) rend possible, dans le second, ce pas de côté consistant, plutôt qu'à prendre le corps pour objet d'interprétation, à prendre cette interprétation elle-même pour objet d'une histoire. Autrement dit, il faut avoir mesuré combien la modernité a pu minutieusement extirper de la relation que chacun entretient avec son corps, jusqu'à la moindre parcelle de sens, pour qu'apparaisse dans toute son étrangeté le surcroît de signification que les individus accordent par ailleurs et dans le même temps à leur sexe. Il faut avoir pris la mesure de cette « anatomie du détail » que constituent les disciplines pour qu'ensuite ce discours où le sujet, en première personne, recherche son identité dans les méandres de son désir apparaisse sous un autre jour : non comme la mise au jour d'une vérité profonde abusivement recouverte par les objectivations du corps, mais comme l'effet d'une « incorporation » première, depuis l'extériorité anonyme des pratiques et des institutions sociales[42].

2) Objectivation et réflexivité. Cette contemporanéité historique du corps-objet et du corps-signifiant implique aussi un jeu d'emprunts réciproques entre les processus qui donnent naissance à chacune de ces figures. En d'autres termes, quelque opposées qu'elles puissent sembler, on ne saurait entièrement dissocier les techniques qui instituent, du dehors, le corps comme objet à connaître et celles qui, au contraire, exigent du sujet qu'il s'y reconnaisse lui-même et s'en explique dans un discours. Pour Hubert Dreyfus et Paul

■ 37. *Surveiller et Punir, op. cit.*, p. 139.
■ 38. *Ibid.*, p. 116-134 en particulier.
■ 39. *La Volonté de savoir, op. cit.*, p. 102. Souligné par Foucault.
■ 40. *Ibid.*, p. 182-183.
■ 41. *Surveiller et Punir, op. cit.*, p. 141.
■ 42. Sur « l'incorporation » des perversions, cf. *La Volonté de savoir, op. cit.*, p. 58-60.

Rabinow[43], *Surveiller et Punir* démontrerait l'enracinement des « sciences sociales objectivantes » dans la pratique de l'examen[44], et *La Volonté de savoir* celui des « sciences sociales subjectivantes » dans le rituel de l'aveu[45]. Mais une telle distinction n'a de valeur que relative, parce que l'enjeu de ces deux livres est aussi de montrer comment chacune de ces procédures enveloppe, de manière essentielle, un moment emprunté à l'autre : il n'est pas de corps discipliné sans un « assujettissement » qui excède ses strictes déterminations physiques ; réciproquement, il n'est pas de corps sexualisé sans la constitution d'un savoir objectif et d'une subordination à autrui qui déborde le cadre du strict rapport à soi.

Cet entrelacement est thématisé, dans *Surveiller et Punir*, à travers la fameuse métaphore de l'âme, donnant lieu au renversement du *soma sema* platonicien :

> L'homme dont on nous parle et qu'on invite à libérer est déjà en lui-même l'effet d'un assujettissement bien plus profond que lui. Une « âme » l'habite et le porte à l'existence, qui est elle-même une pièce dans la maîtrise que le pouvoir exerce sur le corps. L'âme, prison du corps[46].

Est ici directement visée la transformation moderne de la pratique pénale sur laquelle s'ouvre d'ailleurs le livre, et qui a vu le jugement moderne glisser de la question du caractère délictueux des faits vers la personnalité de l'inculpé et les origines biographiques de son geste, à travers « tout un ensemble de jugements appréciatifs, diagnostiques, pronostiques, normatifs, concernant l'individu criminel »[47]. Or, Foucault est loin de juger ce déplacement simplement illusoire, comme si cette double quête d'un sens du crime et d'un sens de la peine se contentait de masquer l'efficacité strictement corporelle des disciplines, qu'il reviendrait à la « microphysique » de dévoiler : l'âme dont il s'agit n'est pas seulement mirage, mais « pièce », ce qui veut dire concrètement que la référence à la personnalité du criminel est un élément indispensable au fonctionnement coordonné des diverses instances intervenant désormais « dans l'armature du jugement pénal »[48]. En bref, l'extériorité du savoir et de l'intervention que les disciplines s'assurent sur les corps des individus appelle la référence à l'intériorité d'un « qui ? » susceptible, à l'occasion, de confirmer en première personne le bien-fondé des traitements qui lui sont infligés, à l'image des petits pensionnaires de la colonie pénitentiaire de Mettray sur la voix desquels se clôt *Surveiller et Punir* :

> … les colons disaient couramment, pour chanter les louanges de la nouvelle politique punitive des corps : « Nous préférerions les coups, mais la cellule nous vaut mieux »[49].

■ 43. Hubert Dreyfus et Paul Rabinow, *Michel Foucault, un parcours philosophique, op. cit.*, chap. VII et VIII.
■ 44. Sur l'examen, cf. *Surveiller et Punir, op. cit.*, p. 186-196.
■ 45. Sur l'aveu, cf. *La Volonté de savoir, op. cit.*, p. 78-84.
■ 46. *Surveiller et Punir, op. cit.*, p. 34.
■ 47. *Ibid.*, p. 24.
■ 48. *Ibid.*
■ 49. *Ibid.*, p. 300.

La Volonté de savoir, de son côté, effectue le chemin inverse, puisque le livre se donne pour tâche de déceler le « moment objectivant » enveloppé dans le dispositif de sexualité, quand bien même ce dernier est d'abord défini comme une incitation permanente à la réflexivité, comme la production sociale d'un rapport herméneutique de chacun à soi-même. D'une part, précise Foucault, la manière dont les individus partent à la recherche de leur vérité au travers de leur sexe s'accompagne, historiquement, d'un discours d'allure plus théorique et extérieur, là où la pastorale médiévale maintenait fortement liées l'interrogation sur la chair et la pratique de la pénitence :

> le lien solide qui attachait l'une à l'autre la théorie morale de la concupiscence et l'obligation de l'aveu (le discours théorique sur le sexe et sa formulation en première personne), ce lien a été sinon rompu, du moins détendu et diversifié : entre l'objectivation du sexe dans des discours rationnels et le mouvement par lequel chacun est mis à la tâche de raconter son propre sexe, il s'est produit depuis le xviiie siècle toute une série de tensions[50]…

Toutefois, si cette déliaison est possible, c'est que la logique de l'aveu où s'origine, d'après Foucault, la double recherche contemporaine d'une vérité du sexe et d'une vérité de soi-même par le sexe est en elle-même traversée d'une ambivalence fondamentale : « rituel de discours où le sujet qui parle coïncide avec le sujet de l'énoncé », où d'autre part les effets de l'énoncé suscitent des « modifications intrinsèques » chez l'énonciateur, en un sens donc pur jeu de soi-même sur soi-même, l'aveu ne se conçoit pourtant pas sans « la présence au moins virtuelle d'un partenaire qui n'est pas simplement l'interlocuteur, mais l'instance qui requiert l'aveu, l'impose, l'apprécie et intervient pour juger, punir, pardonner, consoler, réconcilier »[51]. On retrouve ici un trait général de la pensée de Foucault : un soupçon du même genre le conduisait, dans *Histoire de la folie* déjà, à revoir à la baisse la valeur de la prise de conscience promise par les traitements asilaires, et à y lire plutôt une « humiliation d'être objet pour soi »[52]. Pour ce qui nous occupe, on retiendra que la relation réflexive de chacun vis-à-vis de son propre corps, telle que *La Volonté de savoir* la décrit autour de la référence nodale à la sexualité, est foncièrement compromise avec les formes d'un savoir objectif où Foucault ne voit pas un vecteur d'émancipation mais un point d'accrochage des relations de pouvoir au cœur même du soi. D'un mot : on ne discipline pas mon corps, à la manière d'un objet, sans que j'aie tôt ou tard à me raconter ; et je ne peux m'avouer qui je suis sans faire jouer, vis-à-vis de mon corps vécu, la distance d'un savoir et celle d'un regard.

3) Une histoire de l'individu. Comment caractériser le corps ainsi constitué, au point de recoupement entre normalisation disciplinaire et herméneutique du désir ? C'est peut-être ici le concept d'individu qui désignerait le mieux le point de fuite des diverses enquêtes menées par Foucault. L'idée peut sembler paradoxale : l'individu, n'est-ce pas au contraire (et conformément

50. *La Volonté de savoir, op. cit.*, p. 46-47.
51. *Ibid.*, p. 83.
52. *Histoire de la folie, op. cit.*, p. 519.

à l'étymologie) cet indivisible que discours et pouvoir saisissent comme matériau de leurs interventions, et qu'ils tendent à recouvrir sous des figures historiquement variables ? Nous touchons ici au cœur du soupçon de circularité initialement évoqué, tant Foucault semble tantôt faire de l'individu le support, et tantôt le produit des processus discursifs et sociaux. L'ambiguïté se desserre cependant à partir du moment où l'on repère que Foucault distingue, à de multiples reprises, entre corps et corps individuel, faisant du second une transformation historique et politique du premier. C'est ainsi, par exemple, qu'il faut comprendre tel passage de *La Volonté de savoir* décrivant le mode de fonctionnement du pouvoir :

> Il ne fixe pas de frontières à la sexualité ; il en prolonge les formes diverses, en les poursuivant selon des lignes de pénétration indéfinie. Il ne l'exclut pas, il l'inclut dans le corps comme mode de spécification des individus[53].

Un tel énoncé est inintelligible si l'on ne saisit pas que la « spécification », loin de s'appliquer à des corps dont l'individualité serait préalablement et entièrement fixée, contribue à la détermination de celle-ci en appelant chacun à se reconnaître et à se distinguer à travers les objets, pratiques, etc., sur lesquels se fixe son désir. Le corps individuel est ainsi bel et bien décrit par la généalogie, non comme l'unité de compte prépolitique de l'analyse, mais comme la superposition d'une série de processus d'individualisation dont Foucault souligne à la fois la solidarité et la variété.

C'est ainsi que *Surveiller et Punir* peut définir le corps individuel moderne comme la synthèse de quatre caractéristiques, solidaires de quatre techniques disciplinaires dont la logique est différente et complémentaire :

> En résumé, on peut dire que la discipline fabrique à partir des corps qu'elle contrôle quatre types d'individualité, ou plutôt une individualité qui est dotée de quatre caractères : elle est cellulaire (par le jeu de la répartition spatiale), elle est organique (par le codage des activités), elle est génétique (par le cumul du temps), elle est combinatoire (par la composition des forces)[54].

On voit que, si *Naissance de la clinique* se demandait comment la modernité avait pu lever « le vieil interdit aristotélicien », c'est-à-dire « tenir sur l'individu un discours à structure scientifique »[55], la réponse de *Surveiller et Punir* consiste d'une part à rapporter cette structure, plutôt qu'à une évolution interne à l'histoire de la biologie, à sa matrice sociale, d'autre part à montrer que certaines alternatives épistémologiques sur le statut même de l'individualité (telle la rivalité entre les modèles de la machine et de l'organisme, dont Foucault n'ignore pas l'attention que lui a consacrée Georges Canguilhem[56]) peuvent trouver un terreau commun dans l'histoire des diverses techniques de mise en ordre des corps. L'individu humain n'est pas redevable d'une compréhension mécanique, ou organique, ou dynamique, sans être d'abord façonné par sa répartition en tableaux et classement, par

■ 53. *La Volonté de savoir, op. cit.*, p. 64.
■ 54. *Surveiller et Punir, op. cit.*, p. 169.
■ 55. *Naissance de la clinique, op. cit.*, p. x.
■ 56. Georges Canguilhem, « Machine et organisme », *La Connaissance de la vie*, Paris, Vrin, 1952.

son enrôlement dans des manœuvres et par les vertus de l'exercice[57]. À ce portrait déjà complexe, *La Volonté de savoir* ajoute la corrélation entre deux modes d'individualisation au moins : ce qu'il faudrait nommer d'une part une identification subjective, adoptant les formes d'un discours de soi sur soi, d'autre part une différenciation objective, opposant divers types de corps en leur associant une menace et un mode de normalisation précis. D'un côté, le corps s'individualise comme ce foyer dont chacun tâche de reconnaître l'identité et où il tâche de discerner sa propre identité, selon une double quête du « vrai sexe » que Foucault résumera plus tard ainsi :

> Au point de croisement de ces deux idées – qu'il ne faut pas nous tromper en ce qui concerne notre sexe, et que notre sexe recèle ce qu'il y a de plus vrai en nous – la psychanalyse a enraciné sa vigueur culturelle[58].

De l'autre côté, les corps se distinguent selon le type d'intervention sociale qu'ils appellent et justifient en devenant le centre d'une inquiétude particulière : *La Volonté de savoir* indique ainsi, à titre de pistes pour une recherche future (recherche que Foucault laissera toutefois en jachère), la nécessité de décrire les processus d'« hystérisation du corps de la femme », de « pédagogisation du sexe de l'enfant », de « socialisation des conduites procréatrices » de « psychiatrisation du plaisir pervers »[59] comme autant de formes dans lesquelles les corps modernes sont commis à se distribuer, et au travers desquelles ils acquièrent leur définition individuelle.

Il y a donc (et cela seul devrait suffire à prévenir toute interprétation « libérale » de Foucault en défenseur de l'individu roi) une essentielle disparité des manières suivant lesquelles l'individualité des hommes est posée, via l'insertion de leur corps dans des relations sociales d'un certain type. De là une conséquence et un problème. Conséquence : on ne saurait faire de cette individualité du corps le support de droits opposables à toute intervention politique, parce qu'on ne saurait d'abord la considérer comme une entité antérieure et extérieure à cette intervention même. Non que celle-ci puisse s'exercer sans heurts ni résistance, sans que quelque chose résiste à son développement ; mais on ne peut faire jouer, pour qualifier ce « quelque chose », les catégories de l'individu sans se souvenir que ces catégories sont solidaires du type de normalisation que ce point de résistance tient justement en échec. C'est ce que Foucault indique clairement dans le cours intitulé *Les Anormaux*, à propos de la figure de « l'individu à corriger » : figure née aux XVIIe et XVIIIe siècles pour qualifier ceux qui échappent aux « nouvelles procédures de dressage du corps, du comportement, des aptitudes » ; mais figure que sa caractérisation comme individu vise justement à réinsérer dans le jeu social, « dans ce jeu [...] entre la famille et puis l'école, l'atelier, la rue, le quartier, la paroisse, l'église, la police, etc. »[60]. Il ne s'agira donc pas, du point de vue critique et pratique, de soustraire le corps individuel

---

■ 57. Sur ces diverses techniques composant la discipline, cf. *Surveiller et Punir, op. cit.*, chap. « Les corps dociles ».
■ 58. « Le vrai sexe », *Dits et Écrits, op. cit.*, t. IV, p. 118.
■ 59. *La Volonté de savoir, op. cit.*, p. 137-139.
■ 60. M. Foucault, *Les Anormaux. Cours au Collège de France, 1974-1975*, Paris, Gallimard-Seuil, 1999, p. 53-54, 308-309.

à l'emprise du pouvoir, défini classiquement comme souveraineté d'État, mais « de nous libérer nous de l'État et du type d'individualisation qui s'y rattache »[61]. Problème, du coup : quelle consistance donner à ce « nous », s'il doit à la fois se distinguer d'une collection ou d'une association d'individus et demeurer ancré dans la référence au corps qui règle, de part en part, la critique généalogique ?

Les corps : vers une éthique de l'hétérogène

Répondre à cette question suppose de faire intervenir un troisième registre de référence au corps, dont la récurrence dans l'œuvre de Foucault suit un autre rythme et une autre périodisation que ceux que nous avons déjà croisés : ni question irradiant à partir d'un ouvrage qui la prend pour objet explicite (comme c'est le cas des relations entre corps propre et corps vivant dans *Naissance de la clinique*), ni méthode venant singulariser une période précise de l'œuvre (comme c'est le cas de la « microphysique du pouvoir » à partir de 1973), mais contrepoint à la fois ancien et erratique, surgissant au détour des textes sans s'expliquer ni se justifier beaucoup. On en trouverait l'indice dans telle déclaration sibylline de la leçon inaugurale de 1970 au Collège de France :

> Le mince décalage qu'on se propose de mettre en œuvre dans l'histoire des idées […] je crains bien d'y reconnaître quelque chose comme une petite (et odieuse peut-être) machinerie qui permet d'introduire à la racine même de la pensée le *hasard*, le *discontinu* et la *matérialité*[62].

Cette revendication matérialiste pourrait surprendre dans un texte essentiellement consacré à élucider la catégorie de discours (au point que Foucault se trouve contraint d'évoquer, pour qualifier son approche, un curieux « matérialisme de l'incorporel »[63]). Elle porte pourtant une double leçon. Premièrement, elle indique que le souci de la matérialité précède dans l'œuvre le moment où Foucault va faire référence au destin des corps afin de démystifier l'approche idéaliste et juridique du social ; en amont de sa fonction critique, au-delà de la seule enquête sur l'individualité humaine, le modèle des corps matériels vient très tôt colorer le type de regard que Foucault porte sur ses objets historiques, fussent-ils discursifs. Secondement, cette « odieuse machinerie » ne vise pas à donner à l'histoire une « base réelle » qui permette par exemple d'assigner aux faits de discours une cause déterminée, stable et solide comme la matière même. Au contraire, la matérialité n'est ici convoquée que pour être aussitôt associée au « hasard » et au « discontinu » comme s'il s'agissait, en émiettant ainsi le fond des choses, de décevoir toute quête et toute promesse de sens et d'unification, un peu à la façon dont, chez Épicure et Lucrèce, les formes offertes à l'expérience et à l'imagination des hommes se révèlent finalement n'être que des combinaisons momentanées d'atomes sans signification profonde, nées à la fois des lois nécessaires du mouvement

■ 61. « Le sujet et le pouvoir », *Dits et Écrits, op. cit.*, t. IV, p. 232.
■ 62. Michel Foucault, *L'Ordre du discours*, Paris, Gallimard, 1971, p. 61. Souligné par Foucault.
■ 63. *Ibid.*, p. 60.

et de l'événement à jamais inexplicable du *clinamen*. La prégnance d'un tel modèle « corpusculaire » affleure d'ailleurs, à l'occasion, au ras des textes pour caractériser le terme dernier de l'analyse du pouvoir : « J'étais parti, écrit Foucault, à la recherche de ces sortes de particules dotées d'une énergie d'autant plus grandes qu'elles sont elles-mêmes plus petites et difficiles à discerner »[64].

Suivre cette piste reviendrait à déceler chez Foucault la présence, à l'arrière-plan de l'analyse, d'une référence aux corps qu'il faudrait dire, sans paradoxe, essentiellement plurielle. Régulièrement, Foucault installe, au lieu même où les philosophes situent d'habitude l'autorité fondatrice et unitaire d'une essence, une multiplicité irréductible, un fond de désordre dont émergent des figures individualisées (mais, pour cette raison même, variables et précaires). Cette affirmation, on vient de le voir, précède historiquement l'adoption du paradigme généalogique et son attention à la dimension physique du pouvoir : on en trouverait trace dès *Histoire de la folie*, où ce que Foucault nomme alors déraison prend parfois les traits d'une force qui, comme chez Goya, défait l'unité des corps et des visages[65]. Mais elle va surtout fournir à l'histoire des procédures d'individualisation développée dans les années 1970 le support qui lui manque, situant « les corps », dans leur pluralité indénombrable, au foyer d'une histoire politique du corps et des formes individuelles qu'il adopte successivement. Aussi peut-on lire, dans *Surveiller et Punir* :

> [Le pouvoir disciplinaire] « dresse » les multitudes mobiles, confuses, inutiles de corps et de forces en une multiplicité d'éléments individuels – petites cellules séparées, autonomies organiques, identités et continuités génétiques, segments combinatoires[66].

Est-on passé pour autant, avec ce type de référence, au-delà du « positivisme heureux »[67] que Foucault revendique, vers une métaphysique faisant l'éloge, au fond du réel, d'une puissance de métamorphose dont le corps humain ne serait qu'une manifestation parmi d'autres ? Dans la comparaison qu'il propose des matérialismes foucaldien et marxien, Étienne Balibar avançait ce soupçon, notant que « la question ne peut pas ne pas être posée de ce qui, dans le matérialisme et l'historicisme de Foucault, amène au voisinage immédiat du vitalisme, pour ne pas dire du biologisme »[68]. On pourrait ajouter que la réinterprétation, par Toni Negri, de la biopolitique foucaldienne dans le sens de son intégration à une philosophie de la vie comme puissance d'autoaffirmation des multitudes s'est depuis lors chargée de donner une réponse franche à cette question[69]. On ne statuera pas ici sur la fécondité politique de cette lecture ; il nous semble seulement qu'elle ne correspond pas à l'intention de Foucault lorsque celui-ci évoque « les corps ». À notre sens,

64. « La vie des hommes infâmes », *Dits et Écrits, op. cit.*, t. III, p. 240.
65. *Histoire de la folie à l'âge classique*, rééd. Paris, Gallimard, coll. « Tel », 1972, p. 550-551.
66. *Surveiller et Punir, op. cit.*, p. 172.
67. *L'Ordre du discours, op. cit.*, p. 72.
68. Étienne Balibar, « L'enjeu du nominalisme », dans Centre Michel Foucault, *Michel Foucault philosophe. Rencontre internationale Paris 9-11 janvier 1988*, Paris, Seuil, coll. « Des travaux », 1989, p. 74.
69. Toni Negri, *Empire*, Paris, Exil, 2000. Pour une critique de cette lecture, *cf.* notamment Jacques Rancière, « Biopolitique ou politique », *Multitudes* 1, mars 2000, p. 88-93.

cette référence ne vise pas à ouvrir l'enquête historique sur un horizon plus fondamental, à même d'en assurer à la fois l'assise ontologique et l'orientation téléologique. Au contraire, elle a pour fonction première d'interdire toute détermination en dernière instance de ce qui se trouve au juste transformé et individualisé dans le jeu des relations de pouvoir, donc toute désignation d'une commune mesure à laquelle les différentes configurations historiques pourraient se voir ramenées. Pour être plus précis, on pourrait dire que cette mention « des corps » joue deux rôles distincts : elle a charge de faire apparaître toute définition historique du corps comme singulière et d'en faire surgir la dimension problématique.

1) Singulariser. L'enjeu de la démarche généalogique de Foucault, c'est, on l'a dit, de mettre en question la vision progressiste de la modernité politique en rapportant l'histoire des formes juridiques et institutionnelles à la succession des différentes techniques mises en œuvre pour s'assurer la maîtrise du corps. Cette tentative pourrait toutefois s'exposer à une objection : ne pourrait-on, sur ce nouveau terrain, à la fois retrouver une continuité de l'histoire en établissant des filiations entre les différentes techniques et rétablir la possibilité d'une lecture téléologique, en repérant comment les modes de gestion du corps ont peu à peu gagné en précision, en efficacité, etc. ? Si, par exemple, la rationalité politique très particulière que Foucault nomme « gouvernementale » naît, comme il le soutient, d'une réflexion menée au XVIIIe siècle sur les manières de minimiser les coûts du pouvoir[70], ne peut-on au moins arguer d'une amélioration économique sur ce plan ? Après tout, la notion de progrès trouvant sans doute des critères plus clairs dans le domaine technique qu'au plan politique ou moral, il pourrait bien y avoir contradiction entre le refus, par Foucault, de toute téléologie et le matérialisme de son approche.

C'est précisément sur ce point que la prise en compte « des corps » et de l'extériorité imprévisible des événements qui les traversent trouve une fonction stratégique. La manière dont Foucault convoque, à plusieurs reprises, l'histoire des diverses épidémies du Moyen Âge et de l'âge classique est caractéristique : l'examen de l'espace déserté des léproseries médiévales, bientôt réinvesti par les insensés, ouvre *Histoire de la folie*[71] ; le contraste entre ce modèle ancien et les mesures de quadrillage inventées, au XVIIe siècle, pour contrôler l'épidémie de peste éclaire l'origine des mécanismes disciplinaires dans *Surveiller et Punir*[72] ; cette dualité exclusion-discipline est elle-même remise en jeu un peu plus tard, puisqu'à la peste et à la lèpre Foucault va opposer l'épidémie de variole, creuset d'une rationalité de type statistique et de pratiques inédites, préludant aux nouvelles formes de gouvernementalité[73]. À chaque moment donc, les distinctions conceptuelles élaborées pour rendre compte de l'exercice du pouvoir sont comme retrempées dans cette histoire

■ 70. M. Foucault, *Naissance de la biopolitique. Cours au Collège de France, 1978-1979*, Paris, Gallimard-Seuil, coll. « Hautes Études », p. 29-53.
■ 71. *Histoire de la folie à l'âge classique, op. cit.*, p. 13-16.
■ 72. *Surveiller et Punir, op. cit.*, p. 197-201.
■ 73. M. Foucault, *Sécurité, territoire, population. Cours au Collège de France, 1977-1978*, Paris, Gallimard-Seuil, coll. « Hautes Études », 2004, p. 11-13.

de la maladie, et l'évolution des techniques politiques est ainsi exposée à l'intervention extérieure d'événements dont l'irruption décourage toute tentative pour en produire une histoire linéaire. Faire de l'épidémie de peste le déclencheur d'une série d'innovations dans le contrôle des corps, puis de celles-ci un modèle que les principales institutions sociales généraliseront, deux siècles plus tard, aux circonstances normales de la vie collective, c'est bien faire jouer, dans l'histoire des disciplines, ce que *L'Ordre du discours* nommait le hasard, le discontinu et la matérialité. Ce n'est pas glisser un soubassement métaphysique sous les aléas de l'histoire, mais interdire au contraire le mouvement régressif qui conduirait, de la continuité de celle-ci, vers l'exhibition de ses fondements et de ses objectifs permanents. En d'autres termes, Foucault use de ce qu'il appelle « les corps » comme d'un opérateur visant, en démultipliant les causes de chaque fait historique, à en faire surgir la singularité, opération qu'il nomme « événementialiser »[74].

2) Problématiser. On réduirait toutefois la portée de la position de Foucault à limiter ce souci des corps aux effets qu'il induit dans la considération objective de l'histoire. Que les événements aient leur source dans l'« hétérogène », au sens littéral du terme (*i.e.* ce qui prend naissance dans la différence, ou le divers[75]), c'est sans doute ce que le généalogiste doit avoir en vue s'il veut éviter, ayant dissous les idéalités « du sexe » ou de « la raison », de trahir son nominalisme en faisant du corps un nouvel absolu. Mais c'est aussi, sans doute, ce à quoi il s'oblige à veiller du point de vue éthique, comme ce qui convient d'être préservé, défendu et affirmé contre toute prétention à déterminer définitivement ce qu'il en est du corps. « Les corps et les plaisirs », dont Foucault fait « le point d'appui de la contre-attaque » dans *La Volonté de savoir* et dont nous sommes partis ici, ne peuvent certes jouer le rôle d'un principe, tant leur invocation demeure délibérément indéterminée ; mais c'est qu'ils ont charge de rappeler le caractère précaire, contestable et potentiellement violent de toute caractérisation du corps en vérité, en faisant valoir ce qui excède et déstabilise celle-ci.

Ce rôle critique affleure, en particulier, dans le récit que propose Foucault du cas d'Herculine Barbin, hermaphrodite, élevée dans un entourage presque exclusivement féminin avant d'être obligée de changer de sexe légal, ce qui la conduira au suicide. Toute l'analyse qu'il propose du mémoire rédigé par Herculine est en effet traversée par une opposition entre la différence sexuelle, gage d'identité à soi, à laquelle Herculine est assignée, et les différences corporelles dont (le mémoire qu'elle rédige en atteste) la vie dans une communauté monosexuelle permettait auparavant l'expérience.

> La plupart du temps, ceux qui racontent leur changement de sexe appartiennent à un monde fortement bisexuel ; le malaise de leur identité se traduit par le désir de passer de l'autre côté [...]. Ici, l'intense monosexualité de la vie religieuse et scolaire sert de révélateur aux tendres plaisirs que découvre et

---

■ 74. Sur « l'événementialisation » comme « démultiplication causale », *cf.* « Table ronde du 20 mai 1978 », *Dits et Écrits*, *op. cit.*, t. IV, p. 23-25.

■ 75. Patrice Loraux, « Le souci de l'hétérogène », dans Centre Michel Foucault, *Au risque de Foucault*, Paris, Centre Georges Pompidou, 1997, p. 31-39.

provoque la non-identité sexuelle, quand elle s'égare au milieu de tous ces corps semblables[76].

On voit le rôle que joue ici la référence aux communautés monosexuelles : non celui d'un modèle à défendre, mais celui d'un « point de problématisation » vis-à-vis des prétentions à faire de la différence sexuelle la seule vérité du corps individuel et de son identité. Il est significatif, au passage, que Foucault trouve trace de cette autre expérience non directement, mais dans un texte témoignant après-coup de ce qu'il en a coûté pour quelqu'un d'y renoncer : loin de mettre en scène, de façon rousseauiste, des corps s'ébattant librement, pour dénoncer ensuite la façon dont le pouvoir les opprime et les rabat, Foucault ne décèle ceux-là qu'au travers de celui-ci, comme son ombre ou son scrupule. Tout se passe comme si (pour parodier Kant), la définition médicale, juridique et normative du corps était la *ratio cognoscendi* d'une multiplicité des corps plus ancienne qu'elle, multiplicité interdisant du coup de considérer les diverses versions de l'individualité moderne comme évidentes, satisfaisantes et définitives. Libre alors à qui voudra ne voir, dans cet appel à ne pas oublier « les corps », qu'une incantation vide (puisque débordant par définition toute objectivation possible) et une rêverie irresponsable (si ignorante des souffrances de ceux dont le corps résiste à toute identification qu'elle va jusqu'à prendre pour figure éthique un jeune hermaphrodite désespéré). Il nous semble pourtant précieux que s'indique ainsi, de loin en loin et comme en creux, l'écart entre les formes de mise en ordre sociale ou discursive du corps et le désordre qui leur résiste : comme un rappel à ne pas négliger ce qu'enveloppe de grave le geste de ramener le pluriel à l'unité.

Mathieu Potte-Bonneville
Maître de conférences,
Directeur du département du développement culturel, Centre Georges Pompidou

76. « Le vrai sexe », *Dits et Écrits, op. cit.*, t. IV, p. 121.

Le désir

DELEUZE ET L'INCONSCIENT IMPERSONNEL [1]

Frédéric Rambeau

La conception deleuzienne de l'inconscient, impersonnel et problématique, s'est incontestablement formulée dans les termes d'une critique de la psychanalyse freudienne et lacanienne. Au clivage du sujet, Deleuze oppose un devenir impersonnel, au manque à être du désir, à sa négativité, il oppose la pleine positivité de son tracé. Toutefois, de *Présentation de Sacher-Masoch* en 1967 à *Mille Plateaux* en 1980, la promotion de l'impersonnel et de l'affirmation est indissociable d'une interrogation singulière sur l'aspect destructeur et pathologique du devenir impersonnel (ce qu'indique les usages des concepts d'« Instinct de mort » et de « Corps sans Organe » notamment). Reconnaître, chez Deleuze, l'aspect problématique de cette question permet de reprendre le dialogue avec la psychanalyse et sa théorie des pulsions, irréductible à la virulente critique de *L'Anti-Œdipe*, mais découvre aussi une part d'ombre indissociable de cette philosophie affirmative de la vie, trop vite recouverte par les simplifications du deleuzisme.

O n s'accorde à reconnaître chez Deleuze une dissémination de la subjectivité, une dissolution sans appel du moi. Il ne fait aucun doute qu'un des plus riches apports de Deleuze et Guattari fut leur théorie des devenirs[2]. Elle explique notamment la façon dont l'identité et l'unité de la personne ou de l'individu est décentrée à travers la rencontre d'un terme ou de plusieurs qui la désorganisent. Le devenir-autre a aussi un second aspect : l'expérimentation d'une puissance impersonnelle ; si bien qu'on peut parler d'un processus de « désubjectivation » (le terme est utilisé à plusieurs

---

■ 1. Cet article est paru initialement dans le n° 107 (Octobre 2006) des *Cahiers Philosophiques*.
■ 2. G. Deleuze, F. Guattari, *Mille Plateaux*, Paris, Minuit, 1980, « Devenir animal, devenir imperceptible, devenir impersonnel ».

reprises dans *Mille Plateaux*[3]) ou, si l'on préfère, d'impersonnalisation (Deleuze utilise plus volontiers le terme tout-terrain mais pas moins complexe de « déterritorialisation ») :

> C'est en ce sens que devenir tout le monde, faire du monde un devenir c'est faire monde, c'est faire un monde, des mondes, c'est-à-dire trouver ses voisinages et ses zones d'indiscernabilité [...] éliminer tout ce qui excède le moment mais mettre tout ce qu'il inclut – et le moment n'est pas l'instantané, c'est l'heccéité, dans laquelle on se glisse, et qui se glisse dans d'autres heccéités par transparence. Être à l'heure du monde. Voilà le lien entre imperceptible, indiscernable et impersonnel[4].

De *Présentation de Sacher-Masoch* en 1967, jusqu'au dernier texte de Deleuze (*L'immanence, une vie* en 1995), cela ne variera pas : la dissolution du moi s'accompagne d'une promotion de l'impersonnel.

Cette impersonnalité désigne non seulement le mode d'être des singularités ou des événements (« *une* saison, *un* éclair... »), mais aussi un véritable programme de vie : se faire impersonnel, le devenir ; c'est ce double enjeu que la formule « être à l'heure du monde » rend sensible. Je crois que Deleuze n'aura pas cessé de la méditer, au point d'en faire la fin immanente de ce qu'il nomme dans *Mille Plateaux* le « devenir impersonnel ».

De plus, et c'est un nouvel apport des plus riches de Deleuze, même si contrairement au premier il aura subi des modifications non négligeables, ce processus est pensé comme le mouvement même du désir – désir dont on s'accorde à reconnaître que la nouveauté de Deleuze est de le considérer comme purement positif et affirmatif. Dans *Dialogues*, il rappelle à propos de *L'Anti-Œdipe* :

> Nous disions que le désir n'est nullement lié à la loi, et ne se définit par aucun manque essentiel [...] Ce que nous avons essayé de montrer c'était comment le désir était hors de ces coordonnées personnologiques et objectales [...] Le désir n'est donc pas intérieur à un sujet, pas plus qu'il ne tend vers un objet : il est strictement immanent à un plan auquel il ne préexiste pas [...] Loin de supposer un sujet, le désir ne peut être atteint qu'au point où quelqu'un est dessaisi du pouvoir de dire Je[5].

Il me semble que nous gagnerions tout de même, une fois rappelé leur importance et leur spécificité, à rendre leur complexité – peut-être leur ambiguïté – à ces deux thèmes typiquement deleuziens du « devenir autre » et de la « positivité du désir ». Pour commencer, on y reconnaîtra plutôt que les thèses d'un auteur, des thèmes inscrits dans un certain nombre de variations, plus encore peut-être des questions problématiques au sens où Deleuze dit qu'il y a toujours quelque chose de fou dans une question :

> Il se peut que dans toute question, dans tout problème, comme dans leur transcendance par rapport aux réponses, dans leur insistance à travers les

---

3. G. Deleuze, F. Guattari, *Mille Plateaux*, *op. cit.*, p. 168, 197 et 330.
4. *Ibid.*, p. 343.
5. G. Deleuze, C. Parnet, *Dialogues*, Paris, Flammarion, 1996, p. 108.

solutions, dans la manière dont ils maintiennent leur béance propre, il y ait forcément quelque chose de fou[6].

À cet égard, le débat que dès la fin des années 60 Deleuze entame avec la psychanalyse (freudienne, kleinienne et surtout lacanienne) permet de mieux entendre, me semble-t-il, cette ambiguïté un peu étouffée par la *doxa* deleuzienne.

La critique de la psychanalyse

De ce débat, il est convenu de retenir la virulente critique de *L'Anti-Œdipe*, véritable machine de guerre contre la psychanalyse freudienne, qui, dans une veine explicitement freudo-marxiste, dénonce l'alliance réactionnaire entre l'inconscient familialiste et la division du travail capitaliste.

Le désir inconscient s'effectue lui-même comme un agencement concret, collectif et politique. Une relecture de l'énergétisme freudien permet à *L'Anti-Œdipe*, en associant théorie du désir et théorie de la production, de montrer comment l'inconscient produit matériellement la réalité sociale. Le sort de la révolution dépend donc de la manière dont nous investissons libidinalement le champ social : ce sont les combinaisons de nos désirs inconscients qui déterminent la valeur révolutionnaire de notre mode d'existence.

S'il est vrai que ce premier tome de *Capitalisme et Schizophrénie* fit la popularité de Deleuze et Guattari, on comprend aussi que du côté du « deleuzisme » le sort de la psychanalyse freudienne et lacanienne ait pu sembler réglé, et que de l'autre celle-ci n'en ait pas fait grand cas. La pleine positivité du désir a-subjectif et la dénonciation de la psychanalyse sont même devenues deux signes distinctifs de la philosophie de Deleuze, deux manières privilégiées de l'identifier. Dans les deux cas pourtant les choses sont plus complexes.

Le désir ne manque de rien

Dès la *Présentation de Sacher-Masoch*, et jusqu'à *Mille Plateaux*, la critique de la psychanalyse s'est formulée en grande partie dans les termes d'une critique de la notion de plaisir. Selon Deleuze cette notion est extrêmement confuse. Dans l'*Esquisse d'une psychologie scientifique*[7] notamment, Freud la définit comme une décharge énergétique le long des voies nerveuses de l'appareil psychique. C'est cette idée du plaisir, comme décharge ou détente venant satisfaire une tension, qui conduit à définir le désir par un terme extérieur à lui-même et transcendant. Or, quand on se représente le plaisir comme ce qui vient combler un manque par un terme extérieur, on installe aussi toujours un reste dans l'alternance entre tension et détente : quelque chose d'impossible qui fait du désir un manque d'objet. Ce terme extérieur est introuvable car il est pensé comme le corrélat d'une décharge susceptible de conduire l'appareil psychique à une intensité zéro, ou selon les termes de

■ 6. G. Deleuze, *Différence et Répétition*, Paris, P.U.F., 1968, p. 141.
■ 7. Ce texte écrit à la hâte à son ami Fliess, ne sera pas connu avant 1950. Le titre sera donné par ses éditeurs anglais.

Lacan, à une « petite mort », une « impossible jouissance ». En 1960, dans son séminaire sur *L'Éthique de la psychanalyse*, Lacan introduit, grâce à une relecture de l'*Esquisse*, la notion de chose (*Das Ding*), vacuole de la jouissance et limite de la distribution du plaisir dans le corps, qui marque l'intolérable d'une béance centrale[8]. Dans *L'Anti-Œdipe*, Deleuze caractérisera en trois points « l'idéologie psychanalytique » : « Tu manqueras quand tu désireras ; tu n'espéreras que des décharges ; tu poursuivras une jouissance impossible ».

Cette négativité du manque d'objet, et sa radicalisation lacanienne (l'objet pulsionnel est voile du rien, l'existence est un manque à être) s'explique notamment, selon Deleuze, par la prédominance qu'accorde la psychanalyse à la notion de conflit.

L'inconscient conflictuel

La thèse du conflit psychique est introduite par Freud dans ses premiers textes sur les psychonévroses de défense (1894)[9], pour montrer, dans l'hystérie ou la névrose obsessionnelle, contre la théorie de la dégénérescence des neuropsychiatres, que l'activité continuée du trauma est une défense psychique, une activité compulsive. Le clivage du moi (*Ichspaltung*) sera proposé par Freud plus tardivement (1938)[10]. Avec Lacan, la *spaltung* devient la formule la plus générale du sujet : une division inaugurale, conséquence de son assujettissement à l'ordre symbolique[11]. Le clivage du moi chez Freud, ou la « refente » du sujet chez Lacan sont tributaires, selon Deleuze, d'un modèle négatif de l'opposition : l'inconscient freudien « des grandes forces en conflit » serait celui d'un post kantisme hégélien.

> Quand on demande si l'inconscient est en fin de compte oppositionnel ou différentiel, inconscient des grandes forces en conflit ou des petits éléments en séries, des grandes représentations opposées ou des petites perceptions différenciées, on a l'air de ressusciter d'anciennes hésitations, d'anciennes polémiques aussi entre la tradition leibnizienne et la tradition kantienne […]. En vérité il ne s'agit pas du tout de savoir si l'inconscient implique un non-être de limitation logique ou un non-être d'opposition réelle. Car ces deux non-êtres sont de toute façon les figures du négatif. Ni limitation, ni opposition – ni inconscient de la dégradation, ni inconscient de la contradiction – l'inconscient concerne les problèmes et questions dans leur différence de nature avec les solutions réponses[12].

Après avoir opposé deux conceptions de l'inconscient : celui des grandes forces en conflit (Kant, Hegel), et celui d'une sommation de petites différences (Leibniz), Deleuze montre que dans les deux cas on se donne une conception négative de l'inconscient, que ce soit le négatif de l'opposition ou celui de la limitation. Kant applique en effet à la conscience (qu'elle soit psychologique

---

■ 8. J. Lacan, Séminaire VII, *L'Éthique de la psychanalyse*, Paris, Seuil, 1986, p. 55 *sq.*
■ 9. S. Freud, *Les Psychonévroses de défense*, trad. fr. J. Laplanche, Paris, P.U.F., 1973.
■ 10. S. Freud, *Die Ichspaltung in Abwehrvorgang* (1940), « Le clivage du moi dans les processus de défense », trad. fr. J. Laplanche, Paris, P.U.F., 2002, p. 283.
■ 11. Par exemple, « Subversion du sujet et dialectique du désir », dans J. Lacan, *Écrits*, tome II, Paris, Seuil, 1999, p. 286.
■ 12. G. Deleuze, *Différence et Répétition, op. cit.*, p. 143.

ou morale) le modèle du conflit de forces chez Newton. Les représentations dont j'ai conscience résultent d'un conflit préalable avec d'autres. Il prépare ainsi l'idée de contradiction construite par Hegel, négation mutuelle des composantes de la réalité, qui ramène l'hétérogénéité des éléments liés à une même mesure commune.

Avec Leibniz, il s'agit d'un autre type de non-être qui n'est pas grevé par un poids ontologique indu. Mais si Leibniz se donne une conception de l'infinitésimal affirmative, il conçoit aussi toute réalité comme une limitation de la pensée divine. Ce deuxième modèle de l'inconscient repose donc encore sur un non-être, de limitation cette fois. L'un comme l'autre manquent en réalité la nature « problématique » de l'inconscient ; le désir, comme la pensée, est une force questionnante :

> Les problèmes et les questions appartiennent donc à l'inconscient, mais aussi bien l'inconscient est par nature différentiel et itératif, sériel, problématique et questionnant[13].

Le problématique, c'est la manière dont la pensée ouvre une question, comme le désir trace lui-même son plan de consistance. Dans les deux cas, ce qui rend le processus positif c'est que le tracé, l'invention du plan, se fait par lui-même, et non pas à cause d'un objet ou d'une réponse. Le « non-être », en ce sens, n'est rien d'autre que l'ouverture d'un certain plan, d'un dispositif praticable, questionnant ou désirant[14].

En portant sa critique de la négativité en psychanalyse aussi bien sur le sujet de l'inconscient (le conflit freudien, la « refente » lacanienne) que sur le manque inhérent au mouvement pulsionnel du désir, Deleuze touche deux des points cardinaux de la psychanalyse lacanienne. Et sans doute la psychanalyse de Deleuze fut comme pour beaucoup de philosophes de l'époque celle de Lacan, plus précisément celle d'un Lacan dont la relecture des textes de Freud se formulait aussi dans un dialogue avec la dialectique hégélienne[15].

À cet égard, la discussion entre Lacan et Hyppolite, à propos de la *Verneinung* freudienne[16], est révélatrice, et serait indéniablement une ressource nécessaire pour entendre plus en détail cette page de *Différence et Répétition*. J'en indique ici seulement l'amorce. Quand Lacan interroge le sens que Freud donne à l'indifférence de l'objet de la pulsion, infiniment substituable, posant le problème de la perte et de la séparation dans l'analyse, c'est au grand spécialiste de Hegel, Jean Hyppolite, qu'il s'adresse. Lacan condense un certain nombre d'éléments (les arrêts de la parole dans la cure, qui

■ 13. *Ibid.*
■ 14. Dans son livre sur Deleuze et la psychanalyse (*Deleuze et la psychanalyse,* Paris, P.U.F., 2005), Monique David-Ménard montre comment Deleuze construit en réalité un véritable « monstre philosophique ». La négativité en psychanalyse, qui se présente comme une « ambiguïté de la répétition », n'est pas réductible à une ontologie du négatif, ni au pouvoir logique de la contradiction. Elle montre, qu'en revanche, on trouve justement chez Kant les moyens de penser cette forme de négation spécifique, à l'œuvre dans l'analyse. L'*Essai sur les grandeurs négatives* montre que dans la physique newtonienne le conflit réel entre des forces qui s'annulent ne crée pas un non-être et n'emprunte rien à la contradiction : il détermine quelque chose d'objectif, il ouvre les linéaments d'une situation, il invente un dispositif.
■ 15. C'est sans doute aussi pour prendre ses distances avec son premier hégélianisme, ainsi qu'avec l'« être pour la mort » heideggérien, que Lacan se tourne ensuite vers la logique de Frege, et vers la topologie.
■ 16. S. Freud, *Die Verneinung* (1925), *La Négation,* selon la traduction de J. Laplanche, Paris, P.U.F., 2002, p. 135.

indiquent que les pensées de l'analysant se rapportent à l'analyste de manière agressive, l'oubli du nom de *Signorelli* [*Herr, Signor*] qui découvre la mort comme « maître absolu ») en une question posée à Hyppolite sur le rapport entre les pulsions destructrices dans le désir et la négativité hégélienne : qu'est-ce que la négation (le *ne pas*) doit à la réalité de la mort ?

> Ainsi la mort nous apporte la question de ce qui nie le discours, mais aussi de savoir si c'est elle qui y introduit la négation. Car la négativité du discours, en tant qu'elle y fait être ce qui n'est pas, nous renvoie à la question de savoir ce que le non-être qui se manifeste dans l'ordre symbolique, doit à la réalité de la mort [17].

Finalement moins métaphysicien que le Lacan du moment, Hyppolite reconnaîtra dans la *Verneinung* une conséquence positive de la destruction, l'invention d'une « marge de la pensée ».

Si Deleuze bien sûr commente les textes de Freud ou de Mélanie Klein, il est indéniable que sa critique de la théorie psychanalytique du « désir », de son sujet béant et de son objet manquant, dans *L'Anti-Œdipe* ou dans *Dialogues*, est explicitement dirigée contre Lacan, comme aussi une grande partie de *Logique du sens* s'écrit dans un débat critique, plus méticuleux et moins virulent sans doute, avec la conception du sens et du non-sens proposée dans le Séminaire III sur *Les Psychoses*. Lacan l'atteste lui-même à plusieurs reprises à propos de la *Présentation de Sacher-Masoch* et de *Logique du sens* auxquels il rend hommage et qu'il discute, pour le second, dans son séminaire avec notamment un exposé de Jacques Nassif sur l'ouvrage [18]. Deleuze ne répond pas à l'amorce de dialogue auquel Lacan l'invite à cette époque précédent *L'Anti-Œdipe*. Guattari, qui fut lui-même un temps l'élève de Lacan, ira même jusqu'à faire de l'objet *a* un point d'identification encore trop fort du sujet, une butée imposée à la dérive associative et à la déterritorialisation du désir [19].

Pour Deleuze et Guattari, l'inconscient est impersonnel et affirmatif : il agence des éléments hétérogènes sur un plan de consistance à la surface duquel se produisent des processus disséminés et temporaires de subjectivation. La psychanalyse en donne une représentation trop identifiante (le sujet de l'inconscient comme béance) et trop morbide (l'objet comme voile du rien).

Mais il est indéniable que, dès la fin des années 60, la critique de la subjectivité et de la négation et inversement la promotion de l'impersonnel et de l'affirmation se formuleront chez Deleuze dans les termes d'un débat avec la psychanalyse freudienne et lacanienne – débat irréductible, comme on a commencé de le voir, à la critique unilatérale de *L'Anti-Œdipe*. S'il n'a pas cessé d'être travaillé, repensé et stylisé, c'est que grâce à lui Deleuze construit

---

17. J. Lacan, « Introduction au commentaire de Jean Hyppolite sur la *Verneinung* de Freud », 10 février 1954, dans *Écrits*, tome I, Paris, Seuil, 1999, p. 377.

18. J. Lacan, Séminaire XVI, les 12, 19 et 26 mars 1969, sur la *Présentation de Sacher-Masoch* : le 26 mars 1969, et aussi Séminaire XIV, le 19 avril 1967.

19. F. Guattari, « Réflexion pour les philosophes à propos de la psychothérapie institutionnelle », dans *Psychanalyse et Transversalité*, Paris, La Découverte, 2003, p. 86.

une question tout à fait singulière qui oblige, me semble-t-il, à revisiter ces deux thèmes convenus du deleuzisme.

Je voudrais montrer brièvement comment d'une part cette question porte avec elle quelque chose de tout à fait spécifique au ton de la philosophie de Gilles Deleuze, ou si l'on veut à son personnage, et comment d'autre part le débat avec la psychanalyse freudienne et lacanienne était tout à fait nécessaire pour que cette question « problématique » puisse se formuler :

> C'est que la mort ne se réduit pas à la négation, ni au négatif d'opposition, ni au négatif de limitation. La mort est plutôt la forme dernière du problématique, la source des problèmes et des questions, le Où et Quand? Qui désigne ce "non-être" où toute affirmation s'alimente[20]. »

La part d'ombre de l'affirmation

La pulsion de mort est sans cesse raillée et critiquée de *Sacher-Masoch* à *Mille Plateaux*, parce qu'elle découle d'une conception erronée de la répétition qui l'attache à un terme premier et originaire, ou d'une représentation inadéquate du désir comme manque à être. Mais c'est aussi à l'intérieur d'une discussion extrêmement serrée et méticuleuse de la pulsion de mort, de la négation et de la « dénégation » freudienne, que Deleuze construit son propre concept d'« Instinct de mort », récurrent dans sa philosophie. Dans *Présentation de Sacher-Masoch* par exemple :

> Quand nous parlons d'Instinct de mort, en revanche, nous désignons Thanatos à l'état pur. Or Thanatos comme tel ne peut pas être donné dans la vie psychique, même dans l'inconscient : comme dit Freud dans des textes admirables, il est essentiellement silencieux […] Pour le désigner nous devons en français garder le nom d'instinct, seul capable de suggérer une telle transcendance ou de désigner un tel principe « transcendantal »[21].

Et dans *L'Anti-Œdipe* encore :

> Le corps plein sans organe est l'improductif, le stérile, l'inengendré, l'inconsommable […] Instinct de mort tel est son nom, et la mort n'est pas sans modèle. Car le désir désire aussi cela, la mort, parce que le corps plein de la mort est son moteur immobile[22].

Pulsion de mort et Instinct de mort

Dès *Sacher-Masoch* en 1967, la critique de la négativité en psychanalyse se concentre sur la manière d'entendre l'Instinct de mort. Il ne désigne pas la « ridicule pulsion de mort », retour à un inanimé originaire ou caractère destructeur de la répétition : il est la puissance impersonnelle elle-même. Le sadisme et le masochisme, qui révèlent la secondarité du plaisir et de l'objet dans le désir, sont aussi des formes d'apparition de l'impersonnel : la

■ 20. G. Deleuze, *Différence et Répétition, op. cit.*, p. 148.
■ 21. G. Deleuze, *Présentation de Sacher-Masoch*, Paris, Minuit, 1967, p. 27.
■ 22. G. Deleuze, F. Guattari, *L'Anti-Œdipe*, Paris, Minuit, 1972, p. 14.

pure répétition désirée pour elle-même (que ce soit celle de l'accumulation quantitative du sadique ou celle du suspens qualitatif du masochiste).

Mais justement, que l'Instinct de mort soit à cette époque la forme que donne Deleuze à la répétition impersonnelle, cela n'est pas anodin. C'est par une mortification que la pensée donne un avenir au désir et la répétition pour elle-même est aussi « une puissance terrible »[23]. Que veut dire, alors, qu'il faille bien entendre l'Instinct de mort ? Comment bien entendre que la répétition soit en partie destructrice de la personne ? Je crois que cela fut une première formulation, à la fin des années 60, de cette question singulière dont je parlais, de sa présence « problématique » chez Deleuze.

Et si dès *L'Anti-Œdipe*, le débat avec la psychanalyse n'est plus mentionné autrement que sous les traits de la critique et de l'offensive, si, comme le montre précisément Monique David-Ménard[24], Deleuze accentue la pleine positivité du désir, opposée à tout ce qui pourrait rester d'une quelconque pulsion de mort ou d'une destructivité de la répétition, le problème de « l'effectuation » de l'impersonnel (selon les termes de *Logique du sens*), ou du « devenir impersonnel » (pour reprendre la formule de *Mille Plateaux*), continuera de se poser et d'être médité, dans d'autres concepts comme notamment le « Corps sans Organe » (CsO)[25].

La possibilité nécessaire d'effondrement

Il me semble qu'une des questions que le débat avec la psychanalyse permettait à une époque de formuler n'a donc pas disparu avec la virulence de la critique et l'éloignement progressif : celle de la désubjectivation totale, celle des risques inhérents au devenir impersonnel que Deleuze pensera comme étant indissociablement l'expérience de l'événement et du désir inconscient – si l'on n'oublie pas que l'expérience est toujours, « bien entendue », la traversée d'un péril. Comment mettre en œuvre l'impersonnel ; comment arracher l'impersonnalité de l'événement au chaos, sans s'y abolir ; comment se désubjectiver sans s'effondrer ?

On pourrait dire les choses autrement. Si la philosophie de Deleuze est une affirmation de la vie et de ses puissances positives, comment se fait-il que cette positivité soit le plus souvent de l'ordre du pathologique et de la contre-nature, qu'elle se présente essentiellement dans des expériences au bord de l'abîme ? Pourquoi ce qui est censé représenter la plus haute singularité, l'affirmation la plus vitale et positive, se donne toujours dans des exemples de destruction, de souffrance et de démolition ?

Ce simple constat découvre non seulement la continuité d'un problème, au cœur du rapport ambivalent de Deleuze à la psychanalyse, mais aussi une certaine part d'ombre inhérente à cette philosophie affirmative de la vie. Ce problème, Deleuze le reconnaît lui-même ; il l'indique à plusieurs reprises comme tout à fait nécessaire.

■ 23. G. Deleuze, *Présentation de Sacher-Masoch*, op. cit., p. 104.
■ 24. M. David-Ménard, *Deleuze et la psychanalyse*, op. cit.
■ 25. Deleuze reprend le terme qu'Artaud invente dans *Van Gogh ou le Suicidé de la société*, et qu'il reprend dans *Pour en finir avec le jugement de Dieu*, pour qualifier aussi bien le combat de l'artiste qui, dans la création, subvertit l'organisation du monde, que le danger que comporte l'invention picturale ou l'écriture.

Dans *Logique du sens* en 69 : « Pourquoi tout événement est-il du type la peste, la guerre, la blessure, la mort ? »[26]. Dans *Mille Plateaux* aussi, en 80 :

> Pourquoi cette cohorte lugubre de corps cousus, vitrifiés, catatonisés, aspirés, puisque le CsO est aussi plein de gaieté, d'extase, de danse ? Alors pourquoi ces exemples, pourquoi faut-il passer par eux ? Corps vidés au lieu de pleins. Qu'est-ce qui s'est passé ? Avez-vous mis assez de prudence ?[27]
>
> Nous n'avons pas encore répondu à la question : pourquoi tant de dangers ? Pourquoi dès lors tant de précautions nécessaires ?[28]

Prendre au sérieux ces questions que Deleuze pose à sa propre pratique de la philosophie implique, me semble-t-il, de reconnaître dans le mouvement même du désir, dans sa puissance de déterritorialisation, quelque chose comme une « possibilité nécessaire » de faillite. Car le risque n'est pas ici une éventualité. Du moins le fait que cela puisse arriver indique plus qu'une possibilité en ce sens : quelque chose qui appartient nécessairement au fonctionnement considéré, à tel point qu'il faille dire que, d'une manière ou d'une autre, ça se passe toujours plus ou moins, mais nécessairement, comme ça.

J'emprunte le terme de « possibilité nécessaire » à Jacques Derrida qui l'introduit, dans sa polémique avec Searle, pour rendre compte de la nécessité structurelle de l'échec, du débordement et du décentrement de l'intention dans les actes de langages thématisés par Austin. Les performatifs ratés (ou manqués) ne sont pas accidentels ou marginaux, ils sont la conséquence d'une non-présence à soi toujours impliquée par le fonctionnement itératif du langage et de l'écriture. Cette « itérabilité » qui rend l'intention partielle et inachevée, Derrida la réfère brièvement mais explicitement à l'inconscient « dont il est question dans la psychanalyse »[29].

Chez Deleuze, cette possibilité d'échec et de ratage est rendue nécessaire par le processus désirant lui-même, parce qu'il s'effectue comme une désubjectivation ou une désarticulation de soi. La désidentification n'est pas l'effondrement, mais elle peut toujours y mener : il y a dans tout devenir une possibilité nécessaire de destruction, comme dans le tracé de tout plan de consistance une possibilité nécessaire de ratage. Cela me semble au cœur du lien que Deleuze n'a pas cessé de méditer entre le « pathologique » dans la clinique et le « problématique » dans la pensée. Et si son « éthique » vaut pour l'existence comme pour la pensée, ce n'est pas indifféremment, mais parce qu'elles sont chacune des expérimentations.

La question du ratage et de la faillite, qu'elle se formule dans une clinique du manquement ou dans une théorie du problème, n'est pas réductible à une logique de l'opposition, ni à une ontologie du manque ; mais elle n'est pas non plus assimilable à une joyeuse philosophie de la vie. Elle offre en revanche, me semble-t-il, une occasion privilégiée de continuer le débat de Deleuze avec la psychanalyse, d'en utiliser à nouveau la fécondité, peut-être un peu trop vite refermée, un peu trop rapidement dénouée. Cela, je voudrais

■ 26. G. Deleuze, *Logique du sens*, Paris, Minuit, 1969, p. 177.
■ 27. G. Deleuze, F. Guattari, *Mille Plateaux, op. cit.*, p. 187.
■ 28. *Ibid.*, p. 201.
■ 29. J. Derrida, *Limited Inc.*, Paris, Galilée, 1990, p. 113 et 139.

l'entendre au travers de deux textes, l'un de Deleuze dans *Logique du sens*, à propos de l'événement et de sa puissance impersonnelle, l'autre de Lacan dans le célèbre commentaire des pulsions et de leur destin qu'il propose au cours du Séminaire XI.

Répétition et « contre-effectuation »

Pourquoi donc, demande Deleuze dans *Logique du sens*, « tout événement est-il du type la peste, la guerre, la blessure, la mort » ? La série suivante, intitulée « Porcelaine et volcan » s'affronte à cette question :

> On ne saisit la vérité éternelle de l'événement que si l'événement s'inscrit aussi dans la chair ; mais chaque fois nous devons doubler cette effectuation douloureuse par une contre-effectuation qui la limite, la joue, la transfigure. *Il faut s'accompagner soi-même* [...] être le mime de ce qui arrive effectivement, doubler l'effectuation d'une contre-effectuation, l'identification d'une distance, tel l'acteur véritable ou le danseur, c'est donner à la vérité de l'événement la chance unique de ne pas se confondre avec son inévitable effectuation [...] Autant que l'événement pur s'emprisonne chaque fois à jamais dans son effectuation, la contre-effectuation le libère, toujours pour d'autres fois[30].

L'impersonnalité de l'événement

Deleuze distingue deux dimensions de l'événement. Il y a l'événement tel qu'il s'effectue, dans la matérialité des choses et la particularité des personnes. Mais il y a aussi une part ineffectuable de l'événement, qui fait de lui ce qu'il est : un sens immatériel, exprimé de façon totalement impersonnelle à la surface des choses. Pour qu'il y ait événement, il doit s'incarner dans la chair. Mais cette incarnation, ou si l'on veut cette inscription sur la surface physique et corporelle, n'est pas neutre. S'effectuer, c'est encourir les dangers du morcellement des profondeurs et des pulsions destructrices, c'est les impliquer nécessairement.

C'est que l'impersonnalité de l'événement ne peut être éprouvée que comme une désidentification, une destruction de la personne ou de l'individu. C'est cette destruction qu'il faut savoir accompagner, rejouer, contre-effectuer, de manière à toujours maintenir l'écart entre ce qui arrive et le sens que nous en tirons. Si cet écart est essentiel à tout événement authentique, c'est qu'il lui permet de n'être pas tout entier dans ce qui est effectué, dans ce qui s'est passé, et partant de pouvoir être à nouveau effectué, autrement.

Deleuze souligne que ces deux processus, qui diffèrent en nature, sont pourtant indissociables ; ils ne peuvent qu'être vécus ensemble : « La fêlure reste un mot tant que le corps n'y est pas compromis ». C'est toujours l'alcoolisme *de* Fitzgerald ou *de* Lowry, la blessure *de* Bousquet, la folie *de* Nietzsche.

Penser l'expérience de l'événement comme le tracé d'une fêlure maintient donc une certaine ambiguïté de la répétition. Et l'art des contre-effectuations, susceptible de rejouer, de mettre en œuvre cet accomplissement déstructurant de l'impersonnel, n'est pas sans faire penser au dispositif analytique, à ce

■ ■ 30. G. Deleuze, *Logique du sens, op. cit.*, p. 188. Je souligne.

que veut dire répéter, sur un divan, les manières dont les événements et leur excès, que nous avons éprouvés comme spécialement impersonnels et dessaisissants, nous ont singularisés, à ce que signifie trouver les moyens et l'espace de jeu nécessaire pour, à nouveau, en inventer le sens autrement. Et sans doute la confrontation de cette expérience de la psychanalyse et de la définition qu'en donne Deleuze dans *Logique du sens* serait-elle riche d'enseignements pour l'une comme pour l'autre : « Comme science des événements purs, la psychanalyse est aussi un art des contre-effectuations, sublimation, symbolisation »[31].

Indéniablement, Deleuze se prête ici à une création quelque peu monstrueuse. Cette définition articule d'un côté la théorie stoïcienne des incorporels, de l'autre la fêlure des écrivains « maudits », et l'écriture de *Logique du sens* relève aussi d'un habile pastiche des pulsions et de leur destin en psychanalyse freudienne, kleinienne et lacanienne. Mais Deleuze en utilise également les ressources pour creuser la question, au niveau épistémologique (le sens impersonnel) et clinique (l'art des contre-effectuations), de la désidentification impliquée dans l'impersonnalité de l'événement[32].

Subjectivation et désubjectivation

Cette question, Deleuze, dans la série « Porcelaine et volcan », la formule à l'aide de la célèbre phrase de Fitzgerald : « Toute vie est bien entendue un processus de démolition »[33]. Toute la question, évidemment, est de bien l'entendre. Or tout porte à croire – notamment la nécessité de « s'accompagner soi-même » – que ce processus de démolition, s'il est « bien entendu », est toujours aussi un processus de subjectivation ; comme s'il s'agissait d'être sujet de sa propre désubjectivation. Mais à quel type de subjectivation a-t-on affaire dans l'art de la contre-effectuation ?

La subjectivation procède là où reste la part non effectuable de l'événement, celle qui toujours excède son effectuation matérielle. C'est donc une subjectivation très singulière, à laquelle Deleuze donne un sens nietzschéen et stoïcien : une volonté tragique. Je ne me subjective pas autrement qu'en voulant l'événement : « Vouloir dans ce qui arrive quelque chose à venir de conforme à ce qui arrive. » Le résultat de la contre-effectuation, c'est *l'amor fati* ; « s'accompagner soi-même » c'est ne pas être indigne de ce qui arrive : « Ma blessure existait avant moi, je suis né pour l'incarner »[34]. La subjectivation est une manière de se fondre dans l'événement sans s'effondrer dans son effectuation.

Vouloir l'événement dans *Logique du sens*, c'est donc, pour reprendre l'expression de *Mille Plateaux*, « être à l'heure du monde ». L'impersonnel n'est pas seulement la part ineffectuable de l'événement, c'est aussi la transformation du *soi* qui sait accompagner cette effectuation, c'est un programme d'existence.

■ 31. *Ibid.*, p. 247.
■ 32. C'est en ce sens que Deleuze discute spécialement le rôle de la désexualisation freudienne, la manière, dira *Différence et Répétition*, dont le Je se désidentifie des crispations de sa mémoire et abandonne ainsi son illusoire quête identitaire (*Différence et Répétition, op. cit.*, p. 145).
■ 33. F.S. Fitzgerald, *The Crack-Up*, Paris, Gallimard, 2002.
■ 34. J. Bousquet, *Traduit du silence*, Paris, Gallimard, 1995.

Si donc l'art des contre-effectuations est loin d'être étranger au transfert en analyse, cet hommage à l'*amor fati* nietzschéen et aux « hommes libres » de la Grèce doit aussi nous permettre de mesurer toute la distance qui s'y joue. Je le souligne seulement ici comme l'occasion d'une différence, qu'il reste encore à travailler, entre ce que l'analyse découvre d'impersonnel dans les différents actes qu'elle met en jeu, et ce que Deleuze pense comme la fin immanente d'un travail sur soi. La psychanalyse ne s'est jamais présentée comme une « éthique de vie », encore moins comme une « philosophie morale », mais je pense que l'écart est plus profond, qu'il est plus fécond aussi. À travers ces références à la « volonté tragique », Deleuze pense une conquête de l'impersonnel, qui n'en reste pas moins entièrement impersonnel : c'est le sujet qui devient l'impersonnel, qui s'y fond. Dans l'analyse, au contraire, il s'agit de subjectiver l'impersonnel, de faire d'une répétition impersonnelle quelque chose de l'ordre d'un processus de subjectivation, d'une configuration subjective.

Devenir-imperceptible, indiscernable, impersonnel

L'assomption de la fêlure de la pensée est donc déjà dans *Logique du sens*, une forme de « devenir *imperceptible* », selon la formule de *Mille Plateaux*, terme que Deleuze emprunte d'ailleurs, comme celui de « fêlure », à Fitzgerald. La théorie des devenirs proposée dans le Plateau intitulé « Devenir intense, devenir animal, devenir imperceptible » repense ensemble d'une part l'impersonnalité de l'événement, dégagée dans *Logique du sens*, d'autre part les petites différences infinitésimales qui définissaient, grâce à une lecture de Leibniz, l'inconscient de *Différence et Répétition*.

Le devenir n'a affaire qu'à des variations d'intensité qui sont des grandeurs différentielles. Son domaine n'est pas celui macroscopique des formes, des genres ou des structures, mais celui du microscopique, des blocs d'affects et de petites perceptions, à tel point que le devenir tend toujours vers l'imperceptible. La différence qu'il produit est toujours susceptible de se dissoudre, toujours au bord de sa propre extinction. C'est qu'en effet elle défait toute organisation, toute forme ou toute espèce. Le devenir, parce qu'il croise transversalement des éléments ou des domaines de la réalité tout à fait hétérogènes, nous emporte dans une « zone de voisinage ou d'indiscernabilité » par rapport à un autre terme. Je deviens, ou plus exactement le Je se défait dans le devenir, par la rencontre d'un autre genre, d'un autre règne. C'est ainsi qu'en 80, l'anonymat de l'événement s'expérimente comme une altération « contre-nature ». À propos du « devenir animal » dans la *Penthésilée* de Kleist, Deleuze et Guattari soulignent que :

> L'Homme de guerre n'est pas séparable des Amazones. L'union de la jeune fille et de l'homme de guerre ne produit pas des animaux, mais produit à la fois le devenir-femme de l'un et le devenir-animal de l'autre, dans un seul et même bloc où le guerrier devient animal par contagion de la jeune fille en même temps que la jeune fille devient guerrière par contagion de l'animal[35].

■ ■ 35. G. Deleuze, *Mille Plateaux, op. cit.*, p. 341.

Ce nouvel apport de la théorie des devenirs à une définition de l'impersonnalité de l'événement n'empêche pas que, dans *Mille Plateaux* comme dans *Logique du sens*, l'impersonnel s'accomplisse dans la littéralité du langage. Les termes totalement hétérogènes agencés dans un devenir sont déterminés par une grammaire impersonnelle. Le sens immatériel de l'événement s'énonce dans une séquence du type infinitif - adjectif indéfini - nom propre : « On battre un enfant », « un Hans devenir cheval ».

Littérature et psychanalyse

Dans *Logique du sens* comme dans *Mille Plateaux*, l'accomplissement des contre-effectuations ou de l'impersonnalité des devenirs se joue spécialement dans un certain usage de la littérature, ou du moins de la littéralité du langage. Dans *Logique du sens* on l'a vu, les « cas » étudiés sont ceux des écrivains, de la fêlure qui les habite, de ce qu'elle les fait devenir (Lowry, Fitzgerald, Bousquet, Burroughs…).

Dès sa *Présentation de Sacher-Masoch*, Deleuze montre que l'artiste est non seulement un symptomatologiste dont la description et l'évaluation sont moins normatives et plus neutres que le médecin ou le psychanalyste, mais qu'il donne également un sens positif et affirmatif à la « désexualisation » : un investissement spéculatif qui dégage le sens immatériel de l'événement de sa surface physique et de la régression psychique[36]. Contre l'interprétation psychanalytique de l'œuvre d'art, Deleuze insiste sur la manière dont le roman est lui-même une manière d'extraire des symptômes cette part ineffectuable. C'est de la même manière que dans *Logique du sens* ou *Sacher-Masoch*, l'écrivain est aussi bien le médecin que le pervers de la civilisation et qu'il est dans *Mille Plateaux* le spécialiste des devenirs, des alliances contre-nature (Achille et Penthésilée pour Kleist, la Guêpe et l'Orchidée pour Proust…). Je ne fais ici qu'évoquer ce rôle spécifique que Deleuze accorde à la littérature ; la manière dont elle accomplit l'impersonnel de l'événement mériterait d'être confrontée à ce que dit Lacan de l'épanouissement des pulsions dans la sublimation[37].

L'actualité et la positivité des devenirs

Dans *Mille Plateaux*, les devenirs, leur accomplissement dans la grammaire impersonnelle et dans la littérature, sont chargés de disqualifier la théorie psychanalytique des pulsions, et de la remplacer : « Ils [les psychanalystes] ont massacré le devenir-animal chez l'homme et chez l'enfant. Dans l'animal ils voient un représentant des pulsions ou des parents. Ils ne voient pas comment il est l'affect en lui-même, la pulsion en personne et ne représente rien »[38].

L'Instinct de mort n'est plus mentionné, seulement la « ridicule pulsion de mort » et le débat avec la psychanalyse ne se formule plus que sur le ton de la critique. Avec le concept d'agencement et la théorie des devenirs de

■ 36. G. Deleuze, *Logique du sens, op. cit.*, p. 276-277.
■ 37. Les textes de *Critique et Clinique* par exemple mériteraient d'être interrogés en ce sens comme aussi la manière dont l'écriture de *Présentation de Sacher-Masoch* a pu correspondre pour Deleuze à quelque chose de comparable à un travail d'analyse.
■ 38. G. Deleuze, F. Guattari, *Mille Plateaux, op. cit.*, p. 317.

Mille Plateaux, Deleuze aurait donc trouvé le moyen d'en finir avec tout ce qui dans les agencements de désir restait encore trop pris dans le vocabulaire de la pulsion de mort et dans le cadre conceptuel de la psychanalyse comme, notamment, son propre concept d'« Instinct de mort ».

Pour autant, le problème de la possibilité nécessaire d'effondrement continue de se poser, partiellement modifié et lesté de sa charge négative, quand bien même il s'agirait du « non-être » seulement problématique de *Différence et Répétition*. Dans *Mille Plateaux*, le devenir impersonnel, qui s'accomplit dans les énoncés du langage, encourt aussi toujours le danger de se dissoudre dans l'indiscernable ou le chaos. Sur le plan clinique, cela prend la forme des paradoxes du CsO. Le CsO, on est toujours dessus, mais il n'est jamais saisissable directement. On devient sur un fond de désarticulation totale, mais tant qu'on devient on ne se désarticule jamais totalement. Le CsO reconduit donc le paradoxe de l'Instinct de mort [39].

On retrouve d'ailleurs en 80 les deux mêmes versants de la définition de la psychanalyse proposée en 69 : une « grammaire impersonnelle des événements », et une éthique de la « prudence ». Dans *Mille Plateaux*, ils sont comme les deux faces de la nouvelle « pragmatique » que proposent Deleuze et Guattari, héritière de leur célèbre « schizo-analyse », mais instruite par les échecs et les ratés de la réception de *L'Anti-Œdipe*, par la manière dont ce livre qui sût mieux que d'autres être populaire avait pu laisser croire à une promotion spontanéiste du désir [40].

La positivité des devenirs tient à ce qu'ils maintiennent l'hétérogénéité des termes qu'ils agencent. Or ce qui, au bout du compte, garantit cette hétérogénéité elle-même c'est le fait qu'un devenir est toujours installé sur le chaos, comme un segment précaire arraché à la vitesse infinie des particules. Il y a encore une autre manière dont Deleuze, dans ce chapitre, conceptualise ce que j'ai nommé, reprenant l'expression de Derrida, une « possibilité nécessaire ». Le plan de consistance porte avec lui un ratage intrinsèque : il est forcé que le plan rate toujours, mais les ratés, soulignent Deleuze et Guattari, font partie du plan :

> Car il y a une manière dont le raté du plan fait partie du plan lui-même : le plan est infini, vous pouvez le commencer de mille façons, vous trouverez toujours quelque chose qui arrive trop tard ou trop tôt, et qui vous force à recomposer tous vos rapports de vitesse et de lenteur, tous vos affects et à remanier l'ensemble de l'agencement [41].

> Et si en effet il y a des sauts, des failles entre agencements [...] c'est parce qu'il y a toujours des éléments qui n'arrivent pas à temps, ou quand tout est fini, si bien qu'il faut passer par des brouillards ou des vides, des avances ou des retards qui font eux-mêmes partie du plan d'immanence. Même les ratés font partie du plan [42].

---

39. *L'Anti-Œdipe*, justement, les identifiait : « Le CsO est le modèle de la mort » (*op. cit.*, p. 393).
40. Deleuze s'en explique dans *Dialogues, op. cit.*, p. 121.
41. G. Deleuze, F. Guattari, *Mille Plateaux, op. cit.*, p. 316.
42. *Ibid.*, p. 312.

Cela ne me semble pas étranger à la manière dont la clinique en psychanalyse met en œuvre non pas tant des formes ontologiques de non-être ou de manque que des styles de manquement, des ratés qui n'en sont pas moins tout à fait positifs et immanents, ne se traçant que d'eux-mêmes, et produisant le sujet comme un art de différer, aux bords de l'acte, au rythme de ses hésitations.

D'autre part, si le concept d'agencement est bien présenté par Deleuze et Guattari comme une solution à la négativité des pulsions et à la notion confuse de plaisir, ils affirment aussi « qu'il n'y a pas d'autres pulsions que les agencements »[43]. Il me semble que ces deux points rendent nécessaire une brève lecture de ce que dit Lacan du montage de la pulsion : ce qu'il appelle, dans le Séminaire XI, « l'appareillage ».

Circuit pulsionnel et agencement de désir

Que le manque et la négativité dans la psychanalyse des pulsions la rendent incompatible avec la théorie deleuzienne des devenirs c'est donc ce que, pour finir, j'aimerais brièvement questionner à la lumière du Séminaire XI, au moment où, examinant un des « quatre concepts fondamentaux de la psychanalyse », la pulsion, dans son rapport au transfert, Lacan montre que dans l'inconscient la sexualité n'apparaît que sous la forme du « montage » ou de « l'appareillage » qui caractérise la pulsion et sa circularité.

Il me semble que le tour particulier que Lacan donne à sa lecture des pulsions et de leurs vicissitudes[44] laisse entendre deux tons différents, qui méritent d'être distingués : une ontologie du manque à être et une clinique de l'inachèvement, du manquement de l'acte, le vocabulaire de la béance d'un côté, et celui de l'appareillage, du cadre de consistance de l'autre. Par cet angle, par ce deuxième versant, il me semble que la pulsion lacanienne est loin d'être étrangère à l'agencement de désir deleuzien.

Je dirai que s'il y a quelque chose à quoi ressemble la pulsion, c'est à un montage. Ce n'est pas un montage conçu dans une perspective référée à la finalité [...]. Le montage de la pulsion est un montage qui, d'abord, se présente comme n'ayant ni queue, ni tête – au sens où l'on parle de montage dans un collage surréaliste [...] je crois que l'image qui nous vient montrerait la marche d'une dynamo branchée sur la prise du gaz, une plume de paon en sort, et vient chatouiller le ventre d'une jolie femme, qui est là à demeure pour la beauté de la chose [...] la pulsion définit selon Freud toutes les formes dont on peut inverser un pareil mécanisme. Ça ne veut pas dire qu'on retourne la dynamo – on déroule ses fils, c'est eux qui deviennent la plume du paon, la prise du gaz passe dans la bouche de la dame et un croupion sort au milieu.

L'essence de la pulsion, insiste Lacan, est « le tracé de l'acte »[45].

■ 43. *Ibid.*, p. 317.
■ 44. S. Freud, *Pulsions et destins de pulsions*, dans *Métapsychologie*, Paris, Gallimard, 1996.
■ 45. J. Lacan, Séminaire XI, Paris, Seuil, 1973, p. 190-191.

Appareillage de la pulsion et alliance contre nature

La pulsion est un appareillage du corps, un montage sans finalité. Or l'appareillage dit Lacan n'est pas « l'appariage ». La satisfaction de la pulsion, que le montage qu'elle est rend possible, n'est pas la réalisation de son but reproductif, « l'appariage des corps ».

> L'intégration de la sexualité à la dialectique du désir passe par la mise en jeu de ce qui, dans le corps, méritera que nous le désignons par le terme d'appareil – si voulez bien entendre par là ce dont le corps, au regard de la sexualité, peut s'appareiller, à distinguer de ce dont les corps peuvent s'apparier[46].

Les principes qui régissent les pulsions font de la notion d'une génitalité unifiée un leurre : ils attestent d'un morcellement corporel fondamental du sujet, ce que dès *Logique du sens*, Deleuze appelle le CsO. Pour Deleuze et Guattari, les « alliances contre nature » en quoi consistent les devenirs sont toujours intrinsèquement des déconstructions de l'organisation biologique, génitale et reproductive du corps, des manières de « se faire » un CsO[47].

C'est le cas notamment de l'agencement de désir, ou de la machine désirante pour reprendre la célèbre expression de Guattari, formée par la guêpe et l'orchidée. Dans *Sodome et Gomorrhe*, Proust compare la parade de séduction homosexuelle entre Jupien et Charlus à la symbiose entre insectes et fleurs : l'orchidée, qui ne peut assurer sa reproduction que si le bourdon lui apporte le pollen nécessaire, produit une image de bourdon qui l'attire et l'inscrit dans son propre système de reproduction. Ce *modèle d'alliance hétérogène* qui « pervertit » la reproduction du semblable par le semblable, fait de la rencontre entre ces deux personnages, l'occasion de transformations inédites pour chacun d'eux (en homme insecte, en homme oiseau, en homme fleur, etc.), des devenirs animaux. Le devenir nous « subjectivise » dans le même mouvement où il nous fait autre et nous porte à différer. Mais le sujet ainsi produit n'est que le résultat temporaire, l'effet momentané, du tracé du désir : ce que je contracte du mouvement qui me déporte et qui, à ce moment-là, fait retour.

Dans *L'Anti-Œdipe*, le sujet, c'est-à-dire la troisième synthèse passive de l'inconscient, n'est que l'effet fugace de satisfaction produit, par exemple, aux bords de l'agencement « sein-bouche », résultat hésitant d'une machine désirante qui couple deux objets partiels (une boucle se ferme sur le sein et une bouche se relâche, le corps devient le sein et la pulsion fait retour) :

> Le sujet produit comme résidu à côté de la machine passe par tous les états du cercle et passe d'un cercle à l'autre. Il n'est pas lui-même au centre, occupé par la machine, mais sur le bord, sans identité fixe, toujours décentré, conclu des états par lesquels il passe[48].

Dans le Séminaire XI, Lacan nous enseigne que la pulsion obéit à un trajet

■ 46. J. Lacan, Séminaire XI, Paris, Seuil, 1990, p. 198.
■ 47. Voir le chapitre de *Mille Plateaux* intitulé « Comment se faire un CsO ? ».
■ 48. G. Deleuze, F. Guattari, *L'Anti-Œdipe, op. cit.*, p. 27.

circulaire qui contourne l'objet pour revenir à sa source, la zone désormais érogène. Le but de la pulsion n'est rien d'autre que son retour en circuit :

> Le *goal*, ça n'est pas non plus dans le tir à l'arc le but, ça n'est pas l'oiseau que vous abattez, c'est d'avoir manqué le coup et par là atteint votre but[49].

Le sujet ne se situe qu'à l'aboutissement de la boucle de l'aller et du retour : c'est en ce sens, dit Lacan, que le circuit de la pulsion est un « se faire » : « se faire voir, chier, sucer ». À propos de la pulsion sado-masochiste, Lacan montre comment le pervers s'identifie au trajet de la pulsion : la douleur n'entre en jeu qu'au « moment où la boucle s'est refermée, où c'est d'un pôle à l'autre qu'il y eut réversion, où l'autre est entré en jeu, où le sujet s'est pris pour terme, terminus de la pulsion »[50]. La pulsion est un investissement du bord à travers lequel on devient l'objet *a*. Mais pour Lacan, contrairement à l'analyse deleuzienne du masochisme, si le pervers cherche à maîtriser le circuit pulsionnel, à s'y identifier, c'est au nom du fait que l'objet manque toujours.

Manque à être et manquement de l'acte

Chez Lacan le circuit de la pulsion, son aller et retour, nécessite en effet l'introduction d'une béance fondamentale. Il faut pour qu'elle fasse retour que la pulsion ne puisse que contourner l'objet, c'est pourquoi la circularité de la pulsion, l'hétérogénéité de l'aller et du retour, montre dans l'intervalle une béance. La pulsion est passage, à travers cette béance, de tout le corps qui se retourne. La béance est ce vide intérieur, cette blessure en creux qui marque la séparation d'un élément du corps (l'objet, cette petite chose détachée fantasmatiquement du corps à partir du désir de l'Autre). Mais c'est aussi une condition théorique, épistémologique, pour penser la pulsion dans sa partialité. Tout se passe comme si la béance était introduite pour rendre raison du fait que la pulsion rate son but, que ce qu'elle cherche à satisfaire ce n'est pas la finalité reproductrice qu'elle manque toujours, mais son propre retour en circuit et *in fine* pour y reconnaître une structure similaire, du moins compatible, avec celle de l'inconscient :

> La pulsion est précisément cc montage par quoi la sexualité participe à la vie psychique, d'une façon qui doit se conformer à la structure de béance qui est celle de l'inconscient[51].

La béance de l'inconscient (le sujet dont il manque le signifiant dans le langage) peut se mettre en rapport avec la béance de l'objet pulsionnel (tenant lieu du vide et dont la fonction est de rendre la source érogène). C'est ainsi que le désir, structuré par le langage, s'articule au pulsionnel, que la pulsion inscrit la sexualité dans les réseaux du signifiant.

Cette articulation nous amène à faire de la manifestation de la pulsion le mode d'un sujet acéphale, car tout s'y articule en termes de tension et n'a de rapport au sujet que de proximité topologique [...] C'est en raison de

■ 49. J. Lacan, Séminaire XI, *op. cit.*, p. 201.
■ 50. *Ibid.*, p. 205.
■ 51. *Ibid.*, p. 197.

l'unité topologique des béances en jeu que la pulsion prend son rôle dans le fonctionnement de l'inconscient[52].

Dans la pulsion en effet le sujet n'est qu'un appareil, un sujet acéphale, un sujet qui ne peut pas se subjectiver : la pulsion est une « subjectivation sans sujet »[53]. Mais si le sujet ne peut pas se reconnaître dans l'objet *a* qu'il rencontre avec la pulsion, cet objet est aussi une particularité qui, en l'incurvant, donne une certaine forme au trajet de la pulsion. L'objet pulsionnel est la forme a-subjective et singulière que prend l'*automaton*, la puissance de répétition impersonnelle. La béance est donc un nom qui désigne la réalité du manquement, et de l'inachèvement du circuit pulsionnel : ce qui rend la pulsion partielle. C'est pourquoi à la manière des machines désirantes de *L'Anti-Œdipe* ou des plans de consistance de *Mille Plateaux*, la pulsion ne fonctionne que détraquée. L'agencement singulier de mon désir, aussi anonyme qu'original, est toujours en quelque façon un dysfonctionnement, une certaine manière de ne pas marcher – mais justement : une certaine manière.

J'ai voulu montrer qu'en revisitant le débat de Deleuze avec la psychanalyse, on se donne aussi les moyens d'entendre l'aspect proprement problématique de sa philosophie de l'impersonnel – cela sans céder à la commodité du deleuzisme et de certaines de ses simplifications (l'anti-psychanalyse, la vie contre la négativité), mais sans l'ignorer non plus puisqu'il en va d'un échec nécessaire à la réussite de cette philosophie, un raté immanent au tracé de son « plan conceptuel ». Deleuze n'a pas dépassé, dénoué ou forclos l'aspect destructeur de la désidentification ; il a tenté d'en montrer le caractère « problématique » plutôt que négatif ou dialectique.

Si j'ai nommé la possibilité nécessaire d'effondrement chez Deleuze *une part d'ombre*, indissociable de sa pratique de la philosophie, c'est pour marquer le sens qu'elle prend dans une philosophie de la nuance, du mélange et de la variation, plutôt que du contraste, de l'opposition et du conflit, dans une éthique de l'hésitation plutôt que de la décision. « Être à l'heure du monde » ce n'est pas se diviser[54], c'est « être au milieu »[55], du milieu courber l'espace. À condition bien entendu qu'on n'oublie pas qu'être au milieu, pour Deleuze, signifie également s'installer sur la faille, que s'impersonnaliser c'est se fêler, et que cette désubjectivation qui survient toujours sans qu'on puisse l'attendre, comme un heureux hasard, est aussi le nom d'un perpétuel « combat entre soi »[56].

Chez Gilles Deleuze, l'affirmation de la vie n'a jamais cessé d'être en même temps l'éloge de l'ombre.

Frédéric Rambeau

■ 52. J. Lacan, Séminaire XI, *op. cit.*, p. 203.
■ 53. *Ibid.*, p. 206.
■ 54. Qu'il faille se diviser, cela correspond bien en revanche à la leçon des grands dialecticiens tels que Lacan, Hegel ou encore, déjà, Pascal.
■ 55. Ce à quoi des philosophes comme Montaigne ou encore Foucault, en d'autres sens, se sont également essayés.
■ 56. *Pour en finir avec le jugement*, dans G. Deleuze, *Critique et Clinique*, Paris, Minuit, 1993, p. 166 *sq.*

SITUATIONS

FOUCAULT DANS LA PSYCHANALYSE
Questions à Judith Butler [1]

Frank Burbage

S i le thème de l'assujettissement est l'objet, de la part de Foucault, d'une attention soutenue et d'une élaboration très précise, il est aussi au croisement de difficultés de pensée persistantes.

D'un côté en effet, Foucault polémique contre une interprétation progressiste de la liberté ou de la libération, qui rêve de soustraire les hommes aux chaînes qui les entravent et les empêchent d'exister. Il tient cette interprétation généreuse pour illusoire : il n'y a pas une (bonne) puissance humaine de penser et d'agir, empêchée par de (mauvais) pouvoirs ; ce n'est pas la répression, mais la fabrication disciplinaire – la constitution même de ce que *Surveiller et Punir* nomme des « corps dociles » – qui conditionne la soumission et l'obéissance. S'il y a bien un « système implicite dans lequel nous nous trouvons prisonniers »[2], il n'est pas possible de s'en extraire par la simple mise en jeu d'une liberté qui resterait éternellement disponible. Il faut donc affronter ce paradoxe : « L'homme dont on nous parle et qu'on

---

■ 1. Judith Butler est Professeur de littérature comparée et de rhétorique à l'université de Berkeley (Californie). Plusieurs de ses ouvrages, qui jouent un rôle important dans le champ des « études sur le genre » (*gender studies*), sont traduits ou en cours de traduction en France. Parmi eux, on peut mentionner : *Gender Trouble, Feminism and the Subversion of Identity* (1990), New York, Routledge, 1999 ; cet ouvrage a été traduit en 2006 aux éditions La Découverte. *Bodies that Matter : On the Discursive Limits of « Sex »*, New York, Routledge, 1993. « Repenser la politique et l'ontologie » [« Habermas'critique of Heidegger : Rethinking politics and ontology », traduction française d'Arno Münster], dans J. Poulain, *Penser après Heidegger. Actes du colloque du centenaire. Septembre 1989*, Paris, L'Harmattan, 1992. « Stubborn attachment, bodily subjection : Rereading Hegel on the unhappy consciousness », dans D. Clarke, T. Rajan, *Intersections : 19th Century Philosophy and Contemporary Theory*, Albany, State University of New York Press, 1995 ; « Attachement obstiné et assujettissement corporel : relire Hegel à propos de la conscience malheureuse », dans H. Maler, *Hegel passé, Hegel à venir*, Paris, L'Harmattan, 1995. *Excitable Speech : a Politics of the Performative*, New York, Routledge, 1996 ; *Le Pouvoir des mots, politique du performatif*, trad. fr. Charlotte Nordmann, Paris, Éditions Amsterdam, 2004. *Subjects of Desire : Hegelian Reflections in Twentieth-Century France*, New York, Columbia University Press, 1999. Avec Laclau Ernesto, Zizeck Slavoj, *Contingency, Hegemony, Universality : Contemporary Dialogues on the left*, London-New York, Verso Press, 2000. *Antigone's Claim : Kinship between Life and Death*, New York, Columbia University Press, 2000 ; *Antigone : la parenté entre vie et mort*, trad. fr. Guy Le Gaufey, Paris, EPEL, 2003. *Precarious Life : the Power of Mourning and Violence*, London-New York, Verso Press ; *Vie périlleuse : le pouvoir du deuil et de la violence après le 11 septembre 2001*, Paris, Éditions Amsterdam, 2004. « L'accusation d'antisémitisme : les juifs, Israël et les risques de la critique publique. Un éclairage américain », dans *Antisémitisme : l'intolérable chantage*, Paris, La Découverte, 2003. Cet article est paru initialement dans le n° 99 (Octobre 2004) des *Cahiers Philosophiques*.
■ 2. M. Foucault, *Surveiller et Punir*, Paris, Gallimard, 1975, p. 34.

invite à libérer est déjà en lui-même l'effet d'un assujettissement bien plus profond que lui[3]. » Et analyser les dispositifs de pouvoir par lesquels viennent solidairement au jour l'autonomie et la soumission, la responsabilité et la dépendance. Parfois, Foucault va même jusqu'à établir l'équation entre « constitution de sujets » et « assujettissement »[4].

D'un autre côté, il s'agit aussi pour Foucault de se défaire d'une problématique de l'assujettissement *nécessaire*. C'est l'un des motifs sans doute de la distance prise avec Lacan ou avec Althusser, lorsque ceux-ci soutiennent, par une analyse de l'ordre symbolique ou de l'injonction idéologique, que la constitution des sujets humains et sociaux *équivaut* à un assujettissement. Il est manifeste, dans les travaux des années 1981-1984, que la reprise des thématiques anciennes de la « maîtrise de soi » correspond à la recherche d'une constitution personnelle ou d'un rapport à soi qui ne serait pas un assujettissement. Sous des formes différentes, quoique peut-être moins évidentes, le même souci est présent dans des textes plus anciens (*L'Ordre du discours* [1970] ou *La Volonté de savoir* [1976] par exemple) : si le pouvoir n'est pas réductible à la domination souveraine, la subjectivité quant à elle n'est pas réductible à la soumission ; le sujet n'est ni *a priori*, ni *a posteriori*, constitué par une grande Loi – Loi du langage, Loi du désir – à la domination de laquelle il serait irréductiblement soumis. Et il faut se garder des séductions, en réalité très confuses, d'une étymologie : ne pas confondre, dans une vague notion de « sujétion », les formes diversifiées dans lesquelles les individus accèdent à la parole, au désir, à l'action ; faire place à une pensée de la résistance, autant qu'à celle de la constitution disciplinaire ; déceler des « points de résistance [qui] sont présents partout dans le réseau de pouvoir »[5].

Une telle résistance est toutefois bien difficile à penser[6]. Car, dans *Surveiller et Punir*, Foucault ne se contente pas de mettre à distance l'alternative traditionnelle de la violence et du consentement, de l'acquisition (forcée) du pouvoir et de son institution (délibérée). Il se prive aussi de la thématique, kantienne ou nietzschéenne, de la contrainte et du dressage *formateurs*, susceptibles de transformer les virtualités humaines en capacités effectives. La discipline pour Foucault est fabrication, et non actualisation, et les aptitudes techniques qu'acquiert le sujet « formé » ne sont même pas ses propres forces aliénées, et potentiellement réappropriables. Elles sont de simples rouages dans le dispositif rationalisé de l'efficacité carcérale. La prison peut ainsi devenir le modèle d'un « polissage » généralisé, dans une société qui fait prévaloir – « bio-pouvoir » et « bio-politique » – la discipline sur la répression, l'enrégimentement des corps sur la violence du châtiment. Sans doute Foucault emprunte-t-il à Aristote, et la formule « l'âme, prison du corps » fait écho à la notion aristotélicienne d'une âme forme et principe – entéléchie – de la matière du corps. Mais on comprend rapidement que cet emprunt signifie en réalité un abandon : la pensée aristotélicienne de l'âme

■ 3. M. Foucault, *Surveiller et Punir, op. cit.*, p. 34.
■ 4. M. Foucault, « Deux conférences », cité par Judith Butler dans *La Vie psychique du pouvoir, op. cit.*, p. 21.
■ 5. M. Foucault, *La Volonté de savoir*, Paris, Gallimard, 1976, p. 126.
■ 6. Sur ces difficultés, voir Raymond Pierre, *Dissiper la terreur et les ténèbres*, Paris, Méridiens Klincksieck, 1992, « L'homme, animal par nature politique ». En particulier, s'agissant de Foucault, p. 123-124.

est une pensée de l'actualisation, et non de la fabrication ; l'âme selon Aristote n'est pas un idéal normatif et normalisant selon lequel le corps est entraîné, cultivé et investi, elle est le déploiement même des puissances du corps.

En revanche, la distance par rapport à Althusser serait « beaucoup moins grande que le rejet de la notion d'idéologie le laisse croire »[7] : la discipline en effet forme – ou déforme – les corps comme les rituels, pour Althusser, les sujets[8] ; et la discipline se convertit immédiatement en exploitation, comme cherchent à le montrer les analyses que Foucault consacre au travail carcéral. *Rien* ne semble échapper à une discipline qui enveloppe le corps tout entier, et qui le constitue comme tel dans sa soumission même. *La Volonté de savoir*, livre postérieur d'une année seulement à *Surveiller et Punir*, met pourtant en garde contre les simplifications issues d'une sociologie « facile », d'inspiration marxiste ou wébérienne : « La petite chronique du sexe et de ses brimades [qui] se transpose aussi-tôt dans la cérémonieuse histoire des modes de production. [...] Un principe d'explication unique se dessine du fait même : si le sexe est réprimé avec tant de rigueur, c'est qu'il est incompatible avec une mise au travail généralisé et intensive »[9].

Mais si exploitation et domination sont à nouveau dissociées, c'est la parole même qui se veut ou qui se croit subversive, « jusqu'à un certain point hors pouvoir » ; et notamment le discours tenu ou adossé à la psychanalyse, que l'on ramène à la forme du « prêche » et aux modalités d'un pouvoir non plus répressif, mais incitatif et productif, pour qui le jeu de la norme prévaut sur celui de la loi[10]. Un piège est bien actif, qui enferme la parole elle-même – et avec elle, la constitution du sujet parlant, et parlant de soi – dans le cercle d'une sujétion persistante : « Comment le pouvoir parvient jusqu'aux conduites les plus ténues et les plus individuelles, quels chemins lui permettent d'atteindre les formes rares ou à peine perceptibles du désir. » Au sein de la grande continuité de cette fabrication discursive, les plus subversifs ne sont pas ceux que l'on croit : Sade, par exemple, devient celui qui « relance l'injonction dans des termes qui semblent retranscrits des traités de direction spirituelle »[11].

« Vers une critique psychanalytique de Foucault »[12]

S'il arrive à Foucault de faire état des « forces qui résistent »[13], c'est pour indiquer immédiatement qu'

elles ont pris appui sur cela même que [le bio-pouvoir] investit [...] [:] le « droit » à la vie, au corps, à la santé, au bonheur, à la satisfaction des besoins, le « droit », par-delà toutes les oppressions ou « aliénations », à retrouver ce qu'on est et tout ce qu'on peut être, ce « droit », si incompréhensible pour le système juridique classique, a été la réplique politique à toutes ces procédures

---

7. *Ibid.*, p. 123.

8. Louis Althusser, *Positions*, Paris, Éditions sociales, 1976, « Idéologie et appareils idéologiques d'État ».

9. M. Foucault, *La Volonté de savoir, op. cit.*, p. 12-13.

10. *Ibid.* p. 21 et 189, notamment.

11. *Ibid.*, p. 30.

12. Cette formule est empruntée à Judith Butler (voir page suivante et note 18).

13. M. Foucault, *La Volonté de savoir, op. cit.*, p. 190.

nouvelles de pouvoir qui, elles non plus, ne relèvent pas du droit traditionnel de la souveraineté[14].

Et Foucault d'en appeler à l'abandon de « l'énergétisme diffus » qui soutient le thème d'une sexualité réprimée pour des raisons économiques.

Si, au travers de ces analyses, Foucault s'oppose assez régulièrement à Bataille, c'est aussi la psychanalyse qu'il met régulièrement en question : l'invention freudienne de la psychanalyse participerait moins de la critique d'une censure de la sexualité (enfin dénoncée) que de la production du sexuel lui-même, au sein du « dispositif » – administration des corps et gestion calculatrice[15] – qui en fait le centre, le principe de l'expérience humaine ; l'insistance de Freud et de ses successeurs pour penser la sexualité dans l'ordre de la loi souveraine ne serait, malgré le bénéfice et l'honneur d'une opposition frontale au racisme et à la neuropsychiatrie de la dégénérescence, qu'une « rétro-version » anachronique, sans intelligence suffisante des techniques contemporaines du pouvoir ; surtout, la psychanalyse resterait prise dans cela même qu'elle ne met pas assez à distance :

> On suit au contraire le fil général du dispositif de sexualité. C'est de l'instance du sexe qu'il faut s'affranchir si, par un retournement tactique des divers mécanismes de la sexualité, on veut faire valoir, contre les prises du pouvoir, les corps, les plaisirs, les savoirs, dans leur multiplicité et leur possibilité de résistance. Contre le dispositif de sexualité, le point d'appui de la contre-attaque ne doit pas être le sexe-désir, mais les corps et les plaisirs[16].

Ces propositions, et les difficultés qu'elles contiennent, sont autant de raisons pour être attentif aux analyses récemment conduites par Judith Butler. Celles notamment qui figurent dans *La Vie psychique du pouvoir*, dont le chapitre III s'intitule : « "Assujettissement, résistance, re-signification". Entre Freud et Foucault ». Son fil conducteur principal – c'est aussi l'un de ceux du livre tout entier – est la confrontation de l'« âme carcérale », définie par Foucault dans *Surveiller et Punir*, et de la psyché de la psychanalyse.

Ceci, nous dit l'auteur, « à des fins de clarification »[17] : « Je m'oriente en partie vers une critique psychanalytique de Foucault. Je pense en effet qu'on ne peut pas rendre compte de l'assujettissement et, en particulier, du fait de devenir principe de son propre assujettissement sans avoir recours à la théorie psychanalytique des effets formateurs ou générateurs de la limitation ou de l'interdit »[18]. On cherche ainsi à penser ensemble « théorie du pouvoir et théorie de la psyché, tâche dont se sont abstenus les auteurs appartenant aux orthodoxies tant foucaldiennes que psychanalytiques »[19].

La définition de l'assujettissement par Foucault, dit Judith Butler, contient une difficulté importante, dès lors qu'on suit l'idée, développée dans *Surveiller*

■ 14. *Ibid.*, p. 191.
■ 15. M. Foucault, *La Volonté de savoir, op. cit.*, p. 184.
■ 16. *Ibid.*, p. 208.
■ 17. Judith Butler, *La Vie psychique du pouvoir, op. cit.*, p. 140.
■ 18. *Ibid.*
■ 19. *Ibid.*, p. 23.

et Punir notamment, que la « prison » n'est pas domination, mais « activation » ou formation du sujet :

> Dire qu'un discours « forme » le corps n'a rien de simple. Nous devons aussitôt distinguer en quoi une telle « formation » diffère d'une « cause » et d'une « détermination » et en quoi elle diffère encore plus de l'idée selon laquelle des corps seraient purement et simplement constitués de discours.

C'est l'une des questions majeures qui appelle « clarification » et qui justifie qu'on se tourne vers la psychanalyse. Mais il s'agit aussi de « rendre compte de la résistance psychique à la normalisation » : « Où a lieu la résistance à et *dans* la formation du sujet disciplinaire ? »[20]

Ce que soutient Judith Butler, c'est que la notion d'assujettissement n'est complète, mais surtout, n'est réellement compatible avec une pensée de la résistance ou du « retournement » évoqué plus haut qu'à condition d'un double déplacement :
– de Foucault vers la psychanalyse : Foucault en effet « semble considérer […] la psyché comme relevant uniquement du symbolique lacanien »[21]. On veillera au contraire à ne pas identifier le psychisme à la figure ou à l'instance du seul sujet disciplinaire ; faire valoir l'excès de la psyché sur l'idéal du moi et sur la régulation normative.

> La psyché est très différente du sujet : la psyché est précisément ce qui excède les effets d'emprisonnement de l'exigence discursive pour habiter une identité cohérente, pour devenir un sujet cohérent. La psyché est ce qui résiste à la régularisation que Foucault attribue aux discours normalisateurs[22].

C'est alors la définition même du corps qu'il faut remettre en question : se donner, avec mais peut-être aussi contre Foucault, une pensée de l'intériorité du corps, qui ne soit pas « vide » ou « laissée à l'état de surface malléable disponible aux effets unilatéraux du pouvoir disciplinaire ». C'est aussi l'impasse dans laquelle Foucault semble parfois s'enfermer qu'on met en évidence et en question : « Si Foucault comprend la psyché comme un effet carcéral au service de la normalisation, comment peut-il rendre compte de la résistance psychique à la normalisation ? » ;
– de la psychanalyse vers Foucault : ne pas se contenter d'une vision « romantique » de l'inconscient, puissance « sauvage » de résistance nécessaire à la normalisation, mise en avant comme un « tour de passe-passe » ; prendre acte de l'idée avancée par Foucault d'une constitution disciplinaire, d'une normalité inscrite dans la formation même de la psyché. On cherche alors, contre une certaine naïveté de la psychanalyse, à faire « réémerger une perspective foucaldienne *à l'intérieur* de la psychanalyse »[23], pour comprendre si et comment la résistance sur laquelle la psychanalyse insiste « est produite socialement et discursivement », et quelle est exactement sa nature : simple « reste psychique » non bridé et non socialisé, où se

■ 20. *Ibid.*, p. 140.
■ 21. *Ibid.*, p. 139.
■ 22. *Ibid.*
■ 23. *Ibid.*, p. 140.

marqueraient les limites de la normalisation; ou capacité à « remodeler ou réarticuler les termes de l'exigence discursive, les injonctions disciplinaires par lesquelles se produit la normalisation ».

L'enjeu d'un tel déplacement est aussi pratique et politique : pouvoir se démarquer de la « notion virginale [libérale ou humaniste] d'un sujet dont l'action serait toujours et seulement opposée au pouvoir »[24], et des « formes naïves d'optimisme politique »[25] qui lui sont associées; mais aussi « des formes politiquement moralisatrices du fatalisme »[26], qui s'autorisent d'un lien supposé nécessaire de l'action et de la subordination, dans les cercles vicieux de ce que Foucault nomme une « infinie défaite ».

Frank Burbage

24. Judith Butler, *La Vie psychique du pouvoir, op. cit.*, p. 43.
25. *Ibid.*
26. *Ibid.*

ENTRETIEN AVEC JUDITH BUTLER[27]

Frank Burbage : *Les analyses de Foucault dont vous examinez la pertinence datent d'une trentaine d'années, et participent d'un contexte social et politique qui n'est plus exactement le nôtre. N'y a-t-il pas un risque d'anachronisme à les appliquer aux contextes contemporains ? Y aurait-il quelque intemporalité dans le jeu de la soumission et de son (éventuel) détournement ? Foucault avait lui-même engagé l'analyse de la « société de contrôle », en distinguant non plus seulement répression et discipline, mais discipline et contrôle. Comment percevez-vous les contextes sociaux et politiques contemporains, eu égard à ces dimensions croisées de la discipline et du contrôle ? Y aurait-il même des éléments nouveaux à prendre en compte par rapport à ce que vous écriviez en 1997 – on pense notamment à une certaine « militarisation » de la société américaine, et de la politique internationale qui lui est associée ? Quel sens donnez-vous au terme de société « post-libérale », qui apparaît régulièrement dans* La Vie psychique du pouvoir *lorsque vous parlez de la situation ou des perspectives politiques ?*

Judith Butler : Tout d'abord, il est sans doute important de déterminer en quel sens Foucault fait œuvre d'historien. Car s'il s'attachait simplement à délimiter des réseaux de pouvoir et de savoir au sein de contextes historiques bien circonscrits, et radicalement différents du nôtre, il serait certainement plus facile de contester ses analyses. Mais la manière même dont nous délimitons différents contextes historiques importe à la dimension historiographique de son entreprise. Il en est venu à douter assez radicalement de sa propre périodisation, et il a aussi compris que son retour, notamment, aux conceptions grecques et romaines de la construction de soi était motivé par une série de problèmes contemporains : ceux que rencontre une étude approfondie du sujet, de la relation qu'il entretient avec lui-même, de la structure et du sens particuliers de sa capacité d'agir. Le passé survient, pourrions-nous dire, pour une raison précise : parce que sa forclusion même a constitué une condition problématique pour notre propre pensée. Ceci s'est sûrement produit avec le problème du sujet.

C'est pourquoi je considère que ni le travail de Foucault, ni le mien propre, ne sont limités par leur époque. Bien sûr, il y a des configurations historiques qui ne peuvent pas être anticipées, mais ce n'est pas de mon point de vue un obstacle insurmontable. Foucault a lu des textes du passé, entre autres raisons, pour la façon dont ils permettaient d'éclairer le présent ; et il n'y a aucune raison pour ne pas faire retour, disons, aux écrits de Foucault à propos de la sécurité, la disciplinarité et la souveraineté, pour découvrir comment ils pourraient être repensés, ou révisés, à la lumière des nouvelles formes de pouvoir étatique et gouvernemental mises en place au Royaume-Uni et aux États-Unis, notamment, depuis le commencement de la soi-disant « guerre contre le terrorisme ». Il serait étrange de critiquer ou de

---

■ 27. L'entretien qui suit, réalisé en juillet 2004, porte principalement sur *La Vie psychique du pouvoir : l'assujettissement en théories*, trad. fr. Brice Matthieussent, coll. « Non et Non », Paris, Leo Scheer, 2002 ; *The Psychic Life of Power, Theories in Subjection*, Stanford (California), Stanford University Press, 1997. Et particulièrement sur le chapitre III – « "Assujettissement, résistance, re-signification" : Entre Freud et Foucault » (p. 135-164) et sur l'interprétation de Foucault qui s'y trouve développée.

rejeter un texte pour son anachronisme, car l'anachronisme est le *modus vivendi* de la traduction elle-même. Le texte doit être lu à nouveaux frais, retraduit, à la lumière du temps présent. Foucault lui-même nous donne d'excellents exemples d'une telle entreprise.

Mon sentiment est que les nouveaux dispositifs de pouvoir qui se diffusent aux États-Unis sous le nom de « sécurité » augmentent *à la fois* le pouvoir d'État et la gouvernementalité. Je pense que Foucault a eu tendance à hésiter entre deux positions : pour l'une, il était entendu que la gouvernementalité prenait la place de la souveraineté, comme mode d'organisation du pouvoir politique ; pour l'autre, que la gouvernementalité travaillait de concert avec la souveraineté et la disciplinarité pour former une structure triangulaire du pouvoir moderne. Ce sont là deux cadres de pensée provocateurs, grâce auxquels nous commençons à comprendre comment la sécurité requiert nécessairement de nouveaux modes de pouvoir disciplinaire – points de contrôles, fouilles dans les aéroports, redéfinition raciale de la citoyenneté, intensification raciste de la perception, nouveaux modes d'identification nationaliste.

Thomas Lemke et Wendy Brown ont tous les deux étudié les cours, insuffisamment commentés, que Foucault a consacrés au néo-libéralisme – ceux qui vont être publiés dans les prochaines semaines[28] – et pris en considération le fait et la manière dont ces cours nourrissent le débat politique contemporain. Ils ont montré, sous plusieurs angles, la fécondité de son approche initiale de ce problème, dans la mesure où il a analysé la conjonction actuelle des rapports économiques capitalistes qui, dans le même temps, creusent les écarts de richesse et favorisent de nouveaux discours sur les droits de l'homme, qui en appellent à l'égalité d'une manière tellement abstraite qu'ils contribuent à maintenir intacts les structures de l'exploitation économique. Mon sentiment est que, si nous sommes à la recherche d'une critique de la raison instrumentale chez Foucault, susceptible de constituer un parallèle aux travaux importants de l'École de Francfort, elle pourrait bien se trouver dans cette série de cours.

F. B. : *Il arrive que Foucault traite de la destruction ou de l'« effritement » du corps, comme corrélats de la production du sujet[29]. Mais à quoi relier cet « effritement » ? Dans le dernier chapitre de La Volonté de savoir, Foucault se réfère à ce que les corps ont de « plus matériel », de « plus vivant », que le « dispositif de sexualité » aurait « investi »[30]. L'invitation à s'affranchir de « l'instance du sexe » fait elle aussi mention « des corps » et « des plaisirs ». Vous dites que ces formulations comportent des difficultés importantes : elles redoublent en quelque sorte les paradoxes logiques auxquels nous conduit la pensée du sujet – « Nous sommes obligés de nous référer à ce qui n'existe pas encore »[31] –, et font en effet exister une sorte « d'intériorité » ou de « plénitude » du corps, qui préexisterait à l'« invasion » et à la formation opérées par la discipline. L'explication même de Foucault requiert donc qu'« il existe un corps » – entendons, un corps doté d'une*

■ 28. Publié depuis : *Naissance de la biopolitique*, Paris, Gallimard, 2004.
■ 29. M. Foucault, *Dits et Écrits (1954-1975). Tome I*, Paris, Gallimard, 2001, coll. « Quarto », « Nietzsche, la généalogie, l'histoire », p. 1011.
■ 30. M. Foucault, *La Volonté de savoir, op. cit.*, p. 200.
■ 31. J. Butler, *La Vie psychique du pouvoir, op. cit.*, p. 25.

*matérialité ontologiquement distincte des rapports de pouvoir qui l'investissent,
mais la nature même de ce « corps » et de cette « vie » reste indéterminée et, à la
limite, impensable. D'autant que l'analyse de l'efficacité disciplinaire – productrice
des corps sur lesquels elle s'exerce – invite à ne pas faire l'hypothèse d'un corps qui
se tiendrait en dehors du pouvoir. Une telle extériorité pourrait se concevoir dans le
cadre d'une théorie de la puissance – à la manière de Spinoza distinguant potentia
et potestas – ou d'une théorie de l'action – à la manière de Nietzsche distinguant
« action » et « réaction ». La distinction proposée par Deleuze entre histoire et
devenir, la notion de « ligne de fuite » qu'il élabore, vont aussi dans ce sens.
Vous utilisez vous-même la formule[32] : « [La conscience] est le point de fuite[33] de
l'autorité de l'État ». Vous vous référez parfois à Spinoza, en distinguant « le sujet »
du « désir de persister dans son être propre », que le sujet justement contrecarre[34] ;
ou en faisant valoir les possibilités « dynamiques » ou « productives »[35] qui s'offrent
au sujet. Mais ce n'est pas d'abord dans cette perspective d'une « philosophie
de l'affirmation » que s'orientent vos recherches. Est-ce parce que la thèse d'une
extériorité – radicale – de la puissance au pouvoir, ou de l'action à la réaction, vous
semble illusoire ? Parce qu'elle tient selon vous de la pétition de principe attachée
à ce vous appelez par ailleurs une « notion virginale du sujet » ?*

J. B. : Lorsque Foucault, dans *Surveiller et Punir*, s'intéresse aux mouvements de lutte
contre l'incarcération au XIXe siècle, il nous rappelle qu'« il s'agissait bien d'une
révolte, au niveau des corps, contre le corps même de la prison »[36]. En utilisant
à deux reprises le terme « corps » – la première fois, pour désigner ceux qui se
révoltent ; la seconde, l'institution carcérale elle-même – il met en évidence son
intérêt pour une conception du corps qui ne se réduit pas à l'homme assujetti.
Lorsqu'il parle des révoltes [contemporaines] contre le système carcéral, il insiste
sur le fait que « c'était bien des corps et des choses matérielles qu'il était question
dans ces innombrables discours que la prison a produits depuis le début du XIXe
siècle »[37]. Le corps est l'une de ces choses matérielles, mais la prison en est une
aussi. Mais ce ne sont pas à proprement parler *deux* formes de matérialité. Au
contraire, la matérialité effective de la prison doit être comprise du point de vue
de son action stratégique sur le corps ; elle se définit comme une relation au corps :
« [La] matérialité [de l'environnement carcéral est] un instrument et [un] vecteur de
pouvoir ; [elle est] cette technologie de pouvoir sur le corps, que la technologie de
l'"'âme" – celle des éducateurs, des psychologues et des psychiatres – ne parvient
ni à masquer, ni à compenser, pour la bonne raison qu'elle n'en est qu'un des
outils »[38]. Il faut tenir compte de ce que, du point de vue de Foucault, la conception
de la capacité d'agir qui découle de sa théorie du sujet est celle de l'efficace d'une
stratégie ; et cette stratégie consiste dans la mise en œuvre d'une matérialité de la
prison sur la matérialité du corps, à travers elle, et en tension avec elle.

Effectivement, cela pourrait constituer une alternative de secours de créditer le
corps d'une capacité de résistance essentielle, ou constitutive. Mais je pense que

■ 32. *Ibid.*, p. 276.
■ 33. Je (Frank Burbage) souligne.
■ 34. J. Butler, *La Vie psychique du pouvoir, op. cit.*, p. 58 et p. 32.
■ 35. *Ibid.*, p. 36 et p. 164.
■ 36. *Ibid.*, p. 35.
■ 37. *Ibid.*
■ 38. *Ibid.*

ce serait une erreur (et une réduction peut-être trop rapide de Foucault à Deleuze). Chez Foucault, le corps lui-même se trouve redéfini : il n'est ni une substance inerte, ni une matière inerte, ni un ensemble de pulsions, ni un « chaudron » pour des forces de résistance, mais précisément, le site de transfert du pouvoir lui-même. Il arrive que le pouvoir se saisisse du corps, mais ce corps est aussi l'occasion pour que quelque chose d'imprévisible (et, de ce fait, non dialectisable) advienne au pouvoir et à travers lui ; il est un site pour sa réorientation, sa profusion, sa réévaluation en profondeur. Et il ne serait pas pertinent de dire que le corps est « passif » sous un certain rapport, « actif » sous un autre. De sorte que, lorsque Foucault dit « le corps ne devient force utile que s'il est à la fois corps productif et corps assujetti »[39], cela ne signifie pas qu'il arrive au corps d'être assujetti et aussi d'être productif, mais que la sujétion et la productivité sont données *à la fois*[40], et ceci de manière fondamentale. Le corps est aussi le mouvement, le passage de la sujétion à la productivité, il est le nom donné au lieu nodal d'une réévaluation radicale, considérée comme une épreuve douloureuse, et aussi peut-être finalement, pour Foucault, comme une passion.

Nous pourrions comprendre que Foucault théorise de manière implicite une sorte d'épreuve ou de passion, lorsqu'il questionne la manière dont le pouvoir « attache » le sujet à sa propre identité. Les sujets semblent requérir cet attachement à soi, ce processus par lequel chacun s'attache à son propre assujettissement. Ceci n'est pas précisément mis au clair par Foucault, et même le terme d'« attachement » ne fait pas l'objet d'une élucidation critique autonome. Bien sûr, je ne peux pas m'empêcher de me demander si une telle analyse aurait conduit Foucault à prendre en considération ce que Freud dit de l'auto-conservation et, par conséquent, de l'autodestruction, et si son refus de soumettre ce terme à un examen minutieux ne correspond pas, en partie, au refus de s'engager sur une telle voie. Ce qui semble être à l'œuvre ici consiste peut-être dans une présomption spinoziste, à savoir, que tout être s'efforce de persévérer dans son être propre, de développer un attachement, ou *cathexis*, envers ce qui favorise la cause de sa conservation ou de son développement. Nous nous attacherons à nous-mêmes par la médiation de certaines normes, qui nous renvoient le sentiment de ce que nous sommes, et qui développeront encore cet investissement en nous-mêmes. Toutefois, en fonction de la nature de ces normes, nous serons limités quant à la manière selon laquelle nous pourrions continuer d'être ce que nous sommes. Ce qui échappe aux normes ne sera pas, à proprement parler, reconnaissable. Ce qui ne signifie pas que ce n'est pas important : au contraire, c'est précisément cette part de nous-mêmes qui nous demeure inconnue, à laquelle nous tenons avec un sentiment de désaveu, pour laquelle les mots nous manquent et que nous supportons presque à notre insu. Évidemment, cela peut être une source de souffrance. Mais cela peut tout aussi bien être le signe d'un certain écart par rapport aux normes établies, le site pour une possibilité nouvelle.

En fin de compte, si quelqu'un est obligé de s'attacher à lui-même au travers de la norme disponible, cela signifie que le fait de mettre cette norme en question, d'en appeler à de nouvelles normes, implique de se détacher de soi-même ; non

---

■ 39. J. Butler, *La Vie psychique du pouvoir, op. cit.*, p. 31.
■ 40. En français dans le texte.

seulement en cessant de devenir identique à soi-même, mais en modifiant, dans une certaine mesure, l'attachement passionné à soi. Cela revient, de fait, à suspendre les gratifications narcissiques que fournit la conformité à la norme – la satisfaction ressentie au moment où celui qui est regardé et jugé conforme à la norme peut se croire identique à celui qui le regarde. Lacan nous dit que cette forme d'identité à soi est toujours hallucinatoire, et qu'il n'existe aucune approximation précise, et définitive, de cette image spéculaire ; que le narcissisme est toujours sorti de ses rails, voire même humilié, dans un tel processus. D'une manière analogue, nous pourrions dire que se conformer à la norme nous permet de devenir, un temps, pleinement reconnaissable ; mais, puisque ces normes qui sont en question sont à la fois contraintes et contraignantes, on pourra voir, dans cette conformité même, le signe de notre non-liberté.

Nous pouvons faire l'hypothèse que le moment de la résistance, ou de l'opposition, émerge précisément quand nous nous découvrons attachés à notre contrainte, et ainsi contraints dans notre attachement même. Dans la mesure où nous mettons en question la promesse de gratifications liée aux normes qui conditionnent la possibilité d'une reconnaissance, nous permettons à l'attachement lui-même de vivre sous une forme moins contraignante. Mais permettre cela, c'est prendre le risque que cet attachement ne soit pas reconnu, et qu'il subisse les châtiments multiples qui attendent ceux qui ne respectent pas l'ordre social. N'est-ce pas là une perspective affirmative ? Et si c'est le cas, teintée d'ironie ?

F. B. : *Vous remarquez l'étonnante élision des considérations sexuelles dans Surveiller et Punir[41]. Mais vous dites que « Foucault lui-même a peut-être investi le corps d'une signification psychique qu'il ne peut développer dans le cadre des termes qu'il utilise »[42]. Vous orientez ainsi vos recherches du côté de Freud : vous dites qu'« on peut interpréter l'émergence du corps comme une sublimation » et « considérer le soi comme "la forme fantomale du corps" »[43]. Vous faites aussi l'hypothèse d'un corps qui « excède ou résiste à l'effort de sublimation », d'une « partie du corps qui ne serait pas sublimée ». Mais quelle serait alors la nature, le statut de cet « excès » ? Si le corps n'est pas un « site sur lequel une construction a lieu », quel est ce « reste corporel » à la fois détruit et maintenu, grâce auquel se joue la possibilité d'un détournement, ou d'un retournement, de la construction identitaire ?*

J. B. : Ce qui me paraît le plus important ici, c'est de ne pas céder à une interprétation behavioriste du pouvoir régulateur et de ses effets sur le corps. Pour Foucault, et pour beaucoup d'autres, le pouvoir qui est utilisé pour soumettre un corps vivant doit être appliqué de manière réitérée. Certes, toute stratégie d'assujettissement doit prendre en compte la meilleure manière de s'appliquer au fil du temps. Ainsi, le pouvoir d'assujettir est lié à un problème de temps et, plus précisément, de réitération. Quand le pouvoir assujettit un corps ou tente de le faire, il rencontre ce problème que ce corps continue de vivre, jusqu'à un certain degré, en dépit de la force de régulation qui lui est imposée. La vie ne cesse de poser de nouveaux

■ 41. J. Butler, *La Vie psychique du pouvoir, op. cit.,* p. 159.
■ 42. *Ibid.,* p. 150.
■ 43. *Ibid.,* p. 147.

ENTRETIEN AVEC JUDITH BUTLER

problèmes au pouvoir. Ce qui ne signifie pas que la vie échappe au pouvoir. Cela implique seulement qu'il n'est pas évident que la tentative d'assujettissement puisse aboutir, ni à quel degré. Ce n'est pas que le corps lui-même possède quelque nature sauvage ou romantique qu'aucun pouvoir ne pourrait contrôler complètement ; c'est plutôt que la vie est temporalité, et que le corps continue de vivre, ou revit, et qu'il y a dans cette vie toujours émergente quelque chose qui n'est pas totalement contraint, même après qu'elle ait été soumise. L'erreur commune est sans aucun doute de penser, soit que le corps est totalement sous contrôle, soit qu'il se maintient dans une dimension sauvage et non maîtrisable. Il est tout à fait important de se souvenir que le pouvoir ne prend pas toujours la forme du contrôle, et que cet échec du pouvoir peut être compris comme une nécessité immanente, qui découle de cet impératif de mise en œuvre réitérée, lié à la continuité du temps.

F. B. : *Les théories de l'assujettissement achoppent sur un cercle vicieux : « L'action du sujet semble être un effet de sa subordination »* [44]*, et ce qu'on tient pour une liberté se révèle être un simple effet. Vous soutenez qu'on peut sortir d'un tel cercle. Pour ce faire, vous proposez – c'est une des propositions déterminantes de votre livre – de compléter et de préciser la distinction entre pouvoir extérieur (agissant sur le sujet) et pouvoir constitutif (agissant par la formation même du sujet). C'est le pouvoir constitutif lui-même que vous décrivez comme clivé, entre deux modalités que vous dites « incommensurables » : « Ce qui pour le sujet est toujours antérieur » (ce par quoi le sujet vient à exister comme tel) ; « Ensuite, comme ce qui est pris et réitéré dans l'acte "propre" du sujet »* [45]*. Pourquoi tenez-vous ces deux modalités pour incommensurables ? Un certain « verrouillage » de l'itérabilité, garantie d'une répétition à l'identique de la vie subjective, ne fait-il pas aussi partie du dispositif de l'assujettissement ? N'êtes-vous pas ici aussi, à votre tour, prise par un certain optimisme de la subversion, en tout cas de l'altération ?*
J. B. : Il est sans doute important de se souvenir que, s'il faut distinguer entre le pouvoir exercé sur un sujet et celui qui fait partie intégrante de la formation du sujet, une telle distinction se développe dans le cadre d'un processus généalogique. Le pouvoir parvient à constituer la relation réflexive de soi à soi, dans la mesure où le pouvoir a d'abord été exercé sur un sujet. Lorsque Foucault remarque que le prisonnier devient, dans la période moderne, le principe de sa propre sujétion, il parle d'une intériorisation progressive du pouvoir qui s'effectue à travers un processus historique, ce qui n'aurait aucun sens si le pouvoir n'était pas d'abord, d'une certaine manière, extérieur. Certes, une raison de se tourner vers les conceptions pré-modernes de la relation de soi à soi est précisément d'apercevoir que la culpabilité et la terreur exercée sur soi-même ne sont pas disposées dans le sujet sous forme d'un donné *a priori*. Ce qui apparaît comme un *a priori*, disons, du point de vue d'un moi psychologique, est l'effet d'une formation historique de

---

■ 44. J. Butler, *La Vie psychique du pouvoir*, *op. cit.*, p. 35.
■ 45. *Ibid.*, p. 38-39.

la psyché. Il importe d'emboîter le pas à la critique nietzschéenne des moralistes anglais dans *La Généalogie de la morale*.

Si ces deux modalités du pouvoir sont, d'une certaine manière, « incommensurables », c'est seulement parce que le pouvoir autorégulateur dans un tel fonctionnement peut opérer et opère effectivement indépendamment de tout pouvoir extérieur coercitif. Il continue de se référer à ce pouvoir extérieur, et en porte la trace vivante ; mais il opère maintenant sans la présence coercitive de ce pouvoir – une éventualité vraiment effrayante ! Je ne suis pas sûre d'être coupable d'un optimisme de la subversion. Le serai-je, cela ne constituerait certainement pas un crime très grave ! Aussi, je ne m'en ferai donc pas reproche. Sur ce point, je voudrais seulement ajouter qu'à partir du moment où l'on s'aperçoit que tel ou tel est, de manière contingente, attaché à un certain régime psychique de terreur imposé à soi-même, et que celui-ci constitue une forme détournée d'héritage d'un pouvoir externe, alors cet « attachement » lui-même, son infidélité et sa labilité deviennent un site potentiellement prometteur pour imaginer et réaliser des possibilités nouvelles.

F. B. : *Dans ce chapitre III de* La Vie psychique du pouvoir, *et dans la perspective de la distinction précédemment citée, vous conférez au temps une importance de premier plan. D'abord en rappelant que, chez Foucault lui-même, c'est moins à une « sauvagerie non normalisable » que tient la possibilité de la résistance qu'à la prolifération même des régimes discursifs, dont la complexité peut finir par « saper les objectifs téléologiques de la normalisation »* [46]. *C'est dans le temps, dans « un processus de production répétée de son être » que le sujet est institué ; mais il ne l'est jamais pleinement, et c'est dans le temps aussi que s'ouvrent des perspectives, des possibilités de « re-signification ». Vous prenez à ce moment-là de votre analyse l'exemple du clivage homosexualité/hétérosexualité, dont la répétition (risquée) offre de telles possibilités de « re-signification ». « Le sujet n'est pas définitivement fixé. Il peut faire l'objet d'une fabrication ultérieure… Cette répétition ou, mieux, cette réitération, deviennent ainsi les lieux de la subversion »* [47].
À quoi attribuez-vous la possibilité de cette répétition qui ne soit pas à l'identique, et qui soit « dirigée contre son origine » (vous parlez d'un « effondrement du procès d'assujettissement » [48]*) ? Est-elle le simple effet d'un processus qui s'emballe, et qui déborde les normes mêmes – la fonctionnalité – qu'il était censé servir, dans un mouvement d'autosubversion (vous utilisez ce terme à la page 148 de votre ouvrage, et vous rappelez que, dans* La Volonté de savoir, *c'est l'érotisation même de la loi qui en sape la fonction répressive*[49]*) ? Est-elle l'effet de certaines pratiques intentionnelles (individuelles ? collectives ?) – comme le suggère la formule : « Nous pouvons travailler les rapports de pouvoir qui nous travaillent »* [50] *?*
J. B. : Tout d'abord, il faut rappeler que les catégories de l'identité opèrent sur nous par des voies complexes, que celles-ci sont multiples, et qu'elles contreviennent parfois aux distinctions lisses et unilatérales qui permettent de les concevoir. Par exemple, si vous considérez des catégories comme « juive », et « femme », et

■ 46. *Ibid.*, p. 148.
■ 47. *Ibid.*, p. 157.
■ 48. *Ibid.*, p. 150.
■ 49. *Ibid.*, p. 159-160.
■ 50. *Ibid.*, p. 158.

« lesbienne », elles viennent à former, lorsqu'elles opèrent deux à deux dans le contexte d'un sujet social donné, certains paradoxes et contradictions. Certes, il serait probablement important d'ajouter à cette liste la catégorie de sujet elle-même, plutôt que de considérer le sujet comme le fondement présumé de leurs multiples opérations. Ceci étant dit, rien ne garantit que la répétition deviendra subversion. Il s'agit là d'une simple éventualité. C'est un fait que le pouvoir n'agit pas de manière mécanique ; il commet des erreurs ; il crée des effets qu'il n'a pas prévus et qu'il n'approuve pas ; les formes multiples du pouvoir se croisent et convergent de différentes manières, qui ne sont pas toujours prévisibles, et les négociations qui s'ensuivent produisent de nouvelles configurations subjectives et de nouvelles formes de la capacité sociale d'agir, qui ne sont pas toujours calculables à l'avance. La répétition peut certainement produire de l'identité, mais il faut rappeler que l'identité n'est pas constituée une fois pour toutes, mais doit être maintenue au fil du temps. De la même manière qu'aucune occupation militaire ne peut perdurer si les soldats chargés de l'assurer refusent de faire leur travail, l'identité dépend de certaines sortes de supports pour se maintenir comme telle à travers le temps. Lorsque ces supports s'altèrent ou faiblissent, ou commencent à servir d'autres fins, on peut observer un affaiblissement bienvenu du contrôle régulateur.

F. B. : *Ces pratiques « prometteuses »* [51] *sont-elles des pratiques essentiellement discursives ? Vous vous référez en effet de manière décisive à la théorie nietzschéenne du « signe »* [52] *et vous prenez l'exemple d'un « homosexuel », ou plutôt de celui qu'on va identifier comme tel, qui « déclare » son homosexualité. C'est aussi immédiatement du côté des discours que vous vous situez lorsque vous questionnez la formation « tropologique » du sujet* [53].
Mais vous dites aussi vous méfier « de l'idée selon laquelle les corps seraient purement et simplement constitués de discours » [54]. *Et c'est l'un des apports de la notion de discipline (chez Foucault), ou de rituel (chez Althusser mais d'abord chez Pascal), de ne pas réduire les corps à des effets de discours. Dans quel type de pratique la possibilité « re-signification » est-elle susceptible de se réaliser ?*
J. B. : Je pense avoir déjà répondu plus haut à cette question. Mais il faut peut-être dire qu'à partir du moment où tel individu a déclaré son homosexualité, la question se pose toujours de comprendre ce que cela signifie, et si cela a une signification susceptible d'être socialement partagée avec d'autres ayant fait une déclaration similaire. C'est en quelque sorte le début d'une nouvelle problématique, différente de celle qui s'établit dans l'anonymat, mais qui demeure, de toute façon, une problématique. Il reste la question de savoir quel pouvoir actif les termes de l'identité choisie produisent sur le désir, sur la capacité relationnelle, ce qu'ils excluent, quelles normes ils impliquent, et quelles normes ils annulent. Il reste

51. J. Butler, *La Vie psychique du pouvoir, op. cit.*, p. 44.
52. *Ibid.*, p. 149.
53. *Ibid.*, p. 24.
54. *Ibid.*, p. 136.

une vie à vivre dans sa complexité, et aucun terme identitaire ne peut mettre fin à cette confusion particulière.

F. B. : *Vous semblez opposer deux types de négation, ou de négativité : une résistance « capable seulement de saper », suffisante pour établir le caractère nécessairement inabouti de l'entreprise disciplinaire – la mettre en échec – mais impuissante à réarticuler les termes constitutifs de l'« âme » ; une résistance de plus grande ampleur, susceptible non seulement de s'opposer à [la prison], mais de « redistribuer les cartes » de l'identité, et d'avoir, en quelque façon, une capacité créatrice.*
Quelle notion de la négation, et du négatif mettez-vous en jeu pour réélaborer ainsi la notion de résistance ?
J. B. : Il se pourrait qu'il y ait une part d'héritage hégélien à l'œuvre dans cet argument que j'utilise. Je pense qu'il y a une différence entre un « non » qui marque le simple refus d'acquiescer, le retrait d'une adhésion, qui cherche à faire tomber un certain régime par le refus ; et un autre « non » qui cherche à imaginer et à réarticuler les termes dans lesquels le pouvoir politique peut être organisé. Le premier type de négation ne manque pas d'importance, mais il peut conduire à une appréhension romantique du « non » comme seul mode de résistance « pur » et « juste ». Par ailleurs, les grèves peuvent en règle générale conduire à des changements politiques importants, et constituer un « non », au nom d'une autre vision du travail, de la liberté, de la vie. Une négation déterminée au sens hégélien tend à proférer le « non » au nom d'un « oui », mais ce « oui » se devrait d'être en vue d'un futur, au nom de ce qui n'est pas encore.

F. B. : *Le chapitre IV de* La Vie psychique du pouvoir, *« La conscience fait de nous des sujets », mais aussi le chapitre III, sont référés à la définition althussérienne de l'idéologie, réinterprétée par vous comme « constitution symbolique », dispositif performatif d'identification. Dans sa* Soutenance d'Amiens, *Althusser opposait « l'homme vivant » aux « rapports idéologiques qui le traitent comme sujet ». Cette opposition venait déplacer – d'une certaine manière annuler – l'idée d'une constitution complète et définitive de l'individu en sujet. Elle constituait aussi, de facto, un démenti à l'« anti-humanisme théorique » dans lequel Althusser avait inscrit sa relecture de Marx. Vous insistez sur l'efficacité paradoxale de cette interpellation-désignation : je suis reconnu grâce à ce qui me fait « injure » ; je suis passionnément attaché à cela même qui me blesse ; et il n'y a pas d'autre « site » accessible ou disponible pour une position alternative de soi.*
Mais vous insistez aussi sur la multitude des flottements que la dynamique de l'interpellation peut laisser s'introduire, et sur les possibilités qu'elle offre de « re-signification » : « Être interpellé en tant que "femme", "juif", "pédé", "noir" ou "chicana" peut être entendu ou interprété, selon le contexte, comme une affirmation ou une insulte »[55]. *Vous rapportez une telle alternative, non pas à un « inconscient extérieur au pouvoir », mais à « quelque chose comme l'inconscient du pouvoir lui-même » : « Des possibilités de resignification, dites-vous, vont retravailler et déstabiliser l'attachement passionné à l'assujettissement ». Pourquoi tenez-vous*

■ 55. *Ibid.*, p. 152.

ENTRETIEN AVEC JUDITH BUTLER

l'identité ou l'identification pour tellement mortifères ? Et que serait une humanité qui ne serait pas « retravaillée » par les « resignifications », et par la plasticité qui leur est associée ? Pourquoi jugez-vous qu'un tel « travail » de déplacement des genres et des identités est possible ? Quelle idée de « l'homme vivant » mobilisez-vous alors ?

J. B. : C'est une question très vaste, et je ne suis pas sûre d'être en position de savoir précisément quel concept de la vie humaine guide mes recherches. Je voudrais avancer que ces deux catégories du « vivre » et de l'« humain » continuent de jouer un rôle décisif dans ma pensée. Peut-être ai-je mieux éclairci ce point dans *Precarious Life*[56]. Plus précisément : je ne pense pas que l'assujettissement soit la condition exclusive de la capacité d'agir. Mais j'insisterai sur le fait que cette dépendance à l'égard de pouvoirs que nous ne connaissons pas et que nous ne pouvons pas nommer caractérise la vie de chaque nouveau-né, et que nous sommes toujours dans une certaine mesure ignorants de la façon dont nous sommes impliqués dans des relations que nous n'avons pas pleinement choisies. Cela signifie-t-il que nous sommes privés de toute possibilité d'agir ? Je ne le pense pas. Cela signifie seulement que, quelle que soit l'action dans laquelle nous sommes engagés, elle est toujours partiellement ignorante des appuis dont elle dépend pour se maintenir. Je tiens cela pour un enseignement très important de la psychanalyse, et ce n'est peut-être pas celui qui a le plus retenu l'attention d'Althusser. Ceci dit, je pense que les fondements de la capacité d'agir sont socialement et culturellement donnés, jusqu'à un certain point, qu'ils sont pas pleinement choisis ; que nous agissons à travers certaines catégories auxquelles, serions-nous pleinement libres, nous pourrions choisir de renoncer. Ma qualité d'« Américaine » est sûrement l'une d'entre elles, avec laquelle je dois en ce moment me débattre. Et bien que je puisse dire qu'il est offensant pour moi de m'identifier comme américaine, c'est sans aucun doute plus offensant encore pour d'autres, puisque je bénéficie des privilèges que cette citoyenneté implique désormais dans le monde, alors même que je me sens à bien des égards humiliée par elle. Pour dire simplement : mener une action politique contre l'agression militaire américaine actuelle me conduit à m'engager au nom d'un certain nombre de principes ; mais cela conserve un certain sens, même si ce n'est pas le facteur déterminant, de le faire en tant qu'américaine. Ce n'est pas ma seule motivation, mais cela constitue la situation d'ambivalence d'où naît mon engagement.

Je ne nommerais pas « plastique » l'engagement qui procède de cette forme d'ambivalence. Je dirai qu'il est structuré, mais que, dans le cadre de cette structure d'ambivalence, certaines formes d'action continuent d'être possibles. Je suppose qu'un déterministe social dirait que les termes dans lesquels nous sommes interpellés contraignent notre liberté à un tel degré que l'action que nous exerçons ne peut servir à rien d'autre qu'à une ratification de ces termes eux-mêmes. Une telle position donnerait un pouvoir de détermination entier et définitif aux catégories sociales. On concevrait aussi ces catégories comme si elles étaient seulement des causes, et non un matériau social dans un processus de renouvellement ou, plus exactement, dans un processus contraint de se renouveler lui-même. Parce que le

---

■ 56. Traduction française : *Vie périlleuse : le pouvoir du deuil et de la violence après le 11 septembre 2001*, Paris, éditions Amsterdam, 2004.

pouvoir n'opère pas de manière déterministe, parce qu'il est contraint, alors même qu'il atteint ses fins de régulation, de se renouveler, ce renouvellement constitue une conjoncture aléatoire. Mais ceci n'est guère « plastique », et ne constitue pas en théorie la liberté transcendante : elle est embourbée, compromise, confuse, mais riche de capacités nouvelles.

ABSTRACTS

Le désir

From the Object of *Telos* to the Subject of *Voluntas* : the Stoic Destiny of Willing
Marion Bourbon

Against a number of interpretations which deny the lexical innovation the slighest originality compared to the hellenistic Stoic psychology, we shall defend that the emergence of the language of the wanting impacts the representation of the telos: the telos is set within the context of the dealing with psychic conflict that the wanting in its constancy – this is the characteristic of virtue – solves. This means how much subjectivation involves the destiny of desire, the one of a conflict supported by the voluntas, in its historicity and which has become a principle of personal identity. It makes appear a subject of wanting more explicitly than before, as a principle and as an effect of subjectivation.

Augustine and the Use of the World
Isabelle Koch

According to Augustine, the will is exerted either as the use or as the enjoyment of what it aims at. Those two modalities make the morality of a life : Christian virtue is based on a usus mundi which refers the created back to God, whereas sin consists merely in enjoying the created. What does this « use of the world » mean ? Must it be understood instrumentally ? This is obviously not Augustine's choice regarding the rightful relation to oneself or to others. Such a reserve is often analyzed as an effect of the exclusive focus on the particular status of rational beings. Here it is rather the complexity of the relation that must be emphasized – which, even with bodies, is not bound to instrumentalize the world in view of God.

Descartes on Method and Morals
Gilbert Boss

Although it is too often considered as a secondary construction, the « provisional code of morals » at the center of Descartes' Discourse on method plays a crucial role when the issue at stake consists in the whole rebuilding of science on new foundations. Far from being an exclusively theoretical matter, such a rebuilding implies the complete and long-term commitment of one's entire existence, which then acquires a properly philosophical meaning. To be intellectually reborn does not amount to rejecting all the former landmarks, but rather to give them a new meaning, in order to preserve the essential connection between freedom and reason, as well as their mutual progress.

Harry Frankfurt on Care, Love and Normativity
Mounir Tibaoui

The main feature of the so-called internalist view in the debate on practical normativity is the connection between normativity and motivation made by its advocates.

In this paper, I stress the originality of Harry Frankfurt's philosophical gesture. Love as the source of normativity allows a distinction between his own view and those of Bernard Williams, who brings back motivation to desires, and of Christine Korsgaard, who associates normativity with morality. I shall also show that the concept of love helps replying to the recurring objection, raised against Frankfurt's conception of personal autonomy, that it is ahistorical.

Adam Smith on the Desire for Wealth
Michaël Biziou

The present paper studies the justification of the desire for wealth given by Adam Smith. According to Smith, the desire to be rich must be moderated for it to be both morally acceptable and economically efficient. Such a moderation is called prudence, a virtue that is necessary to trade. But prudence implies that one is guided by utility calculation. Paradoxically, such calculations often lead to an illusion, that of giving primacy to the acquisition of means (wealth) over that of their end (the goods whose enjoyment wealth brings). Such an illusion may have happy effects, but may also lead to a cruel desillusion : wealth eventually appears vain to whoever excessively strived for it. Both illusion and desillusion are at their heights in capitalism, since it is characterized by a circular reproduction of wealth, and is thus indefinitely postponing the enjoyment of goods.

Equality of Envy. Walzer on Passions in Politics
Florent Guénard

According to Walzer, the liberal tradition, while rejecting passions outside politics for the rationality of interests' sake, overlooked the fact that there are bad and good passions; and that the former can only be corrected by the latter. Thus, to envy and its tendency to jeopardize social bounds in our modern industrialized societies, one must oppose a desire of equality. However, such a desire ought not to be conceived as the will of a radical equalization of social conditions, but rather as the effort to maintain apart the spheres of distribution of the various goods.

Kant with Kleist. Figures of Pure Desire
Nuria Sánchez Madrid

Heinrich von Kleist's tragical characters make up a whole theory of total consciousness, laid simultaneously in the ambivalence of judgement and in the quest of the unconditioned, which becomes the true object of a coherent critique of practical reason. In that context, the Prince of Homburg and Michael Kohlhaas represent two ways towards the discovery of that practical truth difficult for the subject to bear, and which could be considered as the way out of Kleist's famous Kantkrise. Those two examples foster the claim that with Kleist, the exploration of practical reason leads to a theory of pure desire propelled by a pulsion of pure reality, whose ontological density pertains more to a dreamworld (without pragmatic restrictions) than to the finite territory of phenomena.

Michel Foucault's Bodies
Mathieu Potte-Bonneville

What status are we to confer to Michel Foucault's reference to the body, if the latter appears simultaneously as the locus of experience and an object of analysis, as the effect and bearer of a historical, linguistic or social construction, as beyond any kind of definition by essence and as the support of resistance? Under an apparent circularity, from which Foucault's analyses partly get their fruitfulness, various ways of apprehending the body actually become articulated : they call into question both the phenomenological approach of one's own body and the naturalness of the individual body, in favor of an affirmation of "bodies" in their irreducible plurality, beyond any kind of attempt to characterize the body in truth.

Deleuze and the Impersonal Unconscious
Frédéric Rambeau

Deleuze's conception of the Unconscious as impersonal and problematic, was undoubtedly meant as a criticism of Freudian and Lacanian psychoanalysis. To the divided subject, Deleuze opposes an impersonal process ; to desire's lack of being and negativity, he opposes the full positivity of its pattern. However, from Masochism (1967) to A Thousand Plateaus (1980), the promotion of the impersonal and the affirmative cannot be dissociated from a singular questioning of the destructive and pathological aspect of the impersonal process (as Deleuze's use of the concepts of "Death instinct" and "Organless bodies", among others, indicate). An acknowledgment of that very issue in Deleuze invites us to resume the dialogue with psychoanalysis and its theory of pulsions, one that would be irreducible to the devastating criticism of Anti-Oedipus but that would also uncover a darker part in that life-asserting philosophy, often overlooked by a simplified interpretation of Deleuzism.

Foucault in Psychoanalysis – Questions to Judith Butler
Presentation and interview by Franck Burbage

If the theme of subjection is for Foucault the object of a sustained attention and careful thinking, it also lies at the crossroads of many lingering difficulties. On the one hand, Foucault writes polemically against a progressive interpretation of freedom or liberation, whose dream is to free men from the chains retaining them and preventing them from fully existing. On the other hand, Foucault wants to reject the whole issue of necessary subjection. However, Judith Butler here argues, the very notion of subjection is incomplete and, moreover, its compatibility with a thought of resistance or "reversal" implies a double movement : of Foucault towards psychoanalysis, of psychoanalysis towards Foucault.

FICHE DOCUMENTAIRE

HORS-SÉRIE 2019, 202 PAGES

Ce numéro Hors-série des *Cahiers philosophiques* rassemble une sélection d'articles déjà publiés dans la revue autour du thème du désir. Ils abordent le désir sous l'angle de ses manifestations et de ses représentations plurielles. La réflexion porte aussi sur les implications morales, politiques ou esthétiques qui découlent de la nature et de la puissance du désir.

Mots clés

Désir; amour; jouissance; envie; passions; volonté; corps; pulsions; inconscient; subjectivité; subjectivation; assujettissement; psychanalyse; morale; *care*; normativité; richesse; capitalisme; politique; égalité; Augustin; René Descartes; Emmanuel Kant; Adam Smith; Heinrich von Kleist; Sigmund Freud;Michael Walzer; Bernard Williams; Michel Foucault; Gilles Deleuze; Harry Frankfurt; Judith Butler; Christine Korsgaard.

Les désirs et les raisons
Stéphane Lemaire

Nous nous demandons souvent ce que nous aurions intérêt à faire ou ce que nous devrions faire, ce que les autres peuvent légitimement exiger de nous. Rien ne nous semble plus immédiat que cette réflexion sur nos désirs et nos devoirs. Pourtant, dès que l'on s'efforce de décrire les processus effectifs qui sont en jeu et les normes de rationalité ou morales qui pèsent sur cette réflexion, l'évidence s'évanouit. Comment connaissons-nous nos désirs ? Qu'est-ce qui sous-tend nos jugements moraux? Quelle place les demandes de la morale laissent à nos désirs ? La réflexion pratique ne nous sert-elle qu'à justifier nos actions a posteriori ou nous permet-elle de guider nos actions ? Le présent livre s'attache à répondre à ces questions, anciennes pour la plupart, en discutant les recherches récemment menées à leur sujet en philosophie de l'action, en philosophie de l'esprit et en philosophie morale, dans l'esprit de la tradition analytique.

Vrin - Analyse et philosophie
256 p. - 13,5 x 21,5 cm
ISBN 978-2-7116-1874-3 - sept. 2008

Force – Pulsion – Désir
Rudolf Bernet

Qu'est-ce qui, chez l'homme, retient ou empêche la fuite en avant d'une pulsion spécifique ? Une autre pulsion complémentaire ou antagoniste ? L'instance subjective d'un moi se pliant aux commandements du surmoi ? L'ordre du corps vivant, de la raison ou du signifiant ? Ou est-il pensable qu'une pulsion humaine se gouverne elle-même en canalisant son énergie excessive et en veillant à sa transformation ou à sa sublimation plutôt que de se livrer à l'ivresse d'une répétition stérile ? Ce livre aborde ces questions en envisageant les pulsions humaines, en amont, depuis leur ancrage dans les forces de la nature ou les instincts animaux et, en aval, en vue de leur prolongement en désirs symboliquement structurés. Dans une telle perspective, le questionnement psychanalytique de Freud et de Lacan rencontre les interrogations d'une philosophie de la nature, de la vie et de la culture. De cette métaphysique dont le livre suit le cheminement d'Aristote à Husserl en passant par Leibniz et Schopenhauer, Nietzsche et la psychanalyse marquent aussi les limites, en projetant sur elle l'ombre du nihilisme des pulsions de mort. Au croisement des deux approches de la pulsion se dresse, à nouveau mais autrement, la question de la subjectivité.

PROBLÈMES & CONTROVERSES

Rudolf Bernet
Force – Pulsion – Désir
Une autre philosophie
de la psychanalyse

LIBRAIRIE PHILOSOPHIQUE J. VRIN

Vrin - Problèmes et controverses
440 p. - 13,5 x 21,5 cm
ISBN 978-2-7116-2513-0 - nov. 2013

Cahiers Philosophiques

BULLETIN D'ABONNEMENT

Par courrier : complétez et retournez le bulletin d'abonnement ci-dessous à :
Librairie Philosophique J. Vrin - 6 place de la Sorbonne, 75005 Paris, France
Par mail : scannez et retournez le bulletin d'abonnement ci-dessous à : fmendes@vrin.fr
Pour commander au numéro : www.vrin.fr ou contact@vrin.fr

RÈGLEMENT

☐ France
☐ Étranger

☐ Par chèque bancaire :
à joindre à la commande à l'ordre de
Librairie Philosophique J. Vrin

☐ Par virement sur le compte :
BIC : PSSTFRPPPAR
IBAN : FR28 2004 1000 0100 1963 0T02 028

☐ Par carte visa :

_ _ _ _   _ _ _ _   _ _ _ _   _ _ _ _

expire le : _ _ / _ _
CVC (3 chiffres au verso) : _ _ _

Date :
Signature :

ADRESSE DE LIVRAISON

Nom
Prénom
Institution
Adresse

Ville
Code postal
Pays
Email

ADRESSE DE FACTURATION

Nom
Prénom
Institution
Adresse
Code postal
Pays

ABONNEMENT - 4 numéros par an

Titre	Tarif France	Tarif étranger	Quantité	Total
Abonnement 1 an - Particulier	42,00 €	60,00 €		
Abonnement 1 an - Institution	48,00 €	70,00 €		
			TOTAL À PAYER :	

Tarifs valables jusqu'au 31/12/2019

* Les tarifs ne comprennent pas les droits de douane, les taxes et redevance éventuelles, qui sont à la charge du destinataire à réception de son colis.

Derniers dossiers parus

Achevé d'imprimer le 27 août 2019
La Manufacture - *Imprimeur* – 52200 Langres – Tél. : (33) 325 845 892
Imprimé en France – N° : 190945 – Dépôt légal : septembre 2019